Samuel Leuenberger

Mystik oder Mystizismus?

Samuel Leuenberger

Mystik oder Mystizismus?

Fromm Verlag

Imprint

Publisher:
Fromm Verlag
is a trademark of
International Book Market Service Ltd., member of OmniScriptum Publishing Group
17 Meldrum Street, Beau Bassin 71504, Mauritius

Printed at: see last page
ISBN: 978-620-2-44041-7

Samuel Leuenberger

MYSTIK ODER MYSTIZISMUS?

Eine Wegleitung zur Unterscheidung der Geister

Inhaltsverzeichnis

Einleitende Bemerkungen

Es scheint mir wichtig in Anbetracht verwirrender Meinungen in Bezug auf „Mystik“ etwas Klarheit zu schaffen. Gerade Vertreter esoterischen Gedankengutes brauchen den Begriff „Mystik“ oder „mystisch“ gerne, um ihre Anschauungen unter diesen Bezeichnungen unterzubringen. Es ist mir deshalb ein Anliegen, die Vielfalt okkulter und esoterischer Anschauungen von einer legitimen biblisch verankerten Mystik mit einem andern Wort abzugrenzen. Der bedeutende Theologe Karl Rahner braucht dafür die Bezeichnung Mystizismus und subsumiert unter diesem Begriff religiöse Bewegungen und Ideologien, die sich einerseits dem Übernatürlichen verpflichtet wissen, andrerseits dieses durch magische Praktiken in den Griff zu bekommen versuchen. Meine vorliegende Arbeit will sich dafür stark machen, Mystik als terminus technicus für eine vom biblischen Standpunkt aus verantwortbare religiöse Geisteshaltung- und Ausrichtung zu verwenden und das u.a. an verschiedenen Beispielen christlicher Gottesmänner und Gottesfrauen zu illustrieren. –

Für das Zustandekommen dieser Arbeit möchte ich meiner Gattin Eleanor ganz herzlich danken, die mich im Ringen um die Unterscheidung der Geister und im Bemühen um biblische Klarheit sehr unterstützt hat. Sehr dankbar bin ich auch Herrn Prof. Dr. Harald Seubert, der sich mit meiner Arbeit beschäftigt und das Nachwort geschrieben hat.

I. EINFÜHRUNG IN DAS WESEN VON MYSTIK UND MYSTIZISMUS

A. Mystik als allgemeines und spezifisch Jüdisch-christliches Phänomen

Die Begriffe „Mystik“ und „mystisch“ sind schillernde Begriffe. Man verwendet sie oft in undifferenzierter Weise. So verbindet sich mit dem Wort Mystik oder mystisch gerne die Auffassung, es handle sich um Erfahrungen, die mit geheimnisvollen übernatürlichen Machenschaften zu tun haben, wobei es bei den Trägern solcher Erlebnisse an klaren Formulierungen und Transparenz des Erlebten fehlt. Mystik ist demnach jener Bereich, der es mit dem Verschwommenen zu tun hat, auch mit dem Rätselhaften, vor allem mit dem Diktat des Gefühls im Gegensatz zur klaren Vernunft. Die Begriffe „Mystik“ und „mystisch“ leiten sich vom griechischen Wort „myo“, „mystikos“ und „myeo“ ab. „Myo“ bedeutet so viel wie „ich schliesse“. Bei diesem Schliessen sind die Organe der Wahrnehmung gemeint wie Augen, Mund und Ohren, was die Orientierung nach Innen meint. Der Begriff „mystikos“ kann man mit „geheimnisvoll“ wiedergeben und der Ausdruck „myeo“ bedeutet so viel wie „ich nehme an einer Einweihung teil“. Vielfach verstehen wir unter Mystikern Personen, die in besondere Geheimnisse eingeweiht sind und von diesen nichts preisgeben dürfen. Mystik ist allen Religionen gemeinsam und beinhaltet das ernsthafte religiöse Streben, eine enge Verbindung zur Gottheit zu bekommen. Mystik setzt das Urempfinden des gefallenen Menschen voraus, dass zwischen ihm und der Gottheit ein trennender Abgrund besteht.

Zur Beurteilung von Mystik stellt sich vor allem die Frage, wie man mit diesem Abgrund umgeht, in welcher Art und Weise er zu überbrücken ist. Die Mystik ist eine Frömmigkeitshaltung, die in allen Hochreligionen den engen Kontakt zur Gottheit sucht und Mittel und Wege herausfinden will, die den Aufstieg zur Gottheit ermöglichen. Mystik kann auch sehr kritisch sein gegenüber den traditionellen Zeremonien, die zum Ritualismus degeneriert sind. Der Mystiker verabscheut die Herabminderung seiner Religion zur Formalität. Ihm ist es wichtig, der Gottheit so nahe zu kommen, dass er schliesslich eine enge Verbindung mit ihr erreicht.
Zum mystischen Heilsweg gehören bestimmte Psychotechniken, wobei die Askese eine herausragende Rolle spielt, auch in der jüdisch-christlichen Mystik. Gewisse Psychotechniken sollen das Erlebnis der Ekstase ermöglichen, das heisst einen Zustand herbeiführen, bei dem man ausserhalb von sich selber ist. Das kann durch rituelle Tänze und Verwendung von Rauschtränken geschehen sowie durch

sexuelle Vereinigung in der Tempelprostitution. Für solche ausschweifenden Rituale sind die Aschera – und Baalskulte in der kanaanitischen Religion bekannt, aber auch der griechische Dionysos – und Isis Kult bei den alten Ägyptern. Diese eben erwähnte Art von „Mystik" ist ein Sonderfall und darf keinesfalls verallgemeinert werden. Nicht zu vergessen ist, dass der Vollkommenheitsgedanke dem Mystiker sehr wichtig ist, weil Gott oder das Göttliche zum Vollkommenen gehört und die enge Verbindung mit Ihm nur über das Streben nach Perfektion möglich wird. Die Mystik sieht im Materialismus die grösste Gefahr. So erkennt der Mystiker in der Erdgebundenheit eine Unheils – Situation. Es gilt, den unsterblichen Seelenkern mit seinem Denken, Fühlen und Wollen in das absolute göttliche Ursein zu integrieren. Die Spiritualität der Mystik hat eine starke Tendenz zur Unabhängigkeit vom Dogma. Der Mystiker legt Wert auf geistliche Erfahrung mit starken emotionalen Begleiterscheinungen wie intensives Staunen, Hingerissen sein von dem Unaussprechbaren des göttlichen Urgrundes. Der Mystiker hat eine Neigung, sich vom gewöhnlichen Weg des Frommen abzuheben und das Aussergewöhnliche anzustreben, was ihm auch die Legitimation gibt, sich über die institutionellen Strukturen seiner Religion zu erheben. Wir haben in der Mystik beides: Einkehr ins Selbst durch strenge Aszese und Meditation einerseits, andrerseits gibt es den Weg zur Vereinigung gerade nicht über die Aszese, sondern über berauschende Rituale, was wie bereits gesagt eher die Ausnahme ist. Dort, wo die Mystik den Raum eigener religiöser Erfahrung verlässt und erkenntnis- theoretische Höhenflüge zum Ziel hat, haben wir es mit philosophischer Mystik zu tun, wie wir sie etwa bei Plato, vor allem bei Plotin und Proklus finden, im Hochmittelalter bei Nikolaus von Kues, der vor allem das nicht Aussagbare von Gott in philosophisch-theologischen Begriffen einzufangen sucht. In der Moderne ist der Existenzialphilosoph Martin Heidegger ein Gelehrter, der eine dem Mystischen verwandte Sprache gebraucht. Und schliesslich gibt es in der Literatur eine Sprachmystik. Eines der berühmtesten Beispiele dafür ist Rainer Maria Rilke in seinen Duineser Elegien und in seinen Sonnetten an Orpheus. Auch in der Literatur geht es darum, dem Unaussprechbaren Ausdruck zu verleihen. Am besten können wir das Unsagbare eines mystischen Erlebnisses ein wenig begreifen, wenn wir an ein musikalisches Ereignis denken, das uns ohne Worte durch eine Symphonie oder ein Klavierstück tief berührt hat. Das Gebiet der Mystik ist unermesslich. Es geht mir darum, einen Einblick in plakativer Form zu geben und zum Selbststudium anzuregen. So werde ich im Verlauf meiner Darlegungen wichtige der Mystik verpflichtete Bewegungen vor allem im christlichen Raum erwähnen, über die man sich selber im Internet weiter informieren kann. Auf diese Weise können Lücken gefüllt werden. Meine Aufgabe ist es, die eiserne Ration mystischen Denkens zu vermitteln. Dabei bleibt manches unbehandelt, das sicher auch wichtig wäre. Eine grobe Einteilung in Bezug auf die verschiedenen Typen von Mystik lässt sich vornehmen:

So gibt es die monistische „Mystik", die „Naturmystik" oder „kosmische Mystik" und die theistische Mystik. Die ersten beiden Typen haben mit der theistischen Mystik gemeinsam das Beschauliche und das Staunen, doch die Vereinigung mit dem Absoluten ist für die theistische Mystik eine Grenzüberschreitung. Bei der monistischen „Mystik" hat der Mensch das Göttliche, das unpersönlich gedacht wird, gleichsam als Kern von Natur aus in sich. Das Ziel ist durch verschiedene Methoden sich mit dem Urgrund aller Dinge zu vereinigen und völlig in diesem Urgrund aufzugehen. Die „Naturmystik" – auch kosmische Mystik genannt – ist pantheistisch orientiert. Das Göttliche ist ein Teil der Natur. Schöpfung und Geschöpf wird nicht deutlich unterschieden. Das Aufgehen in der Natur und ein Eins werden mit ihr gehört zu den wesentlich „mystischen" Erlebnissen. Für uns ist wichtig, dass es vom christlichen Standpunkt aus eine legitime Mystik gibt und das ist jene, die wir als **theistisch** bezeichnen. Diese im jüdisch-christlichen Raum entstandene Mystik betont den qualitativen Unterschied zwischen Gott und Mensch. Gott ist das allmächtige Du, Person im vollendeten Sinn und die Beziehung des Mystikers mit Gott ist von persönlicher Art. Der Unterschied zwischen Schöpfung und Geschöpf wird aufrechterhalten. Es geht in der biblischen Mystik, mit der wir uns später beschäftigen werden, um intensive Gemeinschaft mit dem persönlichen Gott, dessen Majestät und Liebe unergründlich sind. Es ist diese vor allem von der Bibel her disziplinierte Mystik, die trotz mancherlei Anleihen aus der heidnischen Antike als legitim qualifiziert wird gegenüber der monistischen und der kosmischen Mystik (Naturmystik). Weil häufig diese fragwürdigen Anschauungen des Monismus und Pantheismus auch im Begriff Mystik integriert sind, soll nun Mystik in unsern Darlegungen im positiven Sinn Verwendung finden und für Monismus und Pantheismus sowie gewissen esoterische Machenschaften suchen wir einen andern Begriff.

B. Definition von Mystizismus und dessen Sitz im Leben

Für die Naturmystik, die monistische Mystik (Identitätsmystik) sowie für esoterisches Gedankengut brauchen wir den Begriff Mystizismus. Mystizismus können wir definieren als eine Haltung, welche die Gottheit in der Natur aufgehen lässt (Pantheismus) und den klaren Unterschied zwischen Schöpfer und Geschöpf nicht aufrechterhält. Der Mensch ist eine Gottheit im Kleinen und er entwickelt sich auf jenen Punkt hin, wo er sich mit dem Göttlichen, das meistens unpersönlich verstanden wird, verflüssigt. Obwohl Mystik durchaus biblische Grundlagen hat und der Begriff „mystaerion" viele Male vor allem bei Paulus vorkommt, so ist im protestantischen Raum gegenüber der Mystik lange Zeit eine weitgehend ablehnende Haltung vorhanden gewesen, was u.a. damit zusammenhängen mag, dass die Mystik mehrheitlich im katholischen Raum vorhanden ist und zudem noch in der monastischen Kultur der Klöster, die für den Protestantismus immer noch weitgehend etwas Fremdes ist. Im reformierten Raum hat um die Mitte des vorigen Jahrhunderts sich Walter Nigg für die Mystik stark gemacht als Theologieprofessor in Zürich. Seine Bücher sind sehr lesenswert. Er würdigt die Mystik in differenzierter Weise. Walter Nigg hat die Welt der katholischen Heiligen entdeckt und es ist ihm gelungen, das Exemplarische christlichen Lebens anhand bedeutender Persönlichkeiten darzustellen, wobei er vor allem die tief religiösen Erlebnisse und Erkenntnisse der im katholischen Raum als Heilige verehrten Persönlichkeiten behandelt. Viele dieser von Walter Nigg ausgeleuchteten Glaubensweisen der Heiligen geben uns lebendigen Einblick in das, was man als echte Mystik bezeichnen kann im Gegensatz zum Mystizismus.

An der theologisch reformierten Fakultät in Bern hat sich Jakob Amstutz[1] für einen neuen Zugang zur Mystik eingesetzt. Emil Brunner und Karl Barth, die wahrscheinlich bedeutendsten Schweizer Theologen, haben eine sehr kritische Stellungnahme zur Mystik, ja gar eine ablehnende Haltung.[2] Diese Stimme der beiden Theologen ist hilfreich, um nicht über gewisse Gefahren hinwegzusehen, die auch mit der legitimen Mystik unterschwellig vorhanden ist. Manchmal bewegt sich sogar legitime Mystik an der Grenze zum Mystizismus. Zu den warnenden Stimmen gehört u.a. Martin Werner, der als Exponent der altliberalen Theologie an der Universität Bern Weltruf erlangt hat. In der ausgehenden Moderne und vor allem in der Postmoderne ist das anders geworden. Mystik ist in den etablierten Grosskirchen und in gewissen Freikirchen allgemein „in". Allerdings finden wir oft keine klare Unterscheidung zwischen Mystik und Mystizismus. Das Sympathisieren mit Gedankengut von New Age in den Achtziger – und Neunzigerjahren des letzten Jahrhunderts erfährt heute eine Renaissance unter dem salonfähigeren Begriff „Mystik", der vielfach mit esoterischer Substanz befrachtet ist und sich zur Tarnung der teilweise okkulten Elemente gut eignet. Der Begriff Mystizismus wäre in manchen Fällen mehr angebracht. Die historisch kritische Theologie kann von einem bestimmten Punkt an eine Schlagseite in der Richtung bekommen, dass Glaube, der sich auf jene von der Bibel als Heilsereignisse deklarierte Kreuzigung und Auferstehung Jesu beruft, als naiv qualifiziert wird. Vor allem die der Entmythologisierung verpflichtete Theologie eines Rudolf Bultmann, die immer noch eine effiziente Wirkungsgeschichte hat, reduziert die als Sühne Tod verstandene Kreuzigung und die Auferstehung Jesu aus dem Grab als nicht verifizierbare Phänomene in Raum und Geschichte. Es handelt sich vielmehr um subjektive innerseelische Erlebnisse, die sich zu einer Gemeindetheologie verdichtet haben. Sehr bekannt ist ja die Meinung Bultmanns, dass Jesus im Kerygma der Gemeinde auferstanden sei. Statt mit Fakten hat man es mit zu relativierenden Interpretationen zu tun. Es gibt also keine für jedermann gültige objektive Bedeutung dieser Heilsereignisse. Es gibt lediglich eine Bedeutung für das jeweilige religiöse Individuum, welches die Kreuzigung und Auferstehung für sich so zuschneidet, dass es für dieses eben stimmt. Eine solch

---

[1] Jakob Amstutz, Zweifel und Mystik, Bern 1950

[2] Karl Barth, Dogmatik I,2, p 348 ff., Zürich 1970

individualistische Interpretation wird heute als „Mystik“ salonfähig, obschon es sich eigentlich um Mystizismus handelt. Eine sehr wertvolle Auseinandersetzung mit Lüdemanns Auferstehungstheologie ist im Buch von Johannes Heinrich Schmid zu finden mit dem Titel „Die Auferstehung Jesu aus dem Grab". Lüdemann hat in der letzten Zeit viel Aufsehen erregt, weil er die leibliche Auferstehung Jesu ablehrt. Schmid, der Professor für Systematische Theologie an der Universität Bern gewesen ist. weist in dem genannten Buch auf überzeugende Weise nach, wie Lüdemann die Auferstehung Jesu auf eine „mystische“ Erfahrung reduziert, beziehungsweise auf ein subjektives innerseelisches Erlebnis, das eigentlich als Mystizismus qualifiziert werden müsste.[3]
Es stellt sich uns nun die Frage, weshalb das New Age Gedankengut unter dem Tarnbegriff „Mystik“ eine Renaissance erlebt? Ich denke, es könnte damit zusammenhängen, dass klare auf die Bibel gegründete dogmatische Formulierungen nicht im Trend liegen. Subjektive Erfahrung ist gefragt. Mit subjektiven Erfahrungen kann unsere Gesellschaft den Glaubensgehorsam, der Demut verlangt, umgehen. Mit Demut ist gemeint, sich immer wieder neu ins Bewusstsein zu rufen, dass der Mensch nicht das Mass aller Dinge ist. Eine grosse Rolle für diese Renaissance der „Mystik“, beziehungsweise des Mystizismus, spielt sicher auch die alarmierende ökologische Krise. Als Beispiele seien erwähnt: Gefährdung des Sauerstoffs durch Abholzen von Wäldern, z.B. im Amazonas Gebiet. Dazu kommt eine immer grössere Belastung der Luft durch kommerzielle Flugzeuge und zunehmenden Autoverkehr. Die Elemente Wasser und Erde sind zweifellos einer besorgniserregenden Belastung ausgesetzt durch industriellen Abfall. Wie können nukleare Abfallstoffe ohne Gefahr für die Umwelt gelagert werden? Solche Probleme und Fragen scheinen immer mehr eine global vernetzte Zusammenarbeit zu fordern.
Die Folge des vom Materialismus beherrschten Westens, der sich von den christlichen Glaubensinhalten und Werten weit entfernt hat, ist eine Sinnkrise von gewaltigem Ausmass. Dennoch ist die Sehnsucht nach dem Religiösen vorhanden, eine Sehnsucht nach einer letzten sinngebenden Geborgenheit. Die Methode zur Sanierung dieses Globus verlangt nach rein menschlicher Erkenntnis eine vernetzte multikulturelle Zusammenarbeit. Gerade die unterschiedlichen religiösen Anschauungen der vielen auf einander prallenden Kulturen können eine wirksame Zusammenarbeit auf wirtschaftlicher und politischer Ebene in Frage stellen. Die globale Dimensionen annehmenden Krisen vertragen keinesfalls religiöse Absolutheitsansprüche. Es gilt, zum Urgrund aller religiösen Erfahrungen vorzudringen. Die „Mystik“, beziehungsweise der Mystizismus soll angeblich Erlebnisse ermöglichen, die über die Unterschiede der verschiedenen Religionen hinweg eine einheitliche Gotteserfahrung mit sich bringen. Im „mystischen“, beziehungsweise mystizistischen Erlebnis, in der Erfahrung dieses allen Religionen gemeinsamen göttlichen Urgrundes wird eine Kraft frei, welche die Menschen

[3] J.H. Schmid, Die Auferstehung Jesu aus dem Grab, Bern 2000, pp. 111-119

aller Kulturen und Religionen einigt, so dass für die Sanierung dieses Globus keine Hemmfaktoren mehr vorhanden sind. Diese Vision des göttlichen Urgrundes, dessen Erleben die Menschen einigt, ist zur faszinierenden Attraktion geworden. Da wird es einem klar, weshalb Kreuzigung und Auferstehung Jesu als einzigartige Geschehnisse und absolute Voraussetzung für das Heil der Menschen weitgehend abgelehnt werden; denn das ist nicht kompatibel für eine wirksame Vernetzung der Kulturen und Religionen. Für dieses theologisch weit verbreitete Denken, das auch ganz im Sinn des Welt-kirchenrates ist, erwähne ich als Illustration einen sehr gut besuchten Vortrag, der am 21.April 2008 von der aargauischen Landeskirche (Schweiz) organisiert worden ist und in der Alten Kantonsschule Aarau stattgefunden hat. Der Titel der Vortragsreihe lautet: „Der Himmel ist grenzenlos. Mystik als religionsübergreifendes Phänomen." Für uns ist wichtig, im groben Überblick Bescheid zu wissen, wo die Wurzeln der Esoterik, beziehungsweise des Mystizismus als pervertierter Mystik zu finden sind. Es gibt viele Wurzeln, wir beschränken uns auf die allerwichtigsten.

II. WICHTIGSTE WURZELN VON MYSTIZISMUS

A. Orphische Strömung

1. Einführende Erklärung

Es gibt noch einige Ergänzungen, die ich bei der Definition von Mystizismus unterlassen habe. Statt Esoterik oder Mystizismus gibt es auch den Ausdruck Theosophie oder Neognosis. Wir werden später sehen, weshalb der Begriff Neognosis seine Bedeutung hat. Die Esoterik oder der Mystizismus von heute ist ein Konglomerat, das weitgehend in der spätantiken Gnosis seine Wurzeln hat, wobei die spätantike Gnosis wiederum auf ältere Traditionen der Früh – und Hochantike zurückgeht.

Das Material, das wir in den griechischen Mythen und in der griechischen Philosophie finden sowie in den Mysterienkulten, hat sich im Sinn einer Zusammenfassung in verschiedenen gnostischen Systemen verdichtet. Die Gnosis als Konglomerat von Mythos, Philosophie und Mysterienkult oder Mysterien Religion war zu jener geistigen Ablagerungsstätte geworden, aus dem die esoterischen Kreise der folgenden Jahrhunderte schöpften. Diese Ablagerungsstätte oder dieses Depot wurde im Verlauf der Zeit durch neue Variationen gnostischen Gedankengutes angereichert, im Zwanzigsten Jahrhunden vor allem auch durch Substanz fernöstlicher Prägung. Indische Gurus haben ihre Ideologie in den Westen exportiert und waren dabei erfolgreich. Eine Fundgrube von Vorstellungen und Auffassungen, wie wir sie in der Gnosis der Spätantike und später im modernen Mystizismus finden, ist vor allem die orphische Literatur. Die Gnosis ist mit all ihren Spielformen eine Art

Urkonglomerat, welches die Theosophie von Helena Blavatzky und die Anthroposophie von Rudolf Steiner nachgebildet und wesentliche Voraussetzungen zur Entstehung des heutigen Mystizismus geschaffen haben. Die Basiselemente zur Entstehung der Gnosis finden wir in erster Linie in den Orphischen Schriften. Diese orphische Literatur mit ihren mythischen Vorstellungen und Ideen spiegelt sich in den Werken Platos, der die orphischen Elemente gleichsam modifiziert hat. Pythagoras hat ebenfalls orphisches Gedankengut verarbeitet.

2. Die orphischen Schriften

Vieles von dem, was wir in den orphischen Schriften finden, taucht im modernen Mystizismus wieder auf. Um die legendäre Gestalt des Orpheus haben sich bereits im 7. und 6 Jahrhundert v. Chr. Anhängergemeinden gebildet. Die Verantwortlichen dieser Gemeinden waren häufig Personen mit einem priesterlichen Auftrag, die dichterische Werke verfasst hatten mit Orpheus als zentraler Figur.[4] Später sind diese Werke in einer Sammlung von 24 Büchern in Umlauf gekommen und tragen den Namen "Theogonische Rhapsodie" oder "Orphische Bibel". Diese Sammlung ist von Otto Kern in einer wissenschaftlichen Ausgabe im Jahr 1922 in Berlin unter demTitel "Orphicorum Fragmenta" veröffentlicht worden.[5] Werfen wir einen Blick auf die Konzeption von Gott und Kosmos. Es ist dabei auffallend, dass Theologie und Kosmologie mehr oder weniger in eins zusammenfallen. In diesen Schriften finden wir eine Konzeption von der als Zeus bezeichneten "Gottheit", nach welcher "Gott" etwas Gewordenes ist, auch als mann-weiblich verstanden wird. Dazu kommen eindeutig pantheistische oder monistische Züge. Gott ist keinesfalls Schöpfer, sondern ein Prinzip, aus dem bestenfalls alles emaniert. So heisst es in einem jener von Otto Kern gesammelten Fragmente:

„Zeus ward zuerst, Zeus zuletzt, er mit dem strahlenden Blitz; Zeus ist das Haupt, Zeus ist die Mitte, aus Zeus vollendet sich alles. Zeus ist der Grund der Erde und des sternenreichen Himmels. Zeus wurde ein Mann, Zeus wurde eine unsterbliche Frau. Zeus ist der Atem von allem...Zeus ist des Meeres Wurzel, Zeus ist Sonne und Mond.“[6]

Die so grundlegende orphische Literatur beschränkt sich aber nicht nur auf die sog. "Orphische Bibel". Eine sehr aufschlussreiche Quelle für die orphische Literatur ist auch der Papyrus "Derveni", der 1962 in der Nähe von Thessaloniki gefunden worden ist.[7] Es handelt sich in diesem aus dem 4.Jahrh. v. Chr.

[4] Karl Kerenyi, Pythagoras und Orpheus, Zürich 1960, p 46
Vgl auch W. Willi, Orphische Mysterien,Zürich 1945, p 71

[5] Otto Kern, Orphicorum Phragmenta, Berlin 1922, pp.141-248

[6] O.Kern, OF (Orphicorum Phragmenta), 21a, p 91

[7] Vgl. W. Burkert, Orpheus u. die Vorsokratiker: Bemerkungen zum Derveni

stammenden Papyrus um ein kosmogonisches Gedicht, das Orpheus zugeschrieben wird. In diesem Papyrus spielt Zeus eine grosse Rolle. Er erscheint dort unter verschiedenen Namen, unter dem Namen der Aphrodite, der Peitho und der Harmonia. Es kommt das Paradox zum Ausdruck, dass der eine zugleich der Vielzählige ist ohne seine Einheit zu verlieren. Auch in diesem Papyrus finden wir ein stark monistisches Gefälle, was Larry J. Alderink in seinem Buch "Creation and Salvation in ancient Orphism" deutlich anhand von Zitaten aus dem Papyrus "Derveni" nachweist.[8]

Unsere besondere Aufmerksamkeit zieht der Text des Papyrus Derveni auf sich, wenn die Gottheit des Zeus mit Luft, vor allem aber mit dem"Okeanos" gleichgesetzt wird. Zeus wird durch die Gleichsetzung mit dem "Okeanos" als etwas kraftvoll Fliessendes verstanden, was zu seinen wesentlichen Charakterzügen gehört. In der Übersetzung von Larry J. Alderink ins Englische lautet dieser Passus im Papyrus "Derveni" folgendermassen:

"... but to those who understand rightly it is manifest, that Okeanos is the air, and air is Zeus... Those who do not rightly understand think that Okeanos is a river, because he (Orpheus) *has added that he is 'broadflowing': But he shows his knowledge in his use of saying and general speech, for one says of men who have very great power: they flow powerfully."*[9]

In dieser Theologie und Kosmogonie finden wir jene charakteristischen Elemente, die für den Mystizismus von heute konstitutiv sind, wobei gerade das Fliessen als Grundbefindlichkeit des Seins im sog. Zeitalter des Wassermanns eine entscheidende Rolle spielt. Zeus als "Okeanos" im Sinn des kraftvoll Fliessenden ist die Ursache für dauernde Veränderung im Sinn von Geburt, Leben und Tod. Indem Zeus sich exteriorisiert, entsteht der Kosmos als etwas Wechselhaftes. Zum Anfang gehört das Ende, zum Leben der Tod und dies alles wiederholt sich als etwas, das als harmonisch verstanden wird. Zu dieser Harmonie gehört als wichtiger Bestandteil die bereits erwähnte Auffassung vom Zeus, der die Namen verschiedener Gottheiten trägt. Im Mystizismus bindet sich Gott an keinen festen und verbindlichen Namen. Für das gleiche Prinzip einer unpersönlichen Urenergie gibt es verschiedene Namen. Das kann das Christus- oder Buddha- oder Allah- oder das Krishnaprinzip sein. Es läuft alles auf das Gleiche hinaus. Gehen wir zur " Orphischen Bibel" zurück. Von der Anthropologie, vom Bild des Menschen, vernehmen wir vieles in Zitaten bei Plato, der sich auf die orphischen Schriften beruft. In diesen Schriften war die

---

Papyrus und zur pythagoreischen Zahlenlehre; Zeitschrift „Antike und Abendland", 14. 1968, pp. 93-114

[8] Larry J. Alderink, „Creation and Salvation in ancient Orphism", Hoorhead, Minnesota 1982, p 32

[9] Papyrus Derveni Col.19,2-9, abgedruckt u. ins Englische übersetzt von L.J. Alderink

Lehre vom Körper als einem Grab und einem Kerker vorhanden. Wir entnehmen ebenfalls den Schriften Platos, dass die Orphiker die Trennung von Seele und Leib nach dem Tod gelehrt haben. L.J. Alderink kommt aufgrund seiner Studien in der orphischen Literatur zu folgendem Schluss:

"The writers of the orphic books and the singers of orphic songs were among the first – to make a distinction between body and soul and to speculate about their relations." [10]

Aus den orphischen Schriften geht deutlich hervor, dass die Sünde des Menschen in seiner titanischen Triebnatur liegt. Diese klare Trennung von einem Leib als Strafe, in welcher die Seele büssen muss, hängt eng mit der schuldhaft erworbenen Titanen Natur zusammen, was aus verschiedenen Fragmenten der "Orphischen Bibel" hervorgeht.[11] Das Titanische ist das Zerreissende, Grobe, Gewalttätige im Gegensatz zur Geistseele, die das Zarte und Feine, ja das Göttliche darstellt. Eine der wichtigsten Komponenten begegnet uns in der orphischen Lehre in der Auffassung, dass "Einweihung" zum zentralen Geschehnis im Leben eines Menschen gehört. Nicht ein "Eingeweihter" zu sein bedeutete in der orphischen Mentalität so viel wie "unethisch" sein.[12]

B. Plato

Diese Lehre von der grossen Bedeutung eines Eingeweihten als Teil orphischer Mentalität finden wir in Platos Staat gespiegelt. Plato spricht von dieser orphischen Idee, d.h. vom Titanischen im 3.Buch seiner Gesetze. Dort weist er auf die chaotischen Tendenzen jener Leute hin, welche sich keiner Ordnung mehr fügen wollen, sondern dem Chaotischen, der Natur der Titanen dienen wollen.[13]
Die Seele ist gleichsam im Leib wie in einem Grab gefangen. Die Seele mit ihrem göttlichen Kern ist dazu berufen, zu ihrem Ursprung zurückzukehren. Plato hat also den Gedanken vom Leib als Kerker und Grab aus den orphischen Schriften übernommen und er bringt das deutlich in seinem Dialog "Gorgias" zum Ausdruck.

---

[10] L.J. Alderink, „Creation and Salvation in ancient Orphism", Hoorhead, Minnesota 1982, p 29
[11] O. Kern, OF, Fr.140, p 128; Fr.194, p 219; Fr.210, p 228
[12] Vgl. O. Kern, Orpheus p 160
[13] Plato, Gesetze, Buch III,701b, übers. v. R. Rufener, Zürich 1974, p 128

Eine noch deutlichere Stelle finden wir in Platos "Cratylos." Dort lesen wir folgendes:

"Denn einige sagen, die Körper wären die Gräber der Seele, als sei sie (die Seele) *darin begraben liegend für die gegenwärtige Zeit... Am richtigsten scheinen mir jedoch die Orphiker diesen Namen eingeführt zu haben, weil nämlich die Seele, weswegen es nun auch sei, Strafe leide und deswegen diese Befestigung habe, damit sie doch wenigstens erhalten werde wie in einem Gefängnis. Dieses also sei nun für die Seele, bis sie ihre Schuld bezahlt hat...* «[15]

Die orphische Lehre von der Trennung der Seele vom Leib beim Tod spiegelt sich deutlich in verschiedenen Schriften Platos. Greifen wir den "Phaidon" heraus. Dort lesen wir diesbezüglich: *„Tritt also der Tod den Menschen an, so stirbt, wie es scheint, das Sterbliche an ihm, das Unsterbliche aber und Unvergängliche zieht wohlbehalten ab, dem Tode aus dem Wege.* "[16]
Zur orphischen Anthropologie gehört wesentlich die Vorstellung von der Präexistenz der Seele, was mit der Reinkarnationslehre eng zusammenhängt.
Von wesentlicher Tragweite ist nun die Reinkarnationslehre, die im Abendland weitgehend orphischen Ursprungs ist aufgrund der Forschungen des bekannten Religionshistorikers M.P. Nilsson.[17]
Ein besonders deutliches Zeugnis der orphischen Reinkarnationslehre finden wir in Platons "Staat". Es geht dort um einen gewissen Mann mit dem Namen "Er", der im Krieg gefallen ist. Dieser "Er" kommt auf geheimnisvolle Weise auf die Erde zurück und erzählt nun, was er im Jenseits erlebt hat.
„Er" bringt die Nachricht, dass die Seelen nach ihren Taten beurteilt werden. Nach einer tausendjährigen Wanderung in der Unterwelt sammeln sich die Seelen auf der Seelenwiese, wo sie sich zur nächsten Inkarnation zurüsten lassen. Platon sagt nun folgendes von den Erlebnissen jenes ins Diesseits zurückgekehrten Mannes:

"So sah er die Seele des früheren Orpheus, wie sie das Leben des Schwanes wählte; denn aus Hass gegen das weibliche Geschlecht wegen des Todes, den sie von ihm erlitten hatte, wollte sie nicht wieder von einer Frau geboren werden... Ganz zum Schluss erblickte er die Seele des Spassmachers Thersites, wie sie in einen Affen hineinschlüpfte. "[18]

---

[15] Plato, Kratylos 400c, Griechische Philosophie Bd. III, übers. v. Fr. Schleiermacher, Rowohlts Klassiker, München 1990, p 143
[16] Plato, Phaidon 106e, übers. v. Fr. Schleiermacher, Reclam, Stuttgart 1989, p 79
[17] M.P. Nilson, Geschichte der Griechischen Religion, München 1941, p 664
[18] Platon, Der Staat X, übers. v. K. Vrenska, Reclam, Suttgart 1990, pp. 465-66

Im Staat X, 619c spricht Plato davon, dass eine Person durch Pflege der Philosophie bei der nächsten Verkörperung bessere Lebensbedingungen haben werde. Damit leistet Plato der Karma Lehre Vorschub. Er liefert aber dadurch auch die Ansätze für die später bei den Gnostikern speziell ausgebildete Stufenlehre von den Sarkikern, Psychikern und Pneumatikern. Nirgends kommt das so deutlich zum Ausdruck wie in Platos Phaidros 245e-250a. In jener Stelle existiert die Seele zuerst als präexistente in der höchsten Region des Himmels. Gewisse Seelen erleben den Sündenfall dadurch, dass sie mit der harten Materie eng verbunden werden. In ihre wahre Heimat vermag die Seele erst nach einer Zeitperiode von IO'OOO Jahren zurückzukehren, wobei nach dem Verlauf von 1000 Jahren wieder eine Inkarnation stattfindet mit einer darauf folgenden Läuterung im Jenseits. Auch die erwähnte Stelle im Phaidros spricht von den Vorrechten des Philosophen. Der hohe Erkenntnisgrad des Philosophen berechtigt ihn dazu, nur 3000 Jahre für die Rückkehr zum wahren Ursprungsort zu benötigen statt IO'OOO Jahre.[19] Sehr deutlich finden wir die Karma Lehre dann beim spätantiken Neuplatoniker Proclus in einem Kommentar zu Platons Timäus. Proclus hat sich auch ins orphische Gedankengut vertieft. Er schreibt folgendes:

"Die eine Weise des Schöpfers, der Seele Rettung zu gewähren, besteht darin, diese aus dem Rad der Niedergeburten und dem Umherirren und von fruchtlosem Leben zu befreien; dafür ist von jenen gebetet worden, die sich unter Orpheus als ihrem Patron für Dionysos und Kore haben einweihen lassen. "[20]

Eine unter der A n t h r o p o l o g i e einzuordnende Massnahme ist das Gebet für die Verstorbenen, weil diese in der jenseitigen Welt Orientierung brauchen wegen der vielen verwirrenden Wegen. Das geht aus einem Kommentar zu Platos Phaidon von Olympiodor hervor, der zu den orphischen Schriftstellern gehört.[21]
Damit haben wir eine wichtige Anregung, mit der jenseitigen Welt Kontakt aufzunehmen über das Gebet, was in der Spiritualität der modernen Esoterik oder des Mystizismus eine wichtige Rolle spielt, wobei mehr von meditativer Versenkung gesprochen werden müsste statt von Gebet. Reinigung ist ein weiterer wesentlicher Aspekt, den wir bei der Ethik als Unterteil der Anthropologie subsumieren können. Reinigung geschieht auf zweierlei Weise. Auf der einen Seite vollzieht sie sich durch das meditative Lesen der orphischen Schriften. Plato hat diesen Gedanken übernommen.

---

[19] Platon, Phaidros 245e-250a, hrsg. v. W. Rüegg, Stuttgart 1968, pp. 213-19
[20] O. Kern, Orpheus, Berlin 1920, p 166
[21] O. Kern, O.F.232, p 245

Überhaupt war Plato nach der Meinung von Olympiodor ein modifizierter Orphiker.
Nach Platos Höhlengleichnis braucht der in der Höhle Gefangene, der von der Welt und der physischen Sonne geblendet ist, ein neues Denken, das sich auf die reine Substanz der Ideen konzentriert. Es ist der Weg vom Mysten, der mit seinen verschlossenen Augen zum Epoptes, zum mit offenen Augen Schauenden wird.[22] Auf der andern Seite vollzieht sich Reinigung durch strengen Vegetarismus, der in den orphischen Gemeinden konsequent eingehalten wurde.[23]
Vegetarismus dämpft die in die Materie verstrickenden sexuellen Triebe und so rät Theseus seinem Sohn Hippolytos, der angeblich mit seiner Stiefmutter Phaedra ein ungeordnetes Verhältnis unterhalten haben soll, folgendes: *„Nun rühme dich denn immer, prunk in stolzem Wort mit Pflanzennahrung, sei verzückt und huldige dem Meister Orpheus und der Bücher grauem Dunst!"* [24]
Diese orphische Anschauung von der Wichtigkeit vegetarischer Lebensweise als Mittel zur Reinigung finden wir besonders deutlich im 6. Buch von Platos "Gesetzen", wo er schreibt:

„Wir sehen ja auch, dass sich die Sitte, Menschenopfer zu schlachten, heute noch bei vielen erhalten hat; doch andrerseits hören wir wiederum von Zeiten, wo wir nicht einmal wagten, vom Fleisch eines Ochsen zu kosten, und wo den Göttern nicht Tiere zum Opfer gebracht wurden, sondern Kuchen und in Honig getränkte Früchte und andere heilige Opfergaben dieser Art, während man sich des Fleisches enthielt, weil es eine Sünde sei, davon zu essen und die Altäre der Götter mit Blut zu bespritzen; damals lebten die Menschen nach den sog. orphischen Regeln und hielten sich ausschliesslich an unbeseelte Nahrung und verzichteten ... auf alles Beseelte." [25]

Ein weiteres wichtiges Element ist epistemologischer Natur. Es handelt sich um die orphische Meinung, dass rationales Denken Abfall von der Gottheit bedeute. Die wichtigsten denkerischen Inhalte seien nicht artikulierbar. Diesen Gedanken drückt Plato im 7. seiner gesammelten Briefe aus.[26]
Diese Lehre lieferte Ansätze zu Meditationspraktiken im heutigen Mystizismus, aber auch in der Mystik, Meditationspraktiken, bei denen das Denken ausgeschaltet und das Leerwerden gepflegt wird.

Als eine der bedeutendsten und nachhaltigsten orphischen Lehren hat sicher die bereits erwähnte Notwendigkeit zur Einweihung zu gelten, ohne die der Mensch

---

[22] Platon, Staat VII, 515–517c, op. cit., pp. 327–31
[23] W. Willi, Die Orphischen Mysterien, op. cit., p 80
[24] Eurpides, Hippolytos 953, sämtliche Tragödien Bd. I, übers. v. J.J. Donner, Stuttgart 1984, p 434
[25] Plato, Die Gesetze, 6.Buch 782c, übers. v. W. Rufener, Zürich 1974, pp.250–51
[26] Plato, Brief VII 341d; Griechische Philosophie Bd.I, Rowohlt, hrsg. v. E.Grassi, op.cit., p 317

ethisch als minderwertig dastehen würde. Diese orphische Auffassung spiegelt sich deutlich in Platos Staat, wo es heisst: *"Haufenweise bieten sie Bücher des Musaios und Orpheus an, ... wie sie sagen, nach denen sie ihre Opfer verrichten; und sie überzeugen nicht bloss einzelne, sondern ganze Staaten, dass es Lösung gibt und Reinigung von Verbrechen durch Opfer..., was sie dann Todesweihen nennen, die uns von den Strafen im Jenseits befreien; wer nicht opfere, habe Furchtbares zu erwarten."* [27]

C. Pythagoras

Pythagoras stand rein zeitlich den alten Orphikern noch einiges näher als Plato, wenn wir bedenken, dass Pythagoras um 500 v.Chr. gestorben ist. Gerade die bei Plato erwähnte Praxis der Einweihung unter den Orphikern findet bei Pythagoras einen noch höheren Stellenwert. Biographisches über Pythagoras finden wir recht ausführlich in dem neuplatonischen Schriftsteller Jamblichus, der um 325 n.Chr. gestorben ist. In seiner "Vita Pythagorei" erwähnt er folgendes:

"Von Aegypten aus besuchte Pythagoras alle Heiligtümer, prüfte alles genau, gewann die bewundernde Sympathie der Priester und Propheten, die mit ihm verkehrten, und liess sich mit allem Fleiss über jede Einzelheit unterrichten. Er überging keine Lehre, die zu seiner Zeit in Ansehen stand... keine Einweihung, die auch nur irgendwo in Ehren stand." [28]

Jamblichus erwähnt, dass sich Pythagoras sogar selber in Ägypten einweihen liess. So sagt er: *„Zweiundzwanzig Jahre weilte er in Ägypten in den allerheiligsten Gemächern bei Sternkunde und Geometrie und empfing – nicht nur oberflächlich und aufs Geratewohl – die Einweihung in alle Göttermysterien."* [29]
Pythagoras hat etwas aus der orphischen Tradition aufgenommen, was unter den Gnostikern und später in der esoterischen Subkultur der Theosophie, beziehungsweise des Mystizismus, einen hohen Stellenwert erhielt, es ist die Liebe zum Magischen. Die Beziehung des Pythagoras zur orphischen Tradition bestätigt Herodot im zweiten Buch seiner Historien in den Kapiteln 81 und 123. Jamblichus erwähnt in seiner Vita über Pythagoras diese magischen Fähigkeiten des Mathematikers und Philosophen. Folgende Stelle in der Vita von Jamblichus ist interessant:

---

[27] Platon, Staat 364e-365a, hrsg. u. übers. v. K. Vretska, Reclam, Stuttgart 1991, p 133
[28] Jamblichus, Vita Pythagorei, hrsg. u. übers. v. M. von Albrecht unter dem Titel: Pythagoras, Legende, Lehre, Lebensgestaltung, Zürich 1963, p 29
[29] Jamblichus, Vita Pythagorei 19, op.cit., pp. 29-31

"Als Pythagoras einmal in Olympia gerade mit seinen Jüngern über Vogelzeichen, Vorzeichen und Wetterzeichen sprach – da flog ein Adler über ihn hin. Pythagoras hiess den Adler hinabfliegen – so erzählt man –, liebkoste ihn und gab ihn wieder frei. Solche und ähnliche Geschehnisse zeigen deutlich, dass er die Gewalt des Orpheus über die Tiere hatte: Er bezauberte und bannte sie durch die Macht, die in seiner Stimme lag." [30]

In der Kosmologie und Theologie des Pythagoras rückt eine Thematik ins Zentrum, die auch in der Esoterik der Theosophie, beziehungsweise im Mystizismus eine wichtige Rolle spielt. Bei Pythagoras nimmt die Zahl eine geradezu göttliche Stellung ein. Die Zahl ist das göttliche Urprinzip des Kosmos und ist der Inbegriff harmonischer Ordnung.
Alle Himmelskörper sind harmonisch auf einander abgestimmt und mit ihren Bewegungen erzeugen sie einen sphärischen musikalischen Wohlklang. Sehr aufschlussreich ist die Schrift „De Coelo" von Aristoteles, der die Lehre des Pythagoras in Bezug auf die Sphärenharmonie festhält.[31] Plato hat die Sphärenharmonie von Pythagoras übernommen und er erwähnt sie in seinem Staat. Plato braucht dort das Bild der Spindel, das die Kreise der 7 Planeten darstellen soll. Auf jedem Kreis sitzt eine Sirene, die beim Drehen der Spindel einen Ton von sich gibt und diese Töne bilden zusammen eine Harmonie.[32]
Bei Pythagoras finden wir eine hoch interessante Zahlenmystik, bei welcher es männliche und weibliche Zahleneinheiten gibt, die zusammen ein Gleichgewicht bilden. Es handelt sich um eine Parallele zur Lehre vom Yin und Yang in der chinesischen „Heiligen Schrift" „I Ging".[33]
Grundsätzlich sind nach pythagoreischer Lehre die Gestirne göttliche und zugleich beseelte Wesenheiten. Es ist diese Beseeltheit, welche den Gestirnen die sie bewegende Umlaufkraft gibt. Plato hat diese Auffassung von Pythagoras übernommen und diese spiegelt sich sehr deutlich in folgender Passage seiner Gesetze:

„Entweder befindet die Seele sich im Innern dieses runden, uns sichtbaren Körpers und bewegt ihn überall herum, so wie unsre Seele uns überall umherbewegt. Oder sie hat sich einen eigenen Körper verschafft aus Feuer und gibt damit... irgendwo von aussen her mit Gewalt dem Körper der Sonne den Anstoss." [34]
Es ist die Zahl als das göttliche Urprinzip, das sich im ganzen Kosmos nach der Auffassung von Pythagoras durchsetzt. Es ist sehr interessant, wie Jamblichus auch diese Lehre auf Orpheus zurückführt:

---

[30] Jamblichus, Vita Pythagorei 62, op. cit., pp. 65–67
[31] Aristoteles, De Coelo 290B, ins Deutsche übers. v. P. Gohlke in „Aristoteles Lehrschriften", Bd. IV „über den Himmel", Paderborn 1968, p 87
[32] Plato, Staat X,616c–617b, op. cit., p 462
[33] Zu dieser Zahlenmystik vgl. Walter Burkert, „Weisheit u. Wissenschaft", Studien zu Pythagoras, Philolaos und Platon, Nürnberg 1962, p 442
[34] Plato, Die Gesetze 898D–899A, übers. v. R. Rufener, Artemis Verlag, Zürich 1974, pp. 434–35

„Will man erfahren, aus welcher Quelle diese Männer solch tiefe Frömmigkeit schöpften, so ist zu sagen: Für die pythagoreische Zahlentheorie fand sich bei Orpheus ein klares Vorbild. Pythagoras hat sich ja eindeutig von Orpheus anregen lassen, als er die Rede über die Götter verfasste, eine Rede, die er darum ‚die heilige' überschrieb, weil sie aus dem geheimnisvollen Bereich bei Orpheus entsprossen war…" [35]

Und nun zitiert Jamblichus aus einem angeblichen Werk des Pythagoras mit dem Titel „Über die Götter" folgende Passage:

„Dies ist die Rede über die Götter, die ich, Pythagoras,… erfahren habe, eingeweiht im thrakischen Libethra durch Aglaphamos, den Weihepriester, der mir mitteilte: ‚Orpheus, der Sohn der Kalliope, … sprach also: das ewige Wesen der Zahl ist der Ursprung des Allhimmels, der Erde und des dazwischen liegenden Naturbereichs. Es ist auch die Wurzel des Fortbestehens der göttlichen Menschen, der Götter und der Dämonen'. Also hat er offensichtlich von den Orphikern den Satz übernommen, das Wesen der Götter sei durch die Zahl bestimmt…." [36]

Eine der wichtigsten Lehren des Pythagoras mit Wirkungsgeschichte auf die Esoterik des 20. Und 21. Jahrhunderts ist die kosmologische Auffassung der Analogie von Mikrokosmos und Makrokosmos. Der vor allem durch die 7 Planeten repräsentierte Kosmos mit seiner Sphärenmusik findet seine Entsprechung auf Erden in der Lyra mit ihren 7 Saiten. Diese Idee wird sehr stark von Nikomachos von Gerasa (2.Jahrh. v. Chr.) vertreten in seiner Schrift „Über die himmlische Tonleiter".[37] Plato hat auch diese Sicht von Pythagoras übernommen. Theologie, Kosmologie und die Anthropologie mit subsumierter Ethik und Erkenntnislehre bilden eine Einheit, wobei die Anthropologie im Zentrum steht. Es gehört zum Wesentlichen in der pythagoreischen Anthropologie, dem Menschen Erlebnisse der Ganzheitlichkeit zu vermitteln durch Harmonisierung von Leib und Seele. Für die Integration des Menschen in den Kosmos dienen somit als Mittel schulische Erziehung zur Charakterbildung, Musikpädagogik und vor allem die richtige Gnosis als ein epistemologischer Akt, der folgende grundlegende Erkenntnisse hervorbringen muss: Erstens: Einsicht in die Realität einer Analogie von Makrokosmos und Mikrokosmos; Zweitens: Der Mensch als Mikrokosmos fasst den Makrokosmos zusammen.

---

[35] Jamblichus, Vita Pythagorei 144–145, op. cit., p 149

[36] Jamblichus, Vita Pythagorei 146–147, op. cit., pp. 149–151

[37] Vgl. Carolus Janus, Musici Scriptores Graeci, Nicomachi Enchiridion, Leipzig 1906, pp. 209–282

Drittens: Der Mensch bedarf einer Zentralschau der Dinge.
Viertens: Erkenntnis, dass das Universum ewig ist und das Göttliche enthält;
Fünftens: Erkenntnis, dass das, was vorangeht, grössere Verehrung fordert als das, was nachfolgt.
Indem nun die irdische Musik eine Imitation und ein Abbild der himmlischen Sphärenmusik ist, stellt sie den Zusammenhang zum Kosmos für den Menschen her. Von der Sphärenmusik heisst es in Bezug auf Pythagoras bei Jamblichus:

„Von dieser Musik liess er sich gleichsam durchtränken, ordnete seinen Geist in diesen reinen Verhältnissen und übte ihn darin – wie ein Athlet seinen Körper trainiert. Davon gedachte er seinen Jüngern, so gut es ging, Abbilder zu geben, indem er die Sphärenmusik auf Instrumenten und durch die blosse Stimme nachahmte. “ [38]

Der Zusammenhang zwischen Kosmologie und Anthropologie durch das Bindeglied der Musik wird besonders deutlich, wenn Jamblichus von Pythagoras berichtet, dieser habe sich musikalisch betätigt, um dadurch zu den Himmelssphären zurückzukehren und ihnen ähnlich zu werden.[39]
Die Zauberkraft der Musik ist ebenso eine Spiegelung der magischen Wirkung der göttlichen Sterne.
In Harmonie zu leben mit dem Kosmos, das ist der Wille des Göttlichen, und diesen Willen vermitteln die Pythagoreer auch durch die Wahrsagekunst, die in Form der Astrologie geschieht.[40]
Zur Verwirklichung der Integration des Menschen in den Kosmos als wichtigste ethische Aufgabe braucht es zusätzlich zur Musikpädagogik ein weiteres Instrument, eben die erwähnte Gnosis, die richtige Erkenntnis. Zu ihr gehört das Begreifen der bereits erwähnten Zusammenhänge zwischen Makro – und Mikrokosmos.
Nicht zu unterschätzen ist das Verstehen jenes Prinzips, dass das Vorangehende grösserer Verehrung bedarf als das Nachfolgende. Was damit gemeint ist, sagt uns Jamblichus in seiner Vita Pythagorei: Pythagoras lehrte im Gymnasion die Jünglinge und Adepten seiner Mysterienschule folgendes:

"Der Aufgang ist höher als der Untergang, die Morgenröte höher als der Abend, der Anfang höher als das Ende, das Werden höher als das Vergehen... Er sagte dies, um sie induktiv so weit zu bringen, die Eltern höher zu achten als sich selbst. “ [41]

Diese pythagoreische Idee finden wir in Platons Staat X, 892, wo die Seele als das früher Dagewesene gegenüber dem Leib vertreten wird und damit auch

---

[38] Jamblichus, Vita Pythagorei 66; p 71
[39] Jamblichus, Vita Pythagorei 65; p 71
[40] Jamblichus, Vita Pythagorei 138; p 141
[41] Jamblichus, Vita Pythagorei 37+38, p 47

als der wertvollere Teil. Weil der Kosmos mit seinen Gesetzen älter ist als alle Menschen, deshalb gebührt ihm als Teil des Göttlichen alle Verehrung.
Die Idee bei Pythagoras ist, durch dieses Prinzip zum Ursprung aller Dinge zurückzukehren.
Wir haben es mit einer Gnosis der Hierarchie zu tun. Erkennt man den Menschen als Abbild des Makrokosmos im Sinn der Analogie, so muss einem aufgehen, dass der Mensch ein Kompendium, eine Zusammenfassung des Universums ist.
Eine weitere wichtige epistemologische Voraussetzung ist das Begreifen des Kosmos als unerschaffen und ewig, wobei das Göttliche mit dem Kosmos in eins zusammenfällt. Der Pythagoräer Ocellus Lucanus aus dem 2.Jahrh. v. Chr. hat ein Werk mit dem Titel "Über die Natur des Universums" hinterlassen. Die Anschauungen von Ocellus Lucanus wiederspiegeln weitere Meinungen der pythagoräischen und ursprünglich orphischen Spiritualität.
KS. Guthrie hat dieses Werk des Ocellus ins Englische übersetzt und wir entnehmen daraus einige Kernsätze : *"Therefore it appears to me that the universe is undestructible and unbegotten, since it always was and always will be. "*[42]
Beim Pythagoräer Ocellus finden wir sehr kühne und beängstigende Gedanken. Weil der Mensch selber Teil des Kosmos ist, hat er auch die Aufgabe der Weltvollendung.[43]
Zu dieser Vollendung der Welt, die vom Menschen ausgehen muss, gehört das Bestreben, möglichst schöne und elegante Kinder in die Welt zu stellen.[44] Wir finden hier bereits die Idee, dass eine besonders gute und schöne Rasse von Menschen gezüchtet werden soll.
Bei Pythagoras spielt der Harmoniegedanke eine immense Rolle. Harmonie muss sich auf alle Lebensgebiete übertragen. Dabei spielt die Musik eine herausragende Rolle. Nach Jamblichus soll Pythagoras in einer Rede an die Jugend in Kroton geraten haben, eine Stätte zu errichten, um dort im Chor jene Harmonie einzuüben, die für Staat und Gesellschaft Geltung haben muss und auf die ganze Natur übertragen werden soll.
Der Wortlaut nach Jamblichus ist folgender:

"Errichtet ein Musenheiligtum, um die Eintracht, die unter euch herrscht, zu erhalten. Denn diese Göttinnen haben allesamt denselben Namen... und überhaupt ist der Musenchor stets ein und dasselbe.
Ausserdem umfasst er Einklang, Harmonie, rhythmische Ordnung und alles, was Eintracht schafft. Auch erstreckt sich die Macht der Musen nicht nur auf die schönsten geistigen Inhalte, sondern auch auf den Einklang und die Harmonie der Welt. " [45]

---

[42] Ocellus Lucanus, „On the Nature of the Universe", transl. by K.S. Guthrie in "The Pythagorean Sourcebook and Library, Phanes Press, Grand Rapids 1987/88
[43] ibid., p 209
[44] ibid., p 211
[45] Jamblichus, Vita Pythagorei, op.cit., p 51

Pythagoras verlangt Harmonie in der Ehe und Familie und betont dabei die Wichtigkeit, die Frau mit besonderer Wertschätzung zu behandeln. [46]
Pythagoras beschreibt die Frau als ein Wesen, das von Natur aus dem Göttlichen näher stehe als der Mann. Nach Pythagoras hängt das damit zusammen, dass an den geweihten Stätten vor allem Frauen die Orakelsprüche entgegennehmen.[47]
Bei Pythagoras zeigen sich gewisse feministische Tendenzen. Dieser Respekt vor dem Weiblichen hängt mit des Pythagoras Verehrung der Göttin Demeter zusammen.
Die harmonisierende Funktion der Musik muss zu einer kosmischen Ethik führen, wobei eine gewisse Kettenreaktion zu erfolgen hat. Das sieht so aus: Die Harmonisierung muss sich zuerst in Ehe und Familie auswirken, dann in der Gemeinde, nachher im Staat und schliesslich auf der ganzen Welt mit all ihren Pflanzen, Tieren und Menschen. Es geht also um die Freundschaft aller mit allen. Jamblichus widergibt die Idee des Pythagoras wie folgt:

"Freundschaft aller mit allen: Freundschaft der Götter mit den Menschen durch Frömmigkeit und wissende Verehrung, Freundschaft der Lehren unter einander, überhaupt: Freundschaft der Seele mit dem Leib, Freundschaft des Vernunftbegabten mit den Arten des Vernunftlosen durch Philosophie... Freundschaft der Menschen unter einander... Freundschaft Verschiedenstämmiger durch richtige Naturerkenntnis, Freundschaft des Mannes mit der Frau, den Brüdern und den Hausgenossen durch unverbrüchliche Gemeinschaft. Kurz: Freundschaft aller mit allen und noch dazu mit manchen vernunftlosen Lebewesen durch Gerechtigkeit, Bewusstsein der natürlichen Verflochtenheit und Solidarität, Freundschaft des sterblichen Leibes mit sich selbst, Befriedigung und Versöhnung der in ihm verborgenen einander entgegenwirkenden Kräfte durch Gesundheit, entsprechende Lebensführung und durch Besonnenheit – nach dem Vorbild des Gedeihen schaffenden Zusammenwirkens unter den kosmischen Elementen." [48]

Aus dem obigen Text geht hervor, dass es bei diesem Freundschaftsbegriff einerseits um eine universelle Verbrüderung unter den Menschen, andrerseits um eine Freundschaft verschiedener Ideologien und Lehren geht, was so viel bedeutet wie die Auflösung aller Konflikte auf weltanschaulicher Ebene.
Es ist sehr verständlich, dass Pythagoras sich dem grössten Musiker der mythischen Legende zugetan weiss, Orpheus, der kraft der harmonischen Klänge seiner Leier alles zu zähmen und zu durchdringen vermochte.
Wie eng der Zusammenhang von orphischer und pythagoreischer Weltanschauung ist, sehen wir daran, dass Ion von Chios (5Jahrh. v.

[46] ibid., p 53
[47] ibid., p 61
[48] ibid., pp. 75–77

Chr.) uns mitteilt, Pythagoras habe sogar Schriften unter dem Namen von Orpheus verfasst.[49]
Wir sehen, wie im pythagoreischen Gedankengut durch die Allharmonisierung der Weg bereitet wird für die Geburt der Idee einer Vernetzung aller Lebensbereiche, was ja für die heutige Esoterik und den Mystizismus so typisch ist.

D. Die Mysterienkulte als Vorläufer der von der Esoterik praktizierten Psychotechniken zum Durchbruch in höhere geistige Welten

1. Allgemeines zu den Mysterienkulten

Plato bringt in seinem "Protagoras" Orpheus mit Mysterien in Zusammenhang und Aristophanes spricht in seinen "Fröschen" von heiligen Weihen, die auf Orpheus zurückgehen sollen. Bei diesen Kulten spielten Zeremonien mit blendendem Licht eine grosse Rolle, so dass die an einer Initiation Beteiligten die Augen schliessen mussten (myein). Es kam also jene Augentätigkeit zwangsläufig zum Zug, die im Griechischen "myein " (Augen schliessen) heisst. Von diesem 'myein" leitet sich u.a. das Wort Mysterium ab, dann aber auch vom Begriff „myeo", das so viel wie einweihen, den Akt einer Initiation über sich ergehen lassen, bedeutet. Zu diesen Kulten gehörte auch die Schweigepflicht. Das Erlebte hatte eine derartig einmalige Qualität, dass dies häufig nicht in Worte gefasst werden konnte und so vermochte der Adept der Öffentlichkeit nichts über seine Erfahrungen während der Initiation mitzuteilen; er war zur Arkandisziplin verpflichtet. Auch in der legitimen Mystik, die wir vom Mystizismus unterscheiden, spielt dieser Faktor des Unaussprechbaren eine grosse Rolle.
Zur denkerischen Grundlage des Mysterienwesens gehört die Überzeugung, dass in dieser Welt eine transzendente Wirklichkeit erscheint und auf geheimnisvolle Weise erkennbar und erlebbar wird. Aber gerade dieses Transzendente ist nur durch Zeichen erfassbar, die man rational nicht einordnen kann. Uneingeweihte vermögen nur das Zeichen zu sehen, der Adept hingegen das hinter dem Zeichen Stehende. In den Mysterien verdichtet sich das Zeichen zu einem Mythos und so ist jeder Mysterienkult durch einen Mythos strukturiert. Diese Kulte wollen Einblick in das letzte Wesen transzendenter Wirklichkeit geben, aber auch in das Verhältnis von Transzendenz und Immanenz.

Der Mythos bringt das, was er ausdrücken will, in polaren Begriffen wie z.B. Gott – Mensch. Der zentrale Mythos ist der sterbende Gott. Wenn dieser auf

[49] Clemens v. Alexandrien, Stromata I, 131, 3–5, übers. v. O. Stählin, Bibliothek der Kirchenväter Bd.XVII, München 1936, p 112

die Erde herabkommt, muss er sterben, um überhaupt menschlich zu werden.[50]
Das Mysterium beinhaltet Erkenntnis über die Gesamtstruktur des Seins, es bedeutet, einen Blick in das Göttliche oder in die Weltseele werfen zu dürfen. Wie wird man einer solchen Schau teilhaftig? Typisch für diese Schau ist die Notwendigkeit, sich vom rationalen Denken zu befreien und das geschieht in zwei Schritten: Erstens durch Meditation; zweitens durch den Willen, sich von der Wahrheit des Mythos überzeugen zu lassen. Gleichzeitig mit der Schau vollzieht sich die Ekstase, bei welcher der Myste aus sich selber heraustritt und so den Einzug des Göttlichen in sein Selbst erfährt.[51] Das Erlebnis des Mysteriums soll den ganzen Menschen verwandeln durch Neugeburt, Auferstehung, Vergottung, was so viel wie Erlösung beinhaltet.[52] Der Myste erlebt während seiner Initiation ein Sterben, das symbolisch durch den Aufenthalt in einer Grotte oder einem unterirdischen Gewölbe zum Ausdruck gebracht worden ist. Das Erlebnis eines stark aufleuchtenden Lichts identifizierte man mit einer Auferstehungserfahrung. Die Eigenschaften der mythischen Gottheit nahmen sich die Mysten zum Vorbild, was auch eine sozial-ethische Erneuerung mit sich bringen musste, übrigens eine Erkenntnis, welche in der mittelalterlichen Mystik teilweise stark betont wird. Die Mysterien- Gemeinde verstand sich als Gemeinde einer neuen Welt. Durch Umwandlung des Menschen kraft der Mysterien sollen Philanthropie, Kultur und Zivilisation vorangetrieben werden.[53]

2. Die eleusinischen Mysterien

Nach dem Zeugnis der Kirchenväter wie Clemens v. Alexandrien gab es in Eleusis das kleine Mysterium mit einem Bad,[54] dem darnach aufgrund der Mitteilungen von Hippolyt das grosse Mysterium mit der Epoptie, der Schau, folgte.[55]
Nach Hippolyts Refutatio V, 8 ist zu vermuten, dass zum Höhepunkt auch ein „hieros gamos", eine „heilige Vermählung" mit der Gottheit gefolgt ist.[56]
Sehr wichtig ist, dass der Myste in einen Zustand der Verunsicherung seiner angestammten Werte geführt werden musste im Sinn eines Misstrauens gegenüber den eigenen rationalen Fähigkeiten. Wie bereits gesagt, spielt dieses Element in der christlichen Mystik eine grosse Rolle.

---

[50] Carl Schneider, Mysterien, Hamburg 1979, p 9
[51] ibid., pp. 10-11
[52] ibid., p 11

[53] ibid., p 12
[54] Clemens v. Alexandrien, Strom.V,11; Bibliothek d. Kirchenväter, Bd.IV, hrsg. v. J.Zellinger, München 1937, p 180
[55] Carl Schneider, Mysterien, Hamburg 1979 Carl Schneider, Mysterien, Hamburg 197922, p 105
[56] Hippolytos, Refutatio V,8; op. cit., p 105

3. Die ägyptischen Mysterien

Die ägyptischen Mysterien sind uns deshalb wichtig, weil wir über diese einen der ausführlichster Berichte besitzen von einem gewissen Apuleius, der selber die ägyptischen Einweihungszeremonien erlebt hat und als Augenzeuge auf lebendige Weise einen Eindruck dieser geheimnisvollen Rituale vermittelt. Apuleius tut das in seinen "Metamorphosen".[57] In den Metamorphosen des Apuleius findet man die wichtigsten Details über die verschiedenen Stufen der Initiation verbunden mit Badezeremonien und Erleuchtungserlebnissen des Initianden.
Obschon es verschiedene Mysterienkulte gab entsprechend den verschiedenen Kulturkreisen (griechische, nordafrikanische, kleinasiatische), so sind die Unterschiede nicht gross. In den verschiedenen Kulturkreisen wechseln vor allem die Gottheiten, die Objekte für die Einigungserlebnisse sind im Sinne des "Hieros Gamos." In Ägypten spielen Isis und Osiris eine wichtige Rolle, in Griechenland vor allem Demeter und Dionysos, in den persischen Mysterien Mithras, in den kleinasiatischen Mysterien Attis und Kybele.

4. Weitere Wurzeln des heutigen Mystizismus (Synonyme Begriffe: New Age, Theosophie, Neugnosis)

Die spätmittelalterliche Alchemie von Paracelsus sowie die im arabischen Raum entwickelte Alchemie gehören zu weiteren Wurzeln der Neugnosis. Aus der Zeit der Aufklärung sind Einflüsse der Freimaurer und Rosenkreuzer auszumachen, aus dem späten 18. und 19.jahrhundert sind Elemente des Humanismus und Idealismus von Goethe übernommen worden mit der Konzeption einer Synthese von Religion, Kunst und Wissenschaft.
Aber auch Bestandteile des im 19.Jahrhundert zu einer organisatorischen Bewegung gewordenen Spiritismus spielen eine gewisse Rolle.

E. Die alte Gnosis als wirksamstes Vorbild zur Bildung eines Konglomerates

Die alte Gnosis weist mannigfaltige Systeme auf. Doch vor allem Elemente, die wir in Bezug auf das Gottesbild, die Kosmologie, Anthropologie und Soteriologie bereits in der Orphik und in Abwandlungen in der pythagoreischen Philosophie, im Platonismus sowie in den Mysterienkulten gefunden haben, werden zur eigentlichen Gnosis. In der Gnosis verdichten sich diese orphisch variierten Denkweisen zu einem Konglomerat und erhalten ein mythisches

---

[57] Apuleius, Metamorphosen, übers. v. R. Helm, Berlin 1978;
siehe Met.XI,19; XI,26,4; XI,21,6-7; XI,23,3; XI,27,1-2; XI,22,7 ff.
XI,24,1-4; XI,14,1; XI,16,2; XI,24,5

Gewand. Dabei spielt das psychologische Element von Daseinsangst und astrologischem Fatalismus eine wichtige Rolle, vor allem aber das Bewusstsein von der Zugehörigkeit zur oberen Lichtwelt. Diese ist die wahre Heimat.
Die gnostischen Mythen haben das Heil des Menschen im Auge. Es kommt in der Gnosis zu einer Akzentverschiebung von der Kosmologie zur Soteriologie. Mit andern Worten können wir das Typische dieses Gebildes der Gnosis etwa so formulieren: Die Gnosis ist ein Konglomerat aus orphischen Elementen in ihren pythagoreischen und platonischen Variationen, auch manches aus den Mysterienkulten ist vorhanden, wobei die Eigenleistung der Gnosis in folgendem besteht: Nämlich in der mythisch-dramatischen Formung, der Verstärkung von qualifizierenden Dualismen, der soteriologischen Ausrichtung in strenger Verbindung mit der Tätigkeit des Erkennens und der Klassifizierung von Menschen. Dabei ist die Bewahrung eines esoterischen Charakters wichtig.

Auf das Charakteristische eines Konglomerates in der valentinischen Gnosis spielt Hippolyt in seiner "Refutatio" an, wenn er schreibt:

„...Dies ist in aller Kürze dargestellt die Lehre des Pythagoras und des Plato; aus ihr, nicht aus dem Evangelium, stellte Valentinus seine Häresie zusammen... er dürfte also mit Recht als Pythagoräer oder Platoniker angesprochen werden. “ [58]

Wir müssen festhalten: Das meiste, was wir in der Gnosis finden, war früher bereits gesondert vorhanden, vor allem in der orphischen Literatur. Doch die Gnosis erweitert aufgrund der übernommenen Substanz die Spekulationen. In Bezug auf die orphische Literatur wiederum nach Wurzeln zu fragen, erübrigt sich, weil wir in einen dunklen Bereich geraten, wo man sich nur noch mit Hypothesen zufrieden geben muss. Was sich unter dem Namen Gnosis herauskristallisiert hat, ist vor allem ein Konglomerat von Ideen, die wie in einer Klammer drinnen von einem alles bestimmenden Vorzeichen ihre besondere Ausrichtung erhalten: Es ist die Erkenntnis mit ihren komplexen Funktionen. Die kultische Entfaltung der Gnosis finden wir eben in den Mysterienkulten. Auch diese sind in der orphischen Literatur vorweggenommen. Erhalten wir in den Metamorphosen des Apuleius einen lebendigen Einblick in kultisch praktizierte Gnosis, so haben wir im „Corpus Hermeticum“,[59] einer spätantiken Sammlung heidnisch-religiöser Vorstellungen aus dem zweiten und dritten nachchristlichen Jahrhundert, eine Fülle von gnostischen Ideen. Diese sind wichtig gerade als Korrektiv zu den Kirchenvätern, deren Mitteilungen eben nicht aus erster Hand sind, sondern eine Art Sekundärliteratur zur Gnosis darstellen. Sehr wichtig ist in dieser Sammlung das Kp. XIII des „Corpus Hermeticum“, das sog. Wiedergeburtstraktat. In diesem Kapitel finden wir in dichter Fülle wichtigste

---

[58] Hippolyt, Refutatio VII,29,3; übers. u. hrsg. v. O. Bardenhewer, Bibliothek d. Kirchenväter Bd.40, München 1922, pp. 163-164

[59] Corpus Hermeticum, Ausgabe u. französische Übers. v. A.D. Nock-Festugière, 4 Bde, 1945-1954

Elemente gnostischen Denkens. So wird die Welt als Täuschung gesehen, als Illusion und Betrug. Sich von ihr zu lösen muss das erklärte Ziel des Menschen sein. Als „pars pro toto" für die negativ verstandene Welt gilt der physische Leib mit seinen Sinnen, der den Menschen zum Leiden zwingt und für seinen Geist ein Gefängnis bildet. Es gilt, sich von den Sinnen zu befreien und von den alogischen Quälgeistern der Hyle als chaotischer Materie zu distanzieren. Nur so kann man den Weg zur Vergottung beschreiten. Wahr ist allein das Geistige. Der Myste muss die Welt als das erkennen, was sie in Tat und Wahrheit ist: Nämlich ein Exil, eine Fremde. Der Myste muss zu jenem Punkt gelangen, wo er sich als ein in diese Welt „Geworfener" erkennt.[60] Übrigens ist in der modernen Literatur des 20.Jahrh. dieser Gedanke vom „Geworfensein" in diese Welt vor allem beim Dramatiker und Dichter Jean Paul Sartre zu finden. Sich selber kann man nur finden, indem man aus dem Körper aussteigt. Der Mensch ist trunken gemacht vom Wein der Unwissenheit, damit er nicht zum Bewusstsein und zur Erkenntnis seiner selbst und seines Fremdseins in dieser Welt gelangen kann. Es ist vor allem die sexuelle Lust, die auf den Menschen diese betäubende Wirkung ausübt.[61] Im Kapitel VI, 3-4 vom CH (Corpus Hermeticum) finden wir die Identifizierung von Materie mit dem Bösen deutlich. Auch die hermetische Gnosis ist abhängig von der orphischen Ideologie, was A. Wlosok in seinem Buch „Laktanz" [62] nachweist.

Wahres Wissen im Sinn richtiger Erkenntnis muss zuerst im Menschen Gestalt annehmen. Unwissenheit ist ein hemmendes Kleid, ja der Tod selber. So finden wir es in CH VII, 2.
In der Gnosis spielen folgende Gegensatzpaare, die wir im CH XIII finden, eine grosse Rolle: Gnosis – Agnoia (Erkenntnnis-Unwissenheit); Pneuma – Soma (Geist-Leib). Bei diesen Gegensatzpaaren handelt es sich um eine Art Zweireiche – Lehre: Auf der einen Seite befindet sich das Reich Gottes als das Reich des Guten, des Lichtes und des Geistes, auf der andern Seite ist das Reich des Bösen, der Finsternis, eben das Reich des Leibes, also der Materie.
Bemerkenswert ist, dass das Griechentum trotz seines platonischen Dualismus sich einen gewissen Optimismus bewahrt hat, der sich in der Begeisterung gegenüber allem Schönen zeigt. In der Gnostik finden wir aber eine düstere Haltung gegenüber dem Kosmos. Die Dämonen wirken bis in die Tiefen des Kosmos hinein. Zur Entgleisung der Gnosis gehört der Dualismus von Licht und Finsternis in der Parallelbedeutung
von gut und böse. Die pessimistische Grundhaltung der Gnosis beruht nach Jonas darauf, dass diese den Geist der spätgriechischen

---

[60] Vgl. Hans Jonas, Gnosis u. spätantiker Geist, Teil I: Die mythologische Gnosis, Göttingen 1934, pp. 106-109
[61] Vgl. Corpus Hermeticum I,19+27
[62] A. Wlosok, Laktanz u. die philosophische Gnosis, AHAW 1960,2

Antike orphischer Herkunft mit dem persischen Dualismus verknüpft hat.[63]

Bei Clemens von Alexandrien finden wir den bestätigenden Hinweis auf jene den meisten gnostischen Systemen gemeinsame Konzeption, dass ein Teil des Menschen aus der Lichtwelt stammt und er dadurch göttlich ist und seine "sotaeria" (Erlösung) potentiell bereits in sich trägt.[64] Wer nun die naturgegebene Göttlichkeit erkennt, hebt sich von den gewöhnlichen diesen Tatbestand nicht erkennenden Menschen ab, wobei der Unterschied von Erkennen und Nichterkennen mit der Differenz zwischen dem Pneumatischen und Psychischen gleichzusetzen ist.[65] So kommt es bei den Gnostikern zu einer Klassifizierung der Menschen in Sarkiker, Psychiker und Pneumatiker. In der valentianischen Gnosis ist diese Einteilung besonders auffällig. Irenäus spricht davon in adversus haereses 1, 7,5.: *„Es gibt dreierlei Menschen: Geistige, materielle und seelische. “* [66] Für die Gnosis ist jene Brücke wichtig, die Mystik, Philosophie, visionäre Schau und gedankliche Intuition verbindet. Die Idee ist Ergebnis eines Forschens nach dem innersten Wesen der Dinge, das als grosse Einheit hinter aller Mannigfaltigkeit steht. Wie bei Plato ist in der Gnosis die Idee das eigentlich Wirkliche. Die Gnosis lässt aus den Ideen mythische Wesen hervorgehen. So entsteht beispielsweise aus der Idee der Weisheit ein weibliches Geistwesen.

Der Gnostiker verpönt das rational-wissenschaftliche Denken mit der Aufteilung in Objekt und Subjekt. Er versteht die Welt nicht als etwas, was ihm als gänzlich Verschiedenes gegenübersteht, was er durch Apparate wie Fernrohr, Mikroskop, Waage oder Massstab erkennen kann. Er betrachtet die Welt vielmehr als einen grossen, lebendigen Organismus, zu dem er als ein mit dem Ganzen organisch verwachsenes Glied gehört. Deshalb gibt es für den Gnostiker keine unübersteigbare Scheidewand zwischen Mensch und Welt, Subjekt und Objekt, Mensch und Gott.[67] In seinem Organismus spiegelt sich die Welt. Auch wird Gleiches nur durch Gleiches erkannt. Der Gnostiker braucht nur ins eigene Ich hineinzuschauen und dann findet er dort die gleichen Kräfte, die auch das All durchwalten. So ist dem Gnostiker die Wechselbeziehung zwischen Makro – und Mikrokosmos sehr wichtig.

Typisch für die Gnosis ist die Verwischung und Verflachung nationaler Unterschiede. Der Orientale hütet seine Religion eifersüchtig vor allen fremden Einflüssen. Der Grieche besass nun aber keine das ganze Volk bindende nationale Religion. Das Vorbild zur Verschmelzung lokaler Gottheiten finden wir bereits bei Homer und Hesiod. Griechische Kultur, Technik und Wissenschaft sowie Philosophie

---

[63] H. Jonas, Gnosis u. spätantiker Geist, op. cit., pp. 44 ff.

[64] Vgl. Clemens v. Alexandrien, Stromata IV, 89,2-4

[65] Clemens v. Alexandrien, Stromata II,10,2

[66] Irenäus, Bd. I, hrsg. v. O. Bardenhewer, Bibliothek der Kirchenväter, Kempten und München 1912, p 22

[67] Hans Leisegang, die Gnosis, Leipzig 1924, pp.18-19

verbreiteten sich in den Reichen der Diadochen Alexanders und im Imperium Romanum bis weit in den Orient hinein. So entstand wechselseitiges Geben und Nehmen zwischen Orientalen und Griechen. Dieser Hintergrund erklärt auch einen wichtigen Teilaspekt für das Verständnis der Entstehung der Gnosis.

Eine wesentliche Unterscheidung müssen wir allerdings machen zwischen den Anhängern gnostischer Vereinigungen und den Mysterienkulten. Die Mysterienkulte zeigen uns modifiziertes gnostisches Denken in kultischer Form. Dennoch können wir die Kultfeiern der Gnostiker und die Mysterienkulte nicht einfach miteinander identifizieren, obschon sie einander eng verwandt sind.
Die Mysterienkulte sind älter als das Phänomen der Gnosis mit ihrem ausgesprochenen Charakter eines Konglomerates. Die Blütezeit der Gnosis fällt in die ersten 3 Jahrhunderte nach Christus. Die Mysterienkulte begannen bereits um 400 v. Chr. einen beachtenswerten Einfluss auszuüben, existierten aber auch noch in den ersten christlichen Jahrhunderten. Der wesentliche Unterschied zwischen Mysterienkulten und den gnostischen Schulen besteht in folgendem: Die Gnosis legt mehr Wert auf die durch Erkenntnis wahrzunehmende Lehre, wobei die Mysterienkulte den Akzent auf die Einweihungsrituale legen. Ein wichtiger Unterschied besteht in der Anthropologie. Während der Myste in den Mysterien eine neue göttliche Substanz erhält dank der Initiation und somit eine substanzielle Veränderung erfährt, bleibt der Gnostiker nach seiner Erweckung substanziell derselbe. Der Gnostiker bleibt derjenige, der er immer schon gewesen ist. Er ist ja göttlicher Natur und braucht nicht verwandelt zu werden. Der Vergottung des Mysten in den Mysterien Religionen steht das Wieder-Gott- Werden des Gnostikers gegenüber. Oder anders ausgedrückt: In den Mysterienkulten wird der Kandidat dank der Initiation zu etwas, das er vorher nicht gewesen ist. Dagegen wird der Mensch in der Gnosis zu etwas, was er ursprünglich gewesen ist.

In den Mysterienkulten geht es um eine Verwandlung. In der Gnosis geht es vielmehr um das dramatische Geschehen der gefangenen Seele, deren Lichtfunken die Funktion einer Zugkraft nach Oben haben. Das dramatische Moment des woher, wozu und wohin fehlt den Mysterienkulten. Der durch dämonische Verführung in die Materie verstrickte Mensch kann nach gnostischer Auffassung aus eigener Kraft den Weg nach Oben, woher er ursprünglich als Geist gekommen ist, zurückfinden. Der Hauptgrund, weshalb der gefallene Mensch den Rückweg finden kann, hängt damit zusammen, dass er als Mikrokosmos alle Kräfte und Substanzen des Makrokosmos in sich vereint. Der Aufstieg geschieht in vier Etappen: Die erste Etappe geht durch das Reich der Dämonen bis zum Mond. Die zweite Etappe geht vom Mond durch die 7 Planetensphären in den Fixsternhimmel. Die dritte Etappe führt in die reine Welt des Geistes und die vierte Etappe führt in die Gottheit zurück. Während dem Durchlaufen dieser Etappen legt der Gnostiker verschiedene Hüllen ab, so dass er als Licht mit dem göttlichen Geist identisch wird.[68]

Hat nun die von Gott wegführende Abwärtsentwicklung den tiefsten Punkt des Geistverlustes erreicht, so kommt es zum Umschwung durch einen von aussen einwirkenden göttlichen Impuls. Die Schöpfung erfährt wiederum eine Aufwärtsentwicklung und nähert sich durch stufenweise Entmaterialisierung dem Göttlichen. Den Erlöser sandte Gott erst in dem Moment, als die tiefste Stufe der Entmaterialisierung erreicht war. Das mythisch – mystizistische Denken der Gnosis bewegt sich in zyklischen Bahnen: Vom Geist zur Materie, von der Materie wieder zum Geist empor, von der Unschuld zur Sünde, von der Sünde wieder zur Sündlosigkeit, vom Leben zum Tod, vom Tod wieder zum Lebe. Aus einem wird Alles und aus Allem wird wieder eines.
Alles, was der Pneumatiker im Geist erschaut, das findet er wieder in den verschiedensten schriftlichen Zeugnissen aus alter Zeit. Die heiligen Schriften und Dokumente der verschiedenen Völker sieht er in seiner geistigen Schau als Einheit.[69]

Zusammenfassend sehen wir uns die wichtigsten Grundzüge der Gnostiker an:
Erstens: Die Heimat des Gnostikers ist nicht diese Welt. Diese ist als Ghetto und Fremde zu verstehen.
Zweitens: Der Mensch ist göttlichen Ursprungs und göttlicher Natur.
Drittens: Indem der Mensch die Gnosis praktiziert und dadurch den eigenen Körper und die Welt als Fremde und Gefängnis erkennt, kann er die Erlösung erlangen.
Viertens: Die Selbsterkenntnis wird zur Gotteserkenntnis; denn das Selbst ist mit dem Göttlichen substantiell identisch.
Fünftens: Durch die Erkenntnis ist der Weg für das Wiedergottwerden freigelegt.
Sechstes: die Aufdeckung dieser Sachverhalte ist dem Menschen nicht durch Denkleistung möglich, sondern geschieht von aussen mit Hilfe des Mythos durch einen Offenbarer (Erlöser).

F. Plotin

Plotin, dessen Heimat und Herkunft nicht bekannt sind, hatte eine gewaltige Wirkungsgeschichte. Von seinem Leben wissen wir bis zu seinem 28.Lebensjahr nichts. Aber in diesem Jahr, wahrscheinlich um 232 n. Chr., erlebte er so etwas wie eine „Bekehrung". Plotin lernte durch sein langes Suchen nach einem philosophischen Meister den Denker Ammonios Sakkas in Alexandrien kennen. 11 Jahre ging er zu diesem Meister platonischer Lehre in die Schule. Nach dieser gründlichen Ausbildung bei Ammonius erhielt Plotin von einem aristokratischen Gönnerkreis die Möglichkeit, in Rom eine Lehrtätigkeit aufzunehmen, was ums Jahr 244 n.Chr. geschehen ist. Der

---

[68] ibid., p 27
[69] ibid., p 38

Kaiser Gallienus, der 253 sein Amt antrat, zeigte während seiner 15-jährigen Tätigkeit viel Sympathie gegenüber Plotin. Dank des kaiserlichen Wohlwollens gewann Plotin eine grosse Schar von Verehrern. Seine Anhänger bewunderten die Schlichtheit und Bescheidenheit in seinem Auftreten.
Plotin ging ganz in seiner Philosophie auf. Er formte auf Plato gründend eine Weisheitslehre, die einen stark religiösen Charakter hat; man kann geradezu von einer Philosophie mit sakralen Qualitäten sprechen. Obschon Plotins Lehre sehr intellektuell ist, vermag sie dennoch zu begeistern durch eine seltsame Wärme, durch Elemente, die Bewunderung und tiefe Ehrfurcht fordern. Der bedeutende Forscher über Plotin, Richard Harder, sagt treffend über ihn:

„Wir hören den Philosophen in klarer schlichter Sprache die Grundwahrheiten des Platonismus verkünden, den Vorrang des Seelischen vor dem Stofflichen, die Kraft und Schönheit der geistigen Welt, die unaussprechliche Erhabenheit des obersten, göttlichen Einen; wir hören ihn aufrufen zur Selbstreinigung, zum Aufstieg in die höhere Welt, zur Schau. “ [70]

Über Plotins Leben informiert uns sein bedeutendster Schüler, nämlich Porphyrios, welchem wir zu verdanken haben, dass er das Werk seines Meisters vor dem Verlorengehen gerettet hat. Von ihm wissen wir, dass Plotin sehr dialogfähig war. Er schenkte seinen Studenten volle Aufmerksamkeit und ging geduldig auf ihre Fragen ein. Mit seiner milden Menschlichkeit gewann er die Freundschaft seiner Zuhörer.
Nun wollen wir aber etwas mehr von der gewaltigen Wirkungsgeschichte hören, die von Plotin ausgegangen ist.
Plotin war bei Augustin bereits hoch im Kurs, als dieser sich im Jahr 387 n. Chr. für Jesus und seine Botschaft entschieden hat.
Als der Philosoph und politische Berater des Ostgoten-Königs Theoderich, nämlich Boethius, beim Kaiser in Ungnade fiel und im Kerker im Jahr 524 auf seine Hinrichtung warten musste, da liess er sich von Plotins Philosophie trösten. Im Denken des grossen mittelalterlichen Theologen Nikolaus von Cues (1401– 1464) ist Plotin gegenwärtig, vor allem was die sog. „theologia negativa“ betrifft, also all das, was über Gott nicht aussagbar ist.
Dante (1265–1321) hat in seiner „Divina Commedia“, in seiner „Göttlichen Komödie“, mit den verschiedenen Stufen hin zum Paradies sich plotinischer Denkmuster bedient.
In der Renaissance hat der Philosoph Marsilio Ficino (1433–1499) in Florenz eine grosse Rolle gespielt an der dortigen Akademie für Plato Studien. Ficino war von Plotin tief ergriffen. Vor allem Plotins Vortrag „Über das Schöne“ machte Ficino durch seine Übersetzung der gebildeten Bevölkerung der Aristokratie zugänglich. Es geht um den sich im Schönen offenbarenden Geist

[70] Richard Harder, Plotin, Fischerbücherei, Frankfurt a. M. 1958, pp. 8 ff.

und um die Liebe, die durch Schönheit entzündet wird. Solche Gedanken Plotins wirkten auf Kunst und Kultur und schlugen sich bei Michelangelo nieder, aber auch in den Sonetten Shakespeares. Die Schau des Schönen ist also höchstes Ziel.
Bei der berühmten Schule der „Cambridge Platonists" mit Ralph Cudworth (Lehrtätigkeit von 1645–1688) an der Spitze spielte Plotin eine herausragende Rolle. Plotin gilt in dieser Schule der „Cambridge Platonists" als Klassiker religiöser Erfahrung.
Vom plotinischen Gedanken der „reinen Anschauung des Schönen" im Sinn eines mystischen Erlebnisses sind Friedrich Schiller und Goethe sehr angetan und noch viele andere Denker. Zentrale Begriffe in Plotins Lehre sind Leib, Seele und Geist, wobei der Mensch aus diesen drei Teilen besteht. Wichtig für Plotin ist, dass Seele und Geist auch eine übermenschliche Wirklichkeit präsentieren. Es geht dabei um Stufen, die verschiedene Grade des Seins darstellen. Den höchsten Grad besitzt der Geist; dieser ist Inbegriff der Fülle des Seins. In diesem Geist sind auch alle Urformen des Seins, die sog. Ideen, vorhanden. Dieser Geist ist Vielheit und als einheitliche Denkkraft wiederum zugleich Eines. Nun soll es aber über dem Geist noch eine Stufe geben, die keine Vielheit mehr kennt. Es ist das sogenannte „Hen", das Überseiende, das über dem Guten Stehende. Es wird mit der Gottheit identifiziert. Man kann von diesem „Übereinen" oder „Überseienden" nur sagen, was es nicht ist.
Es geht bei Plotin um ein Aufsteigen von niedrigeren Intensitäten des Seins zu deren höchsten. Das Sinnenhafte hat schwächere Intensität des Seins als das Geistige. Es gehört zum wahren religiösen Weg, vom Sinnenhaften sich zu lösen, um zur reinen Geistigkeit aufzusteigen, zum reinen Denken.
Alle niedrigeren Stufen sind aus den nächst höheren hervorgegangen, eigentlich herausgeflossen, emaniert. Alle Stufen sind gleich ewig.
Es gibt also keinen Schöpfergott. Es gibt wohl einen bereits ewig bestehenden Kosmos, der durch ein höchstes Prinzip als organische Einheit zusammengehalten wird, wobei verschiedene Stufen des Seins oder Glieder miteinander in sympathischer Gemeinschaft stehen. Alles steht miteinander in Verbindung: Götter, Gestirne, Dämonen, Lebewesen, Elemente.

Die menschliche Seele hat sich aus der höheren Welt herausgelöst und sich mit der Materie verstrickt. Der Seelenabstieg ist nicht wie etwa bei den Gnostikern ein Sündenfall, eine Verfehlung, sondern Teil eines unvermeidlichen Prozesses.
Die Seele des Menschen ist aus dem höchsten Geist hervorgegangen und so bleibt sie naturhaft mit dem höchsten Sein und den dazugehörigen Zwischenstufen in Verbindung.
Der Abstieg der Seele ist Teil eines harmonischen kosmischen Prozesses.
Das irdische, beziehungsweise das materielle Sein, wird als Dasein bezeichnet im Unterschied zum Sein schlechthin, das die höchste Wirklichkeitsintensität in sich schliesst.

Zwischen all den vielen Stufen vom höchsten Sein bis zum Dasein der irdischen Belange gibt es nach Plotin keinen Graben. Alle Stufen sind miteinander verbunden und verwandt: Oder anders gesagt: Alles ist ein Ganzes. Richard Harder bezeichnet Plotin deshalb auch als den „Philosophen der Ganzheit".[71] Es ist die Aufgabe der menschlichen Seele, sich mit ihrem Ursprung, mit dem höchsten Sein, zu verbinden. Das geschieht durch sogenannte mystische Erlebnisse, die aber eher dem Bereich des Mystizismus zugeordnet werden müssen. Interessant und von Bedeutung ist nun die Methode für solche „mystischen" Erfahrungen. Da spielt eine wichtige Rolle die Askese, wie sie bereits in den orphischen Gemeinden, und vor allem bei den pythagoreischen Lebensgemeinschaften gepflegt worden ist. Plotin hingegen betont, dass Askese eine vernünftige und schlichte Lebensweise beinhalte, die sich von der Tugend bestimmen lässt. Hinzu kommt aber als Vorübung das Trachten des Menschen in der Richtung der Vertikalen, also hinauf zum Ursprung, wo der Mensch noch eine Ganzheit gehabt hat. Diese Ganzheit wird von Plotin als Schau des reinen „Schönen" verstanden. Von besonderem Interesse ist nun aber, dass dieses Hinaufschauen zum Ursprung, zum göttlichen „Einen", zugleich ein Schauen nach Innen zum eigenen Selbst hin ist. Diese Schau ist die „Theoria" oder „Intuitio" und es ist diese Schau, die einem die geistliche Welt zugänglich macht.
Musse und Stille sind Voraussetzungen, um zu dieser Schau zu gelangen. Man kann die Schau nicht mit Gewalt herbeiführen. Sich öffnen und in Geduld warten, das ist nötig.
Diese Schau ist eine neue Art von Erkennen, die über das logische Denken hinausgeht, wovon übrigens schon Plato in seinem berühmten 7.Brief spricht. Pythagoras und Plato sind der Überzeugung, dass der Weg zum „Schauen" mit Hilfe einer Gemeinschaft geschieht, in die der Kandidat eingebettet ist. Bei Plotin ist dieser Weg im Alleingang zu gehen.
Was erlebt nun derjenige, der nach Plotin zur „mystischen" Schau gelangt ist? Er erlebt das Reich des Seienden, des Göttlichen in seiner unveränderlichen Vollkommenheit und Schönheit.[72]
Der wichtigste Unterschied zu den Erlebnissen der Kandidaten in den Mysterienkulten und der Gnostiker besteht darin, dass bei Plotin sich nichts Sensationelles ereignet. In den Mysterienkulten und bei den Gnostikern sind die mystizistischen Erlebnisse in ein dramatisches Erleben eingebunden, wobei der Schauende und das Geschaute immer noch eine Zweiheit von Subjekt und Objekt darstellen. Bei Plotin kommt etwas Neues: Diese Zweiheit von Subjekt und Objekt muss überwunden werden. Bei Plotin hört der Weg von Reinigung (Aszese), Wendung nach innen, Konzentration und Kontemplation nicht bei der Schau auf. Wenn nun bei Plotin auf diesem Weg zur Schau das Selbst aufs höchste gesteigert worden ist, so gilt es nun, alle Eigenbewegung

---

[71] ibid., p 22
[72] ibid., p 2

aufzugeben, ja das Selbst auszulöschen, um sich mit dem Geschauten zu vereinigen, ja selber zum Geschauten zu werden. Es gibt keine Unterscheidung mehr zwischen Schauendem und Geschautem. Es kommt eine Identität zustande, die sogenannte „unio mystica".[73]

Bei Plotin können wir plakativ folgendes in Bezug auf den Menschen festhalten: Aus dem höchsten Sein, dem „Hen", geht der Nous, der menschliche Geist mit seinen intellektuellen Fähigkeiten hervor. Aus dem Nous emaniert die Seele und aus der Seele schliesslich die Materie.

III. MYSTIZISMUS IM 20.JAHRHUNDERT IN DER FORM VON NEW AGE

A. Einige der wichtigsten Persönlichkeiten als Promotoren von New Age oder der neuen Gnosis

Alice Bailey (1890–1949) hat zahlreiche Bücher neognostischen und okkulten Inhaltes verfasst. Ihre Schriften gehören zu den wichtigsten frühen Quellen des 20.Jahrhunderts.
Zur Veröffentlichung ihrer Werke ist der „Lucis Trust – Verlag" in New York gegründet worden. Bailey profiliert sich durch die Verwendung des Begriffes "New Age", der meines Wissens vor ihr kaum im Umlauf gewesen ist. Ihre wichtigsten Bücher sind in den Vierzigerjahren des 20.Jahrhunderts geschrieben worden wie „Discipleship in the New Age", "Education in the New Age" und "The Reappearance of Christ".
Auch Fritjof Capra (*1939) ist von beachtenswertem Einfluss durch seine Bestseller „Das Tao der Physik" und „Wendezeit". Marilyn Ferguson hat mit ihrem Buch „Die sanfte Verschwörung" eine intensive Propaganda getrieben. Ein weiterer wichtiger Mann, der sich wie Capra der Physik gewidmet hat, ist der Nobelpreisträger Ilya Prigogine. Ferner ist von Bedeutung Robert Müller mit seinem Buch „Die Neuerschaffung der Welt". Nicht zu vergessen ist der als Prophet aufgetretene Benjamin Creme, der das Kommen des neuen Weltlehrers und Welterlösers ankündigt. Die genannten Autoren verstanden es, die wichtigsten Elemente gnostischen Gedankengutes zu bündeln.

[73] ibid., p 24

B. Die wichtigsten Elemente von New Age als Gnosis im neuen Gewand

1. Ontologie und Kosmologie

Die Seinsweise der Welt wird als dynamisches Gewebe von Beziehungen verstanden, in welchem kein Teil fundamentaler ist als irgendein anderer. Es gibt eine Korrespondenz zwischen Mikro- und Makrokosmos. F. Capra bringt deutlich seine Überzeugung zum Ausdruck, dass die ganze Welt, überhaupt das ganze Sein, von den beiden Grundkräften Yin und Yang bestimmt wird, wobei Yang das männliche Prinzip ist und Yin das weibliche.[74] Diese dem chinesischen Taoismus entnommenen Ideen ergänzt Capra mit Auffassungen aus dem altchinesischen Buch I Ging. Doch auch die Gedanken des Philosophen Heraklit, die in dem Satz „alles fliesst" kulminieren, finden reichlich Verwendung. Capra, der ein viel beachtetes Sprachrohr der New Age Ideologie ist, kommt zu folgendem Schluss: Es gibt keine absolute Sicht in Bezug auf das Sein der Dinge. Aufgrund seiner Beobachtungen als Physiker meint nun Capra, dass analog zur Bewegung der Neutronen und Elektronen im Atomkern das ganze Sein in pausenloser Bewegung und Aktivität sei. Diese dynamische Bewegung in den kleinsten Einheiten des Seins bewirke dauernd Evolutionen und Transformationen auch auf höherer Ebene. Nun werde diese dynamische von Yin und Yang verursachte Bewegung von den Molekülen über die Zellen an die Organe weitergegeben, von den Organen an den Menschen, vom Einzelmenschen an die Familie, von der Familie an die Gesellschaft und von der Gesellschaft schlussendlich an die Nationen. Auch die geistige Seite werde von dieser dauernden Bewegung geprägt, nämlich das Denken und Handeln. Ja die ganze Geschichte erhalte ihre Dynamik von dieser Urbewegung innerhalb der kleinsten Einheiten, wobei Yin und Yang miteinander um ein Gleichgewicht kämpfen würden. Es sei eine Wiederholung der stets gleichen Stufen von Werden, Wachstum, Transformation, Höhepunkt und Zerfall festzustellen.[75]

Wir sehen, wie diese die Evolution bewirkende Dynamik eine zyklische Struktur aufweist. Wir erkennen dabei auch die enge Verwandtschaft zur Gnosis. Capra und mit ihm alle New Age - Anhänger betrachten den Kosmos als beseelt, wie das in der Gnosis der Fall ist. Die Erde und der Kosmos seien feminin strukturiert. Es sei vor allem der kosmische Geist der „Gaia", der als weibliches Prinzip Harmonie und Gleichgewicht anstrebe. In der Auffassung vom beseelten Kosmos erkennen wir wiederum das gnostische Erbe. Es ist gerade diese Konzeption vom beseelten Kosmos, die New Age dazu veranlasst hat,

---

[74] F. Capra, Wendezeit, Bern 1985, p 23

[75] ibid., pp. 21-23

der Ökologie besondere Aufmerksamkeit zu schenken. New Age ist auf dem Gebiet der Ökologie durchaus führend geworden, was sich in der grünen Ideologie niederschlägt. Ein schweres Gewicht erhält infolge dieser ontologisch-kosmologischen Schau die Sorge für die Mutter Erde, die ja nicht Opfer der Ausbeutung, des Raubbaus werden darf. Gerechtigkeit, Friede und Bewahrung der Schöpfung werden gross geschrieben. Nach der ökologischen Erkenntnis von New Age wird besonders geltend gemacht, dass kein Lebewesen unabhängig vom andern existiere. Alles ist miteinander verbunden und verfilzt. Von der kosmologischen Konzeption her und der davon abgeleiteten Ökologie kommt man zur Schlussfolgerung, dass es keine verbindliche absolute Wahrheit und Ethik gebe; denn nach der Erkenntnis der neueren Physik würden keine statischen Strukturen existieren. Aufgrund der Quantentheorie habe man es immer mit Geweben und Beziehungen zu tun.[76] Die Ökologin Manon Maren-Griesbach schreibt in ihrem Buch „Philosophie der Grünen" folgendes:

„Im Grossen verändern sich die Klimata der Erde, die Wüsten breiten sich aus, die Gletscher schmelzen, die Feuchtigkeitsgrade wechseln, und wenn schon diese materiellen Welten andere werden, so erst recht Denken und Handeln der Menschen." [77]

In engstem Zusammenhang mit der Kosmologie und Ökologie von New Age steht nun auch der Feminismus. Der Kosmos sei aus dem Gleichgewicht geraten, weil das Yang-Prinzip sich auf Kosten des weiblichen Yin – Prinzips stark gemacht und die Oberhand gewonnen hätte. Heilung für den Kosmos komme vor allem durch eine Kräftigung des Yin – Prinzips. Patriarchalische Strukturen seien vom Yang – Prinzip verursacht worden. Capra und Ferguson machen geltend, dass das männliche Yang-Prinzip schuld sei an der Ausbeutung der Natur, am Expansionsdrang in gewissen politischen Systemen, aber auch an jenem Denken, das von Analytik und Rationalismus bestimmt sei. Das Yang – Prinzip sei auf Profit aus in der Wirtschaft, es sei autoritär und sehe die Dinge lediglich als Objekte. Das Heil komme vom weiblichen Yin – Prinzip, das auf Frieden und Heil aus sei. Das Yin-Prinzip sorge für ganzheitliches Verhalten in allen Lebensbereichen. Es sei nicht auf analytisches Zergliedern aus, sondern auf Synthese und Verschmelzung. Das Yin – Prinzip strebe nach Bewahrung der Schöpfung.[78] Das Heil kann nur kommen, wenn der Feminismus säkularer und theologischer Art sich konsequent durchsetzen könne. Ökologie und Feminismus würden eng zusammengehören.[79]

---

[76] ibid., pp. 83+98
[77] Manon Maren Griesbach, Philosophie der Grünen, München 1982, p 56
[78] Marilyn Ferguson, Die sanfte Verschwörung, Basel 1982, p 56
[79] F. Capra, op. cit., pp. 38+469

Wenn wir nun zur Theologie und Anthropologie kommen, so müssen wir feststellen, dass beide in die Kosmologie hineinzunehmen sind; denn Gott und Mensch versteht New Age als integralen Teil des Kosmos, wie es in der Gnostik auch der Fall ist. Ein Gott im Sinn eines Schöpfers existiert nicht. Capra versteht unter Gott die Selbstorganisationsdynamik des Kosmos.[80] Gott wird auch als kosmischer Geist bezeichnet. Alice Bailey versteht unter Gott das „grosse göttliche Ganze" (the great divine whole). Wenn alles auf diesem Kosmos sich zu einer Einheit verbunden hat, dann wird das sichtbar, was nach New Age Gott ist.[81]
Nach Capra bewirkt diese Selbstorganisationsdynamik eine fortwährende Evolution verbunden mit einem progressiven Anwachsen von Komplexität, Koordination und gegenseitiger Abhängigkeit. Das Gottesbild kommt der pantheistischen Konzeption Spinozas sehr nahe. Da dieser unpersönliche Gott sich nicht im Sinn eines Schöpfers vom Kosmos abhebt, entwickelt er sich gleichzeitig mit dem Universum. Der Kosmos ist somit göttlich und total heilig. Er existiert aus eigener Kraft.
Was für ein Christus Verständnis finden wir in New Age? Nach Alice Bailey ist der Christus – man merke sich den Artikel „der" – eine Quelle der Energie, welche die wahre Menschheit schafft, nämlich die „One Humanity". Diese Christusenergie wirkt sich so aus, dass Tier, Mensch und Kosmos sich zur einen Welt, zur „One World" verbinden. Der Christus schafft das Bewusstsein, dass alle Menschen eins sind. Der Christus ist die treibende Energie, welche hinter der Evolution und dem Gesetz der Reinkarnation steht. Der Christus ist die grösste Energiequelle des Kosmos. Der Christus ist die grösste Kraft zur Synthese.[82] Diese Kraft zur Synthese wird vor allem im Wassermann – Zeitalter sichtbar. Der Christus hat keine versöhnende oder sühnende Funktion. Er ist wie in der Gnosis der Geschichtlichkeit enthoben.
Auch die Anthropologie sollen wir nicht von der Kosmologie getrennt behandeln. Der Mensch ist ein wichtiger Aspekt des Kosmos. Der Kosmos ist gar nichts anderes als der erweiterte Leib des Menschen, der „corpus extensum". Der Mensch ist keinem persönlichen Gott gegenüber verantwortlich. Er schuldet dafür umso mehr dem Globus, der Mutter Erde, Rechenschaft. Der Mensch wird von seiner Zusammensetzung her in spiritistisch-esoterischen Kategorien gesehen. Beim Menschenbild von Alice Bailey spielen die dem Spiritismus und der Anthroposophie entnommenen Elemente „physischer Leib", „Ätherleib" und „Astralleib" eine wichtige Rolle. Die materielle und geistige Seite des Menschen wird nicht als etwas qualitativ Verschiedenes gesehen. Geist ist hauchdünne Materie und Materie ist der in der Dichte verrohte Geist. Der Mensch ist ein Teil desselben Geistes, der dem Kosmos innewohnt. F. Capra knüpft für sein Menschenbild bei Darwin an. Der Mensch steht in einem Prozess fortwährender

[80] ibid., p 324
[81] Alice Bailey, Education in The New Age, New York 1981, p 141
[82] Alice Bailey, The Reappearance of Christ, New York 1984, pp. 88–101

Entwicklung drinnen. Im New Age wird nun aber im Unterschied zu Darwin und Haeckel die Entwicklung des anatomischen Bereiches auf die geistige Ebene des Bewusstseins übertragen.
Zur Anthropologie von New Age gehört wesentlich das Bild vom „Neuen Menschen". Es geht um die Schaffung des „Neuen Menschen" durch den Menschen. Dem bereits erwähnten Feminismus wird bei dieser Neuschaffung eine hervorragende Rolle zugewiesen. Capra wagt zu sagen:

"So wird die feministische Bewegung sich auch künftig als eine der stärksten kulturellen Strömungen unsrer Zeit behaupten. Ihr letztes Ziel ist nicht weniger als eine gründliche Neudefinition der menschlichen Natur, welche die weitere Evolution unsrer Kultur besonders nachhaltig beeinflussen wird. " [83]

Der Mensch wird grundsätzlich als von Natur aus gut angesehen. Im Menschen drinnen liegen sämtliche Möglichkeiten, um aus eigener Kraft den Kosmos zur heilen Welt umzugestalten. Damit der Neue Mensch sich mit der Zeit herauskristallisieren kann, ist ein anderes Denken nötig als das bisherige. Wir dürfen nicht aus den Augen verlieren, dass es ja New Age um die Rettung unsres kranken Kosmos geht. Doch nur ein „Neuer Mensch" mit einem radikal andern Denken als dem bisherigen vermag die dringlichen Probleme unseres Kosmos zu lösen.

2. Das falsche und das richtige Denken

Die Strategien, die New Age für die Verwirklichung seiner Pläne verwendet, können wir durch eine Analyse des Denkverständnisses besser verstehen. Das falsche Denken beruhe darauf, dass das Sein der Dinge nicht richtig interpretiert werde. An dieser falschen Sichtweise sei vor allem das von der Bibel geprägte j ü d i s c h - c h r i s t l i c h e Denken schuld. Dieses auf absoluten Prinzipien gegründete Denken hat nach Capra vor allem bei Descartes, Francis Bacon und Isaak Newton zu einem Exzess von globalen Auswirkungen geführt. Die Welt sei von den genannten Wissenschaften als objektiv-materielles Gegenüber verstanden worden, das man nach berechenbaren Gesetzen begriffen und dem Menschen dienstbar gemacht habe.[84]
Capra meint, die Spaltung von Subjekt-Objekt beruhe auf diesem falschen Denken. Daran sei das männliche Yang Prinzip schuld, das sich auf Kosten des weiblichen Yin - Prinzips gross gemacht habe. In den gleichen Zusammenhang gehöre die Aufspaltung von Geist und Materie. Durch die Förderung des weiblichen Yin -Prinzips werde man es lernen, die Dinge nicht mehr als Objekt zu erleben, sondern alle Gegenstände, aber auch Denkinhalte als auf einander hinstrebend und sich vereinigend zu erfahren. Das sei ganzheitliches Denken. In dieses ganzheitliche Denken wird nun das

---

[83] Friedrich Capra, op. cit., p 470
[84] ibid., pp. 107-130

immense Spektrum der Wirklichkeit so weit wie möglich einbezogen. Die Geistes – und Naturwissenschaften kommen zum Zug, aber auch die Sozialwissenschaften, die Medizin, Wirtschaft, Politik, Pädagogik und Kunst.
Capra bezeichnet den Übergang zu diesem neuen und anscheinend richtigen Denken als **Paradigmenwechsel**. Weil eben das ganze Spektrum der Wirklichkeit einen Netz – und Gewebecharakter aufweise, so sei man zu einer komplementären Sicht der Dinge gezwungen und zwar im Sinn der Bejahung von Synthese und Synkretismus. Die richtige Denkweise bestehe also darin, die Sicht von Kosmologie und Ontologie und die damit eng verbundene Theologie sowie Anthropologie im Sinn der Theosophie des New Age zu bejahen. Wer nicht in dieses richtige Denken einlenkt, der muss als Bremsklotz qualifiziert werden. Nur ein Denken, das die Wirklichkeit in ihren Dimensionen von Wirtschaft, Gesellschaft, Politik und Religion als ein Netzwerk von Komplexität, Koordination und gegenseitiger Abhängigkeit versteht, vermag nach der „New Gnosis" des New Age einen Beitrag zur Lösung der globalen Probleme zu leisten.
Alle Menschen seien Bremsklötze, die Materie und Geist als etwas qualitativ Verschiedenes sehen und sich als individuelles Gegenüber zur Natur und Welt verstehen im Sinn der Bejahung von Subjekt und Objekt. Dieser Bremsklotzwirkung kann man nun nach der Überzeugung von New Age am besten entgegentreten, indem man das Neue Denken durch sog. therapeutische Psycho – und Meditationstechniken sowie durch okkult-magische Riten durchsetzt. Die Menschheit sei reif dazu; denn das Zeitalter der Fische sei am Abklingen und bereits ein neues Zeitalter, eben das des Wassermanns, sei angebrochen. Im Zeitalter der Fische hätte der Materialismus und der Drang nach Expansion geherrscht.
Das Zeitalter der Fische sei vom Judentum und Christentum mit seinen autoritativen patriarchalischen Strukturen geprägt worden.
Alice Bailey hat den Begriff von "New Age" geprägt. New Age ist das Zeitalter des Wassermanns. Nach Alice Bailey erklimmt die Menschheit im Wassermannzeitalter eine ganz wichtige neue Stufe. Alice Bailey sagt es prägnant, was das Wesentliche des Neuen Zeitalters bedeutet: *"It signifies a trend in the consciousness of humanity towards the fusion of the individual with the whole...* " [85]
Es geht also um eine Verschmelzung des Individuums mit dem Ganzen, gemeint ist der Kosmos und alles, was dieser beinhaltet. Was typisch für dieses Wassermann – Zeitalter ist, drückt Bailey so aus: *"...men are everywhere turning towards synthesis, fusion, blending and mutual cooperation for certain visioned and specific ends.* " [86]
Die eigentlichen Ziele, die mit diesem neuen richtigen Denken verfolgt werden, lässt Alice Bailey deutlich erkennen, wenn sie sagt:
"What is the synthesis which will later be thus produced? Permit me to list a few factors without elaboration: the fusion of man's

---

[85] Alice Bailey, Education in The New Age, op. cit., p 124
[86] ibid., p 124

differentiated spiritual aspirations, as expressed today in many world religions, into the new world religion." [87]
Bei Bailey wird es bereits deutlich, dass es neben der Welteinheits-Religion auch um eine Welteinheitsgesellschaft und Welteinheitswirtschaft geht.

3. Die zum neuen Denken und somit zur Transformation des Menschen nötigen Methoden und Ziele

Die von Marilyn Ferguson im Buch "die sanfte Verschwörung" erwähnten Psycho – und Meditationstechniken haben alle die gleiche Funktion: Sie sollen das Ich – Empfinden aufheben und die Erfahrung der Verschmelzung mit dem Kosmos schenken. Man nennt dieses Erlebnis der Verschmelzung auch „transpersonalen Zustand". Es entsteht ein neues erweitertes Bewusstsein, bei dem man angeblich seine eigene Göttlichkeit erkennt. Bei solchen Bewusstseinszuständen verschwinden die Dualismen von Körper und Geist, Subjekt und Objekt, Raum und Zeit sowie Leben und Tod. Im propagierenden Sinn erwähnt Marylin Ferguson folgende esoterischen und okkulten Praktiken: Transzendentale Meditation, Meditation des Zen und des Tibetanischen Buddhismus, die verschiedenen Yoga-Arten wie Mantra, Kundalini und Raja. Ferguson weist auf Techniken hin, die bei Zauberern und Schamanen Verwendung finden. Das Erwähnen von Paraphänomenen spielt eine wichtige Rolle sowie die mannigfaltigen Methoden der Gruppendynamik. Ferguson lässt Leute im werbenden Sinn zu Wort kommen, die bewusstseinserweiternde Erfahrungen mit Psychodelika gemacht haben, vor allem mit LSD und Meskalin.[88] Die durch Psychotechniken oder Psychodelika bewirkte Transformation schenkt einem das Erlebnis des Eins seins mit allem. Bei diesem Erlebnis verschwinden sämtliche Grenzen und alle Bereiche der Wirklichkeit beginnen sich gegenseitig zu durchdringen. Es handelt sich um eine Art geistige Osmose. Man erfährt dabei einen Zustand, der keine Wertungen mehr zulässt. Man wird grenzenlos offen für alle Bereiche. Der New Age-Mensch löst sich dadurch von festen überlieferten Grundsätzen wie sie in der Bibel verlangt werden. Man wird durchlässig für direkte sog. spirituelle Erfahrungen.
Diese vor allem in der Zen – Meditation geübten Bewusstseinszustände zeigen einem zwei grundlegende Charakteristika sog. ganzheitlicher Erfahrung: Nämlich das Fliessen und die Nichtunterscheidung. Es realisiert sich etwas von dem, was die philosophische Tradition des mittelalterlichen Philosophen Nikolaus Cusanus (1401-1464) die „Coincidentia Oppositorum" nennt.
Cusanus lehrt in seinem Werk „de docta ignorantia", dass es eine durch mystische, besser gesagt mystizistische Versenkung hervorgebrachte Erkenntnisstufe gibt, wo man jenseits der Gegensätze von gut und böse,

---

[87] ibid., pp. 122+123
[88] Marylin Ferguson, op. cit., pp. 99-102; 126-128; 432-433

wahr und falsch, Gott und Mensch, hingelangt. Marylin Ferguson beruft sich ausdrücklich auf mystizistische Traditionen vor allem des Ostens, aber auch des Abendlandes. Sie braucht den Begriff mystisch, wo man unbedingt das Adjektiv mystizistisch einsetzten müsste.
Sie sagt folgendes dazu:

„ Zwei Schlüsselprinzipien scheinen im Rahmen jeder mystischen Erfahrung aufzutauchen. Wir können sie ‚Fliessen' und ‚Ganzheit' nennen. Der alte tibetanische Lehrer Tilopa bezog sich auf sie als das ‚Prinzip des Nichtverharrens' und ‚das Prinzip der Nichtunterscheidung' und er warnt davor, sie zu verletzen." [89]

Und nun macht Ferguson eine Behauptung, die dogmatischen Charakter hat und von ungeheurer Tragweite ist: *"Fliessen und Ganzheit werden als wahre Prinzipien betrachtet, nicht nur in Beziehung zu Arbeit, Gesundheit oder psychologischem Wachstum, sondern als im gesamten Gefüge des Lebens wirksam."* [90]
Das Fliessen und Nicht Unterscheiden sind also zwei Funktionen sogenannter Ganzheit. Das Ausleben der Ganzheit bezeichnet New Age oder die Neue Esoterik mit dem spezifischen Begriff „Holismus".
Ferguson lässt diese Idee sog. Ganzheit noch deutlicher werden, wenn sie schreibt:

„Genauso, wie die Wissenschaft ein Netz von Beziehungen aufzeigt, ein glitzerndes Netzwerk von Begebenheiten, ...so umfasst die mystische Erfahrung der Ganzheit jede Art von Trennung. ‚Im freien Raum gibt es weder rechts noch links', sagt ein chassidischer Meister. Alle Seelen sind eins. Jede ist ein Funke der ursprünglichen Seele, und diese Seele ist in allen Seelen enthalten." [91]

Wer solche holistischen Erfahrungen erlebt, der hat eine Transformation durchgemacht analog zum Initiationserlebnis des Mysten in den spätantiken Mysterien Religionen. Das repräsentativste New Age – Zentrum ist die Findhorn- Foundation, benannt nach dem Dorf Findhorn, das sich 260 Km. nördlich von Edinburgh befindet. Das 1962 gegründete Schulung –und Kurszentrum hat eine eigene Landwirtschaft. In der von dieser Findhorn Foundation herausgegebenen Zeitschrift „One Earth" vom März/April 1986 wird dieses Zentrum als Mysterienschule bezeichnet, wo Initiationen vorgenommen werden. Interessant ist, wie es der Sache nach um gleiche Erlebnisse bei diesen Initiationen geht wie in den Mysterienkulten der Spätantike. Wir erinnern uns, dass es darum ging, während der Initiation beim Mysterienkult zu einem Erleuchtungserlebnis zu kommen, bei dem man zum Urgrund allen Seins

[89] ibid., p 438
[90] ibid., p 438
[91] ibid., p 439

vorzudringen meinte. Man sollte zur Erkenntnis gelangen, dass alles letztlich eins ist, wobei alle Unterschiede sich auflösen und Subjekt und Objekt sich verschmelzen. Den Kosmos erlebte man dabei als grossen beseelten Organismus.
Eine Mitarbeiterin von Findhom Foundation, Caro Hall, schreibt im Magazin "One Earth":

"In reality the foundation is a place where all different spiritual paths and beliefs come together to be synthesised. Like an alchemist's crucible, many different ideas and beliefs are stirred together to draw out the gold: a synthesis of the essential truths underlying all religions." [92]

Alle Kurse, welche die Findhorn Foundation anbietet, laufen auf eine grosse Initiation hinaus, wobei der Raum zur Initiation nicht mehr eine unterirdische Höhle oder ein dunkler Raum ist, sondern die vergötterte Natur und die Gruppe. Das soeben gelesene Zitat zeigt uns, dass es um Verschmelzung verschiedenster Ideologien und Kulturen geht. Es ist vor allem die Meditationsform des Zen, welche das Erlebnis des Fliessens und der Nichtunterscheidung herbeizaubert. In dem bereits erwähnten Magazin schreibt Caro Hall:
"Synthesis can also appear to be directionless and can feel like it. As we move from one level of synthesis to another in order to incorporate new ideas..., the previous level must be dissolved." [93]
Ohne Orientierung zu sein entspricht diesem Erlebnis der Nichtunterscheidung. Vor allem soll es zum Erlebnis kommen, bei dem zwischen Gottheit und der eigenen Individualität nicht mehr unterschieden wird. Gott muss im innersten der Seele entdeckt werden als etwas, das letztlich mit dem Ich des Menschen identisch ist. Lassen wir Caro Hall weiterhin zu Wort kommen:

"Where should we begin our search for the knowledge of the infinite? The answer is very clear: look within, be still and know, that I am God: This is our starting point, and from there we discover God in everything." [94]

New Age bezeichnet dieses Göttliche, sobald man es als belebende Energie in der Natur drinnen erkennt, als Gaia. So sagt Caro Hall:

"...the Findhorn Community is a demonstration centre – a place for showing... the possibility of a life ... lived in the harmony with the universe. Such a lifestyle needs to honour spirit, seeing God in everything... and to

---

[92] „One Earth", The Findhorn Foundation Magazin, March/April 1986, ed. by Jill Wolcott, Inverness, Article by Caro Wall: "Drawing out the gold", p 18

[93] ibid., p 18

[94] ibid., p 18

honour the planet and the nature kingdoms, living in a way that respects Gaia in all her forms. " [95]

Caro Hall sagt ausdrücklich, dass es in allen Disziplinen von Findhorn um Initiation geht: *"In everyone of our work departments, individuals are learning the lessons of initiation."* [96]
Was nun diese Initiationen bewirken sollen, stellt Caro Hall durch ein Bild dar. Das Bild zeigt einen Schmelztiegel, unter dem ein Feuer brennt. Man sieht nun all das, was in den Schmelztiegel hineingeworfen wird, um sich zu einer Einheit zu verbinden: Zen Christentum, Yoga, Dogma, Gruppenbewusstsein, Yin und Yang, globales Bewusstsein, die Idee „Ich bin Gott", holistische Heilung, Gaia, planetarische Kultur, Kommunikation, Transformation usw. Was da in den Schmelztiegel geworfen wird, sind gleichzeitig die Grundthemen, welche in den verschiedenen Kursen behandelt und teilweise in die Praxis umgesetzt werden. Der Unterschied zur spätantiken Gnosis besteht lediglich darin, dass New Age vor allem Wert auf Gruppeninitiationen legt.
Der weltbekannte modernistische Theologe Harvey Cox beschreibt in seinem Buch „The seduction of the Spirit" ein Erlebnis, das er im bekannten New Age – Zentrum „Esalen" in Kalifornien hatte. Cox nahm an einem sog. „mystischen Bad" teil. Was ihm dabei widerfahren ist, soll er selber bezeugen:

"The water is just deep enough to reach the armpits of a seated person of normal hight. The Sensation was delicious. At first we all looked at one another in a kind of ecstatic relief... I even began to have a vision. The candles seemed to expand and I caught a glimpse of Teilhard de Chardins 'Omega Point': a supra-personal future in which individuals become joyous corpuscles in a more inclusive organism. Was I a muscle cell, a brain nerve, a bit of stomac lining? ... Now all the candles were one flame and all the fingers were on one great hand... Now I felt something I had read about many times before but never understood, the underlying unity of Brahman and Atman, the oneness of self, other and All." [97]

Wir haben hier von Cox die Beschreibung eines transpersonalen Erlebnisses, wo man angeblich Ganzheit erfährt und Subjekt und Objekt ineinander fliessen. Initiationen müssen zu Transformationen führen, zu bewusstseinserweiternden Zuständen.
Marylin Ferguson weist mit Stolz daraufhin, dass durch diese Transformationen der Person durch holistische Erlebnisse eine Absage an das auf die Hl. Schrift gestützte Christentum erfolgen müsse. Die ethischen Grundwerte ehelicher Treue und Verantwortung für die Familie müssen weichen. So meint Ferguson: *"Eingefahrene Muster auf Ehe, Familie, Sexualität und soziale Institutionen werden durch radikal alte Alternativen erschüttert."* [98]

---

[95] ibid., p 18
[96] ibid., p 19
[97] Harvey Cox, The Seduction of the Spirit, London 1974, pp. 207-209
[98] Marylin Ferguson, Die sanfte Verschwörung, op. cit., p 448

Die am einzelnen geschehene Transformation durch verschiedene Psychotechniken und Meditationsformen oder sogar durch okkulte Praktiken muss nun auf die Gesellschaft als ganze übergreifen: Nationen müssen angesteckt werden, das Wirtschaftsleben, die Politik und Religion, wie die Wissenschaften, ja das ganze Spektrum der Wirklichkeit. In Findhorn haben die angebotenen Workshops die Aufgabe, Gruppen von Menschen in verschiedenste Disziplinen einzuweihen, wobei es um eine totalitäre Vernetzung geht. In Findhom soll diese Bewusstmachung geschehen, die in der Erkenntnis der gesamten Wirklichkeit als Einheit besteht, zum mindesten im Sinn einer pars pro toto. Bei den Workshops hat man eine Auswahl von besonders wichtigen Themen getroffen wie: „Friedensschulung", „das Sakrale des Kosmos entdecken", „in heilige Tänze und Musik eingeweiht werden", „das Spiel der Transformation", „Workshops für Manager", „Kurse für Traumdeuter und Horoskope", „Workshops für Geistheilung", „Workshops für kreatives Schaffen", „Kurse zur richtigen Bearbeitung der Mutter Erde im Garten" usw.
Marilyn Ferguson nennt jene Leute Verschwörer im Zeichen des Wassermannes, die an dieser Vernetzung des gesamten Spektrums der Wirklichkeit sich beteiligen. In diesem Zusammenhang schreibt sie:

"Menschliche Katalysatoren wie die Verschwörer im Zeichen des Wassermannes bringen die neuen Standpunkte überall zum Ausdruck: In Klassenzimmern, im Fernsehen, gedruckt, im Film, in der Kunst, in Liedern, in wissenschaftlichen Zeitschriften, auf Vortragsreisen, bei gesellschaftlichen Anlässen und im Rahmen neuer Verwaltungspolitik und neuer Gesetzgebung. " [99]

Was diese Infiltration aller Lebensgebiete schliesslich anstrebt, kommt in einer an die UNO gerichteten von New Age Anhängern abgefassten Verlautbarung aus dem Jahr 1975 unmissverständlich zum Ausdruck:

„...Die Krisen unsrer Zeit fordern die Weltreligionen heraus, eine neue spirituelle Kraft freizusetzen, die religiöse, kulturelle und nationale Grenzen zu einem neuen Bewusstein um die Einheit der menschlichen Gesellschaft transzendiert und damit eine spirituelle Dynamik auslöst, um die Probleme der Welt einer Lösung zuzuführen Wir bejahen eine neue Spiritualität, die jegliche Isolation aufhebt und auf ein planetarisches Bewusstsein gerichtet ist. " [100]

Diese der UNO unterbreitete Verlautbarung zeigt das Endziel der New Age Bewegung. Erstens: Eine Welteinheitsreligion; zweitens: Eine Welteinheitsgesellschaft; drittens: Eine Welteinheitswirtschaft.

---

[99] ibid., p 40
[100] ibid., p 426

Die transformierten Personen in einem Netzwerk unter einander zu verknüpfen, um dadurch das ganze Spektrum der Wirklichkeit in globalem Sinn zu erfassen, das ist die von New Age angestrebte Verschwörung.
Wir haben von verschiedenen Initiationsmethoden gehört, die zum Paradigmenwechsel und zur Transformation der Person führen wie Meditationsübungen vor allem fernöstlicher Prägung, Psychotechniken und sogar Psychodelika. Eine weitere nicht zu unterschätzende Initiationsmethode ist auch die New Age Musik. Die Elemente sind vorwiegend der indischen Musik entnommen. Die feste Melodieführung fehlt. Weil ihr ein festes zu verarbeitendes musikalisches Zentralthema fehlt, erhält diese Musik etwas Schwebendes und Unbestimmtes. Die eigentliche New Age Musik ist ein Konglomerat von indischer und psychodelischer Musik, also Musik von Komponisten, die unter dem Einfluss von Drogen eine neue Form geschaffen haben. Diese Musik wiederspiegelt das zyklische Element des Hinduismus durch unendliche Wiederholungen. Der bekannteste New Age Musiker ist Peter Michael Hamel. Seine Musik möchte zur Trance führen. Elemente afrikanischer Kultmusik sind eingearbeitet. Wir haben es dabei mit einer Art Synkretismus in Tönen zu tun. An New Age – Konzentrationswochen spielt die Musik und der Tanz eine erhebliche Rolle. Wie bei den alten Gnostikern versucht man mit seiner Stimme die Sphärenharmonie, also kosmische Töne wiederzugeben. Das habe ich selber im Fernsehen bei einer Sendung über eine New Age–Konzentrationswoche sehen und hören können. Die Musik hat die gleiche Funktion wie alle diese Meditationsformen und Psychotechniken. Durch das Transformationserlebnis, bei welchem man sich wie in einem Fluss treiben lässt und das Phänomen der Nichtunterscheidung, des Nichtwertens und der sog. Ganzheit erlebt, werden alle Hindernisse für das Zustandekommen einer Welteinheitsreligion, Welteinheitswirtschaft und Welteinheitsgesellschaft beseitigt. Wo es kein Unterscheiden, kein Werten und kein Abgrenzen mehr gibt aufgrund der Transformation, da wird der Mensch zum willigen Werkzeug zur Verwirklichung solcher globalen Ziele. Wenn Menschen den Absolutheitsanspruch aufgeben z.B. in Bezug auf die christliche Religion und Ethik, dann kommt es zu einer wirksamen Reduktion des Konfliktpotentials. Auf diese Weise glaubt die New Age – Ideologie den Frieden zu schaffen. Durch das Anbahnen eines Vermischungsprozesses verschiedener Wirtschaftssysteme wird das Gefälle Nord – Süd abgebaut und durch eine Weltwirtschaftsordnung kann der Hunger schliesslich endgültig besiegt werden. Wenn Frieden und soziale Gerechtigkeit herrschen, dann kann es mit der Bewahrung des Kosmos funktionieren. Wir haben zur Kenntnis genommen, dass das Himmelreich auf Erden in einer Einheitsreligion, Einheitsgesellschaft und Einheitswirtschaft bestehen soll. Um das zu bewerkstelligen, braucht es ein verändertes Bewusstsein. Diese Bewusstseinsveränderung oder Transformation geschieht durch verschiedenartige Psychotechniken, Meditationsformen, Drogen und auch durch Tanz und Musik. Doch bedarf die Realisierung dieses „Reiches Gottes" auf Erden einer Beschleunigung. Deshalb braucht es eine spezielle Gebetsform, die den Christus, auch Matreya genannt, zur Wiederkunft drängen soll. Diese spezielle Gebetsform heisst „Die

grosse Invokation". Abgefasst hat sie Alice Bailey in ihrem Buch "Discipleship of the New Age". Sie lautet:

"Let the forces of light bring illumination to mankind. Let the spirit of peace be spread abroad. May men of Goodwill everywhere meet in a spirit of Cooperation. Let power attend the efforts of the Great Ones." [101]

In engstem Zusammenhang mit dieser so wichtigen Invokation kommt bei Alice Bailey die Verbindung zur Gnostik zum Ausdruck. Wie bei den Gnostikern unterscheidet Bailey die gewöhnlichen Leute, die zur Invokation ermutigt werden sollen. Diese gewöhnlichen Leute (the general public) verstehen sich nicht auf höhere Zusammenhänge und sehen Gott noch als etwas Transzendentes.
Die alten Gnostiker zählten die gewöhnlichen Leute zu den Sarkikern (die fleischlich Gesinnten). Die zweite Gruppe bezeichnet Bailey als die Esoteriker. Diese haben bereits die Erkenntnis, dass Gott nichts Transzendentes, sondern Immanentes ist. Bei den Gnostikern wird die nächste höhere Stufe von den Psychikern eingenommen. Die höchste Stufe nehmen diejenigen ein, welche direkten Kontakt mit hohen Führern der geistigen Welt haben. Das sind die „Mitglieder der Hierarchie" (members of hierarchy).
Bei den alten Gnostikern würde das in etwa den Pneumatikern entsprechen. Mit der „Grossen Invokation" beschleunigt man das Kommen des Maitreya (universeller Heilbringer). Je nachdem, ob dieser Maitreya im Abendland oder im Osten auftritt, hat er verschiedene Namen. Er kommt als der grosse Erzieher. Er ist der fünfte Buddha der Buddhisten, der Mahdi der Moslems und der Krishna der Hindus.
Wie in der Gnosis wird streng zwischen Jesus und dem Christus unterschieden. Jesus war bloss ein Mensch, der wie viele andere auch, durch die Christusenergie ein Eingeweihter war. Was nun der Christus für eine Aufgabe ausführen wird, das wird beeinflusst durch die "Grosse Invokation". Sagt uns doch Alice Bailey selber:

"Thus the Christ, with the fused energies of love and wisdom, with the aid of the Avatar of Synthesis and of the Buddha and under the influence of the Spirit of Peace and of Equilibrium, can implement and direct the energies which will produce the coming new civilisation." [102]

Der Begriff „Avatar of Synthesis" ist von ausserordentlicher Wichtigkeit. Bei den Indern ist ein Avatar die Inkarnation einer Gottheit. Der Christus wird als Inkarnation der Synthese gesehen. Er schafft die grosse Synthese aller Kulturen und Ideologien.

---

[101] Alice Bailey, Discipleship in the New Age, London 1981, p 62
[102] Alice Bailey, The Reappearance of Christ, New York 1984, p 101

IV. BIBLISCH ORIENTIERTE MYSTIK UND IHRE VARIATIONEN IN DER PATRISTIK, IN DER MONASTISCHEN TRADITION DES MITTELALTERS SOWIE IN DER NEUZEIT

A. Das Phänomen von Mystik in der Bibel

1. Mysterion im NT

Wie wir bereits vernommen haben, geht es in den alten Mysterien[103] (mystaeria) des siebenten vorchristlichen Jahrhunderts bis ins vierte nachchristliche Jahrhundert um Rituale, um kultische Handlungen, bei denen die Teilnehmer eine spezielle Einweihung erleben und eine Art Vorwegnahme der Erlösung. Diese vorweggenommene Erlösung hatte mit besonders intensiven Lichterlebnissen zu tun, wobei der einzuweihende Kandidat am Leidens –und Auferstehungsschicksal der betreffenden Gottheit Anteil bekam. Der Wandel von Leiden und Auferstehung wiederspiegelte vor allem die zyklisch wiederkehrenden Naturrhythmen von Vergehen und Werden, Winter und Frühling.
Das Schweigegebot, nichts über die Mysterien (die übernatürlichen Erlebnisse) auszusagen und sich streng von den Uneingeweihten abzuheben, ist typisch für das Wesen der Mysterien oder Mysterienkulte.
Wenden wir uns nun dem NT zu, um den verschiedenen Aspekten von Mystik nachzugehen.

a) Der Begriff „mystaerion", bezw „mystaeria" bei den Synoptikern

In Markus 4,1–20 sind vor allem die V.11+12 hervorzuheben; in Matthäus 13,1–17 die V.11–17: in Lukas 8,4–15 die V.10–15.
Bei allen drei Evangelisten kommt das Wort „mystaerion" vor, bei Markus im Singular, bei Matthäus und Lukas im Plural. „Mystaerion" wiedergeben die Luther – und Zürcher Übersetzung mit Geheimnis. Es geht dabei um das Geheimnis des Reiches Gottes, welches Jesus für die Aussenstehenden – das heisst für die sich dem Evangelium verschliessenden Juden – in Gleichnissen zur Sprache bringt. Jesus erschliesst das Gleichnis Seinen Jüngern, so dass sie es verstehen können. Es ist das Geheimnis vom Samen des Gotteswortes, der das Reich Gottes auf Erden zeichenhaft wachsen lässt innerhalb einer verwirrenden säkularen Weltgeschichte. Oder anders gesagt: Das Mysterium besteht im roten Faden der Heilsgeschichte, welcher in die säkulare Weltgeschichte auf geheimnisvolle und noch verborgene Weise eingeflochten ist und am Ende der Zeiten in aller Deutlichkeit sichtbar werden wird. Zum

---

[103] Gerhard Kittel, Theologisches Wörterbuch zum NT, Bd. VI, Stuttgart 1942, Artikel „Mystaerion" von Bornkamm, pp. 823–834

Mysterium gehört auch die vom Judenvolk bewusst gewollte Verstockung, die darin besteht, Jesus hasserfüllt abzulehnen, ja Ihn zu beseitigen. Das in Markus 4 im Gleichnis des Sämanns über die Verstockung Gesagte wird im Kontext des vorangehenden Kapitels 3 besser verständlich. Im Kp.3 bekämpfen Ihn die Pharisäer nach einem Heilungswunder. Dämonen schreien Ihn an, nachdem er vielen Kranken die Gesundheit zurückgeschenkt hat, und die Schriftgelehrten bezichtigen Jesus des Bündnisses mit Beelzebul, dem Herrscher der Dämonen. Es ist diese Blindheit der Pharisäer und Schriftgelehrten gegenüber dem angebrochenen Reich Gottes auf Erden durch Jesu Zeichen und Wunder, was Jesus zur Aussage gegenüber seinen Jüngern bewogen hat:

„Euch ist das Geheimnis des Reiches Gottes gegeben, jenen aber, die draussen sind, wird alles in Gleichnissen zuteil, auf dass sie mit Augen sehen und nicht erkennen und mit Ohren hören und nicht verstehen, damit sie nicht etwa umkehren und ihnen vergeben werde“ (Mk.4,11–12).

In Mat. 13,11–17 stützt sich Jesus bei Seiner Erwähnung der Verstockung des Judenvolkes ausdrücklich auf die prophetische Aussage Jesajas im 6.Kp. seines Buches:

„Hören werdet ihr und nicht verstehen, und sehen werdet ihr und nicht erkennen; denn das Herz dieses Volkes ist verstockt und ihre Ohren sind schwerhörig geworden und ihre Augen haben sie geschlossen, damit sie nicht etwa mit den Augen sehen und mit den *Ohren hören und mit dem Herzen verstehen und sich bekehren und Ich sie heile.“*

Es geht hier nicht um ein von Gott gewolltes Verhängnis, das den Juden das Erkennen von Gottes angebrochenem Reich in der Person von Jesus verunmöglicht. Wir haben es hier mit dem „mysterium iniquitatis“ zu tun, mit dem Geheimnis der Ungerechtigkeit (2.Thess.2, 7 in der Übers, der Vulgata). Es ist das Geheimnis, dass die Juden das so deutlich von Jesus sichtbar gemachte angebrochene Reich Gottes nicht sehen und Seine einladenden Worte nicht hören wollen.

Es geht hier bei den Synoptikern beim Mysterium um das Verstehen dessen, was Jesus in Seinen Gleichnissen enthüllt. Zugleich geht es um das Unfassbare, dass Menschen der werbenden Liebe Gottes widerstreben.

Die biblisch disziplinierte Mystik ist hier bei den Synoptikern eine bestimmte Verhaltensweise des Glaubens, die sich im Bemühen zeigt, sich von Jesus die im Gleichnis verborgene Essenz so zeigen zu lassen, dass man diese auch verstehen kann.

Oder wir könnten es auch so sagen:

Bei den Synoptikern ist Mystik eine Glaubenshaltung, die darin besteht, dass sich Seine Jünger von Jesus die Gleichnisse erhellen lassen, sich nicht dagegen sträuben, sondern ihrer Botschaft vertrauen, wobei es vor allem um die Botschaft des zeichenhaft angebrochenen Gottesreiches geht.

b) Der Begriff Mysterium bei Paulus im 1. Und 2. Korintherbrief

a': 1.Kor. 2,1–9:
Paulus grenzt sich in diesem Text deutlich von den Gnostikern ab. Zu seiner Zeit war der in Apg.8 genannte Simon Magus eine Bedrohung für die christlichen Gemeinden nebst andern, deren Namen wir nicht kennen. Hymenäus und Philetus gehörten auch dazu (vgl.2.Tim.2, 17). Die gnostischen Muster sind immer wieder dieselben, wenn es auch gewisse Variationen gibt. Für Paulus ist wichtig, dass das Mysterium Gottes, Sein Geheimnis, nicht in hochtrabenden menschlichen Spekulationen über die supranaturale Welt besteht. Das Geheimnis Gottes hebt sich von den Gnostikern in aller Deutlichkeit ab. Dieses besteht nämlich im gekreuzigten Jesus, also in Seinem sühnenden Tod. Es geht nicht um überredende und hochtrabende Worte menschlicher Weisheit, wie sie bei den Gnostikern üblich sind, sondern Gott braucht durch die Kraft des Hl. Geistes Paulus trotz seiner menschlichen Schwachheit, um das Geheimnis des Opfertodes Jesu im geschriebenen Wort und in der Predigt zu proklamieren. Ein Teil der Schwachheit von Paulus bestand darin, dass er nicht das Auftreten eines glänzenden Redners hatte, der die Menschen in seinen Bann ziehen konnte. Paulus kennt den Mystizismus gewisser Gnostiker, welche die Kreuzigung als historisches Geschehnis in Raum und Zeit ablehnen, ebenso die Auferstehung. Hymemnäus und Philetus spiritualisierten die Auferstehung im typisch gnostischen Sinn, als sei Jesus nur dem Geist nach auferstanden. Wenn wir hier von legitimer Mystik bei Paulus sprechen wollen, so besteht ein Aspekt dieser Mystik darin, dass es sich um eine an Gottes Offenbarung sich anlehnende Glaubenshaltung handelt, die sich nicht von aufgeblasener menschlicher Weisheit blenden lässt, sondern sich auf die einzigartige Erlösungstat des gekreuzigten Jesus konzentriert. In den V.6–9 kommt der Begriff „mystaerion" wiederum vor. Paulus spricht in Anspielung auf die Gnostiker von der Weisheit bei den Vollkommenen. Bei den Gnostikern sind die Vollkommenen die Pneumatiker im Unterschied zu den Sarkikern (den fleischlich Gesinnten, welche sich nicht vom Sinnlichen losgesagt haben) und den Psychikern (Menschen, die den emotionalen Bereich noch nicht überwunden haben). Die Pneumatiker sind also Menschen, die sich durch verschiedene Psychotechniken ethisch emporgearbeitet haben zu einer besonders hohen Stufe. Paulus meint aber mit den „Vollkommenen" kaum ethisch unfehlbare Menschen. Er meint die durch Christi Blut Gereinigten, welche sich nicht auf ihre eigene Gerechtigkeit stützen, sondern auf jene Gerechtigkeit, die Jesus für uns alle am Kreuz erworben hat. Beim „mystaerion" im V.7 geht es um verborgene Weisheit, die schon immer in Gott wohnt, und deshalb nicht aus einer Laune Gottes entstanden ist. Es geht um

die Weisheit, wie dem Menschen die durch den Sündenfall verlorene Herrlichkeit zurückgeschenkt werden kann. Menschen von hohem Rang oder solche, die sich mit ihrer philosophischen Weisheit brüsten, haben das nicht erkannt. Aber diese Weisheit wird enthüllt werden, wovon bereits Jesaja gesprochen hat. Es lässt sich nicht beschreiben, so grossartig, so überwältigend wird das sein. Es ist das, wofür menschliche Worte nicht zureichend sind. Paulus versucht dieses Unaussprechbare dennoch in Anlehnung an Jesaja 64,3 so zu artikulieren:
„Was kein Auge gesehen und kein Ohr gehört und in keines Menschen Herz gekommen ist, das hat Gott denen bereitet, die Ihn lieben."
Hier ist ein weiterer Aspekt der paulinischen Mystik, nämlich dem Ausdruck zu verleihen, was einmal sein wird und zum Schauen gehört, jetzt aber noch verborgen ist, weil wir im Glauben wandeln. Und dennoch bricht im Mysterium schon hier und jetzt himmlische Wirklichkeit in den Bereich des alten Äon ein, wie Bornkamm es so schön sagt.[104]

b': 1.Kor.13,1-13
Auch 1.Kor. 13 spielt auf die Gnostiker und ihren Mystizismus an. In viele Geheimnisse (mystaeria) eingeweiht zu sein (V.2) und grossartige sich von den gewöhnlichen Menschen unterscheidende Erkenntnisse zu besitzen, mit denen man sich vom Alltag abhebt, gehört zur Gnosis von damals und von heute. Paulus dagegen zeigt auf, worauf es ankommt. Alle Erkenntnis und Weisheit, selbst Berge versetzender Glaube und aussergewöhnliche ethische Leistungen nützen nichts, wenn es an der Liebe fehlt.
Dieses 13.Kp. des 1.Korinther zeigt uns wahrscheinlich den wichtigsten Aspekt biblischer Mystik. Es handelt sich um den von der Liebe geprägten Glauben als wichtigste Haltung eines Christen, wobei die Demut mitschwingt. Es gibt kein Aufblähen in der Liebe.
Paulus zeigt in dieser biblischen Mystik in nüchterner Weise, dass das Erkennen Stückwerk ist und manches in diesem irdischen Leben noch dunkel ist und manchmal als Rätsel (enigma) erscheint (V.12). Es ist also nicht eine naturhaft gegebene, eine sog. inhärente Erkenntnis, die sich steigern liesse, indem wir uns auf unser geistiges Inneres konzentrieren würden. Das Vollkommene ist ein eschatologisches Geschenk Gottes, eine Qualität, die wir uns nicht von unsern eigenen Ressourcen her erwerben könnten. Es gehört zu diesem Mysterium, dass uns etwas wartet, das Erfüllung sein wird, ein Sehen von Angesicht zu Angesicht und nicht mehr das Rätselhafte der Ereignisse und Erlebnisse, aufgrund von denen man irre werden könnte. Es ist das Schauen, von dem 2.Kor. 5,7 spricht und vor allem I. Johannes 3,2. Biblisch paulinische Mystik ist realitätsgetreu und hebt sich von der Gnosis ab, die in ihrem Mystizismus das Ungewohnte und Erhabene hochspielt.

---

[104] Kittel, Theologisches Wörterbuch zum NT, Bd.VI, op. cit, pp. 823-834

c': 1.Kor. 15,35-55

In diesem gewaltigen 15.Kp. geht Paulus auf eine sehr legitime Neugierde der Glaubenden ein. In der korinthischen Gemeinde wollen die Gläubigen wissen, wie es denn mit der Auferstehung bestellt sei. Paulus geht auf die verschiedenen Arten von Körpern ein. So erwähnt er die leibhafte Dimension der Pflanzen und der Tiere. Als Übergang zum menschlichen Körper spricht Paulus bewusst von den Gestirnen mit ihrem besonderen Glanz. Paulus will damit von der Erhabenheit der glänzenden Gestirne auf die noch viel grössere Erhabenheit des menschlichen Körpers zu sprechen kommen. Infolge der von Gott trennenden Sünde gibt es für den menschlichen Leib die Verwesung. Paulus erzeugt in all diesen Versen eine Spannung, die auf den Höhepunkt in Vers 51 hinführt: *„Siehe, ich sage euch ein Geheimnis"* (mystaerion): Dieses Geheimnis besteht in etwas, das der dem Tod verfallene Mensch sich nicht vorzustellen vermag. Nur von Gott geschenkte Offenbarung lüftet das Geheimnis. Und so sagen uns die Verse 51-57, dass es eine Verwandlung gibt, die dem menschlichen Leib Unzerstörbarkeit und Unsterblichkeit schenkt.

Die mystische Botschaft besteht in dem antignostischen Evangelium, dass die Erlösung den ganzen Menschen umwandelt, auch seine leibhafte Dimension. Der ganze Mensch mit Leib, Seele und Geist wird umgewandelt, so dass zum ewigen Leben verklärte Materie gehört. So etwas ist für den Gnostiker undenkbar. Für ihn gibt es nur die Rückverwandlung in reinen Geist durch Kraftübungen in der Erkenntnis (Gnosis).

Das Geheimnis oder Mysterium, von dem Paulus hier spricht, ist das einzigartige Geschenk der paradiesischen Ganzheitlichkeit am Jüngsten Tag. Diese Ganzheitlichkeit der Auferstehung verdanken wir allein dem Sieg Jesu am Kreuz über Sünde, Tod und Hölle, was in den Versen 55-57 so deutlich zum Ausdruck kommt. Legitime Mystik ist nach 1.Kor. 15,35-55 eine Glaubenshaltung, die von der Auferstehungshoffnung durchdrungen ist.

d': 2.Korinther 12,1-5

Hier sehen wir ein Element der Mystik, das sehr anfällig für Wucherungen ist. Es geht um Erlebnisse der Entrückung, Erlebnisse, die ausserhalb des irdischen Körpers stattfinden. In der Esoterik würde man von Seelenreisen sprechen. Es handelt sich hier um ein ekstatisches Erlebnis des Paulus.

Bei den Mystikern ist dieses ekstatische Element häufig vorhanden. Paulus grenzt sich aber deutlich von jenen ab, die sich mit solchen Erlebnissen brüsten. Er bekennt, dass es solche Phänomene gibt – er hat sie sogar selber erlebt – aber er rühmt sich nicht deswegen. Unaussprechliche Worte soll er gehört haben, als er im Geist ins Paradies entrückt wurde, Worte, die übermenschlich sind

Doch gibt Paulus solchen Erlebnissen kein Gewicht. Er zeigt die Gefahr auf, sich wegen solcher Erlebnisse zu überheben, sich zu brüsten.

Geschieht das, so sind wir sehr schnell im Mystizismus. Die diesbezügliche Warnung des Paulus kommt unmissverständlich zum Ausdruck.

c) Der Begriff „mystaerion" bei Paulus im Epheserbrief und seine mannigfaltigen Aspekte

a': Epheser 1,3–14
Es geht hier beim „Mysterium" um vier wichtige Aspekte. In den V. 3–6 haben wir den Begriff „mystaerion" noch nicht erwähnt, aber was Paulus dort sagt, ist wie ein Vorspann für das, was zum „Mysterium" gehört. Es geht erstens um das Wissen unserer Erwählung in Christus (siehe Heinrich Bullinger, 2.Helvetisches Bekenntnis Kap. X) und darum, dass wir durch diese Erwählung Seine Künder sein dürfen. Diese Erwählung hat zweitens ethische Konsequenzen. Wir sollen heilig vor Gott sein, das heisst zu Seiner Ehre leben (V.4).
Expressis verbis spricht nun Paulus im V.9 vom „mystaerion". Der Begriff meint das Geheimnis von Gottes Willen, das im Ratschluss besteht, alles in Christus zusammenzufassen, wenn die Zeit erfüllt ist. Das ist der dritte wichtige Aspekt. Was könnte mit diesem „alles in Christus zusammenfassen" gemeint sein?
Es dürfte wohl darauf hinausgehen, dass im Leben der Christen, im Leben der Gemeinde einmal alles einen Bezug zu Jesus haben wird. Es wird keine privaten Winkel mehr geben, wo Jesus ausgeklammert ist. Jesus wird dann unser ganzes Leben umgreifen, umfassen. Wie in einem schön möblierten Zimmer jedes Bild und jeder Gegenstand durch das Tageslicht zur Geltung kommt, so werden alle Facetten unseres Lebens von Seinem Licht beleuchtet sein. Alles erhält durch Ihn erst seine volle Bedeutung, indem Er unser individuelles Leben umfasst, sowie Er den ganzen Kosmos, also Himmel und Erde umfängt.
Der vierte Aspekt hat damit zu tun, dass wir Erben des vollendeten Reiches Gottes sein dürfen und uns als Siegel oder Unterpfand der Hl. Geist geschenkt ist.
Wir sehen, wie christuszentrisch echte biblische Mystik ist. Eine mystische Glaubenshaltung zeichnet sich also dadurch aus, dass wir in der Gewissheit unserer Erwählung in Christus mit den damit verbundenen ethischen Konsequenzen leben, aber auch unser ganzes Leben von Ihm umgreifen und zusammenhalten lassen, sowie Er den ganzen Kosmos in Seinen Händen festhält. Dazu kommt die Glaubenszuversicht, Erbe des vollendeten Gottesreiches sein zu dürfen durch das Siegel des Hl. Geistes.

b': Epheser 3,1–13
Gleich zweimal kommt in diesem Text der Begriff „mystaerion" vor. In Epheser 3,1–13 bindet Paulus den Begriff wie übrigens auch an verschiedenen andern Stellen an das von Gott offenbarte Wort. So sagt Paulus in V. 3: *„Durch Offenbarung ist mir das Geheimnis kundgemacht worden… "*

Paulus geht auf dieses Geheimnis ein, das übrigens nicht irgendwelchen beliebigen Menschen kundgetan worden ist, sondern den Propheten und Aposteln durch den Hl. Geist.
Das Geheimnis wird gerade dadurch zu etwas besonders Spannendem, weil es lange verborgen gewesen und erst mit Jesus Christus offensichtlich und öffentlich geworden ist.
Das Mysterium besteht darin, dass nicht nur die Juden Erben der Verheissung sein sollen, sondern auch die Heiden. Typisch antignostisch spricht Paulus von sich als dem allergeringsten unter allen Heiligen, der als Offenbarungsträger den Heiden den unerforschlichen Ratschluss Gottes kundtun darf.
Für einen Gnostiker käme das nicht in Frage, dass man von sich als „Allergeringstem" spricht. Offenbarungen sind für die Gnostiker nur der „Kaste" der sogenannten „Pneumatiker" vorbehalten im Gegensatz zu der „Kaste" der Sarkiker und Psychiker.
Eine echte mystische Glaubenshaltung – und das ist von grösser Wichtigkeit – zeichnet sich gerade dadurch aus, dass sie stets die Verbindung zum biblischen Wort sucht, welches nicht irgendjemandem, sondern Propheten und Aposteln als Autoritätspersonen anvertraut worden ist (V.5) Darauf weist Bornkamm deutlich hin.[105]
Wir haben es mit Mysterium zu tun, wenn Paulus in V.8 davon spricht, er müsse den Heiden als Frohe Botschaft den „unergründlichen Reichtum Christi" kundtun. Das Unergründliche ist ja stets etwas Geheimnisvolles. Im V.9 finden wir einen wichtigen Hinweis, was es mit diesem unergründlichen Reichtum für eine Bewandtnis hat. Mit dem tiefgründigen Ausdruck „oikonomia taes mystaeriou" möchte Paulus zeigen, dass der „unergründliche Reichtum" sich in Gottes heilsgeschichtlichem Plan – was mit „oikonomia taes mystaeriou" denn auch gemeint ist – erschliesst und allen Menschen aufleuchten soll.
Übrigens sind mit den „Gewalten und Mächten in den himmlischen Regionen" nicht Engel gemeint, sondern vielmehr die bösen und dämonischen Wesenheiten. Einer der besten Kommentare, die ich bis jetzt über den Epheserbrief gelesen habe, ist jener von Heinrich Schlier. Er erklärt in gründlicher Analyse den gnostischen Hintergrund, der bei der Abfassung des Epheserbriefes eine gewichtige Rolle gespielt hat. Er weist überzeugend nach, dass mit „himmlisch" (epouranios) in V.10 nicht die Dimension vom vollkommenen Reich Gottes gemeint sein kann, sondern vielmehr der finstere Bereich des Übernatürlichen.[106] Auch das ist ein grosses Geheimnis, wenn die christliche Gemeinde gegenüber den finstern Mächten bezeugen darf, dass der Heilsplan Gottes sich für Seine Erwählten durchsetzt und nicht ihre aufs Verderben der Menschen ausgerichteten Vorhaben.

---

[105] Kittel, Theologisches Wörterbuch zum NT, Bd.VI, op. cit., p 827
[106] Heinrich Schlier, Der Brief an die Epheser, Düsseldorf 1971, p 155

<u>c'</u>: Epheser 3,14–19
In diesem Abschnitt kommt das Wort „mystaerion" nicht vor. Aber der Sache nach finden wir bei Paulus in seinem Gebet deutlich eine Glaubenshaltung, die von echter Mystik zeugt. Es begegnet uns eine Demutshaltung im Beugen der Knie vor Gott. Das ist ein unerlässlicher Faktor. Mystischer Glaube ist nicht in erster Linie ein Hochsprung wie bei den Gnostikern. In seinem Gebet an die Gläubigen in Ephesus kommt das Kernstück christlichen Glaubenslebens zum Tragen. Paulus bittet, dass Jesus durch den Hl. Geist im Herzen der Gemeindeglieder wohnen und eine Verwurzelung in der Liebe geschehen sollte. In der christlich mystischen Literatur spielt der in den Herzen innewohnende Christus eine zentrale Rolle. Bei der christlichen Mystik geht es im Glaubensleben um Tiefe, aber auch um Weite. Genau das spricht Paulus an, wenn er in seinem Gebet darum fleht, dass die „Heiligen" die Breite, Länge, Höhe und Tiefe erkennen möchten (V.18), wobei es nicht um geistliche Höhenflüge geht – solche könnten sehr leicht von den Nöten und Bedürfnissen der Glaubensgeschwister und Mitmenschen ablenken – es geht in erster Linie im Gebet des Paulus um das Erkennen der alle Vernunft übersteigenden Liebe Christi. Dieses Erkennen dürfte weitgehend auch die Erfahrung dieser Liebe meinen.
Zu den V.18+19 möchte ich noch einige Gedanken von Heinrich Schlier, dem grossen Meister neutestamentlicher Auslegung, anfügen. Schlier meint, Paulus könnte sich an zwei Gedanken angelehnt haben in Bezug auf diese stereometrischen Begriffe von Breite, Länge, Höhe und Tiefe. Eine Möglichkeit ist, dass Paulus das himmlische Jerusalem meint, von dem es in Offenbarung 21,15–16 heisst:

„Und der mit mir redete, hatte als Messstab ein goldenes Rohr, um die Stadt und ihre Tore und ihre Mauer zu messen. Und die Stadt bildet ein Viereck, und ihre Länge ist so gross wie ihre Breite. Und er mass die Stadt mit dem Rohr...ihre Länge und Breite und Höhe sind gleich."

Es handelt sich um eine Art kubisch gebaute Stadt, wobei die Baumaterialien die köstlichsten Edelsteine sind. Die Hauptsache ist aber, dass der Lichtglanz Gottes diese Stadt erleuchtet und Vertreter von allen Völkern sich darin aufhalten, um sich an diesem Licht zu erlaben (V. 18–26). Das himmlische Jerusalem mit diesen angegebenen Masseinheiten von Breite, Länge, Höhe und Tiefe ist Inbegriff der Vollkommenheit gerade auch im Sinn der wiederhergestellten Ganzheitlichkeit als Erlösungsgeschenk Gottes.
Der zweite Gedanke von Paulus geht auf das Kreuz hin. Schlier meint, dass diese Stelle der V.18+19 vor allem von der Kreuzestheologie des Paulus her verstanden werden sollte. Schlier sagt dazu:

„Dieser in alle Dimensionen sich erstreckende Leib Christi am Kreuz, den es zu erkennen gilt, ist das Anwesen der Liebe Christi, die alle Erkenntnis übertrifft. Diese Liebe Christi, die sich aus ihrem Überschwang jedem

Begreifen entzieht und doch begriffen werden soll, ist das Wesen des Leibes Christi am Kreuz, der alle Welt umfasst. Und das Erkennen, das der Apostel erbittet, eilt von diesem zu jener und wird so ein immer tieferes Erkennen.“ [107]

d) Der Begriff "mystaerion" im Kolosser, 2.Thess. und Römer

a': „Mystaerion“ in Kolosser 2,1-5
Im V.2 dieses Textes finden wir den Begriff „mystaerion“. Wie anderswo bei Paulus ist „mystaerion“ vor allem mit Gott, dem Vater, verbunden oder mit Jesus und dem Hl. Geist. Hier in Kolosser 2 ringt Paulus im Gebet um die Gemeinde, dass die Herzen in der Liebe vereinigt werden und dabei das Geheimnis erkennen, welches Christus ist. Das „mystaerion“ ist hier wiederum deutlich als Person gesehen und nicht als geistige Sache im Sinn einer Ideologie. Das Geheimnis ist Jesus Christus selber, der in sich alle Schätze der Weisheit und Erkenntnis birgt (V.2+3). Mystischer Glaube ist das liebende sich Versenken in den unerschöpflichen Quell von Jesu geistlichem Reichtum, den kein Mensch auszuschöpfen vermag. Paulus weist im V.4 unmissverständlich darauf hin, weshalb er so klar das „Geheimnis“ oder „mystaerion“ mit der Person von Jesus verbindet. Paulus weiss um die Gefahr von verführerischen Reden, die eben durch eine Art von Mystizismus geprägt sind, wo Kreuz und Auferstehung Jesu unwichtig sind. Zum Verständnis des Kolosserbriefes ist es wichtig, den gnostischen Hintergrund zu sehen. Paulus sieht die Notwendigkeit, sich deutlich von solchen Esoterikern abzugrenzen. Im V.4 spielt der Begriff „pithanologia“ eine Rolle. Gemeint ist damit die Überredungskunst. Paulus denkt an Gnostiker, die mit ihren verführerischen Gedankengängen bezirzen können. Die beste Prophylaxe gegen solche Überredungskunst ist das Wissen um das Mysterium von Jesus, in dem alle Schätze der Weisheit und Erkenntnis verborgen liegen. Auch wenn man diese in Jesus beschlossenen Schätze nur in bescheidenem Ausmass kennt, so ist doch die Information wichtig, dass keine Weisheit ausserhalb von Jesus sich mit Seinen Schätzen messen kann. Dies zu wissen bewahrt einen davor, auf hochtrabend daherkommende Ideologien wie die der Gnostiker hereinzufallen.

b': „Mystaerion“ in Kolosser 4,2-6
Hier kommt es wiederum deutlich zum Ausdruck, dass das „mystaerion“ Christus ist. Mystischer Glaube ist nie nur ein Versenken in den unerschöpflichen Reichtum Jesu. Wir sehen, dass Paulus die Gemeinde zum Fürbitte Gebet für ihn selber anhält, damit ihm eine offene Tür bereit stehe, Jesus den Ungläubigen zu verkünden. Wir sehen somit die aktive Seite mystischer Glaubenshaltung. Das Geheimnis Christi besteht unter anderem darin, Ihn so in der Verkündigung darzustellen, dass Er niemals auf eine Lehre

[107] Heinrich Schlier, op. cit., p 175

reduziert werden kann. Paulus will darauf hinaus, dass er durch seine Verkündigung Ungläubige zur persönlichen Begegnung mit Jesus im geistlichen Sinn motivieren kann. Begegnung ist stets mehr als das, was es über Jesus zu wissen gibt.
Was Paulus in V.5 sagt ist wichtig: Er verlangt, dass die Gläubigen sich weise verhalten gegenüber denen, die noch nicht im Glauben stehen. Vom Geheimnis Christi reden darf nicht Mystizismus sein mit schwärmerischer realitätsfremder Terminologie. Paulus will Nüchternheit. Die Rede soll mit Salz gewürzt sein.

c': 2.Thess.2,3-9
In diesem Text sehen wir eine andere Seite von „mystaerion". Es ist das „Geheimnis" der Bosheit oder Gesetzlosigkeit. Mit „mystaerion" ist hier das Abgründige gemeint, das sich in der Person des Antichristen manifestieren wird und die Bewohner dieser Welt zum Abfall vom lebendigen Gott bewegen will. Mystische Glaubenshaltung steht immer wieder in dieser Spannung, dass der sich mit dem lebendigen Gott beschäftigende Gläubige seine Ebenbildlichkeit oder Ähnlichkeit in Bezug auf Ihn erkennt, sich jedoch bescheiden muss, die Grenzen zwischen Schöpfer und Geschöpf zu respektieren. Die Versuchung kann in einem intensiven oder „mystischen" Glaubensleben durchaus auftreten, selber wie Gott sein zu wollen. Mit V.4 möchte Paulus auf diese grosse Gefahr hinweisen.

d': Römer 11,25-36
In diesen Versen von Kp.11 besteht das Mysterium im Heilsplan Gottes, der an der Erwählung Seines jüdischen Bundesvolkes festhält, obschon dieses das Heil in Christus abgelehnt hat und immer noch ablehnt. Über schmerzvolle Umwege führt Er aufgrund Seines unergründlichen Erbarmens Sein Volk endlich zum Ziel der Erkenntnis des wahren geschichtlichen Messias. Im engsten Zusammenhang gehört bei Paulus zum Erkennen dieses Mysteriums das anbetende Staunen, das in der so wunderschönen Doxologie sich Ausdruck verschafft:

„O, welch eine Tiefe des Reichtums, beides, der Weisheit und der Erkenntnis Gottes! Wie unbegreiflich sind Seine Gerichte und unerforschlich Seine Wege… Denn von Ihm und durch Ihn und zu Ihm sind alle Dinge. Ihm sei Ehre in Ewigkeit! Amen."

e) Mystik im Johannesevangelium

a': Joh.15,1-10
Wenn auch der Begriff „mystaerion" oder Geheimnis im Johannesevangelium

nicht vorkommt, so zeigt uns diese Schrift aber in Bezug auf Glaubenshaltung, ethische Einstellung und Gebetspraxis legitime „mystische" Elemente.
In Joh.15,1–10 begegnen wir einem der vielen Ich – bin Worte Jesu, die mit ihrer Bildhaftigkeit weit über das hinausgehen, was das von Jesus für Ihn selbst gebrauchte Bild auszusagen vermag. Die Ich – bin Worte Jesu bieten das Erlebnis der Transzendenz. Wenn Jesus von sich sagt: *„Ich bin der wahre Weinstock"*, so erlebt der Leser, welcher glaubend über diese Aussage nachdenkt, wie er von der Sache des Bildes her zur Person des übernatürlichen Gottmenschen Jesus geführt wird, wobei die verschiedenen Eigenschaften des gebrauchten Bildes auf einer höheren Ebene bei Jesus in Erscheinung treten.
Das Mystische ist das Bleiben in Jesus, in Ihm Wurzeln zu haben, so dass Früchte auf höherer Ebene entstehen oder anders gesagt die innige Gemeinschaft mit Ihm. Bei der wahren Mystik ist die innige Gemeinschaft mit Jesus das A und O, wobei die Konsequenz dieser Gemeinschaft gute Früchte sind. Legitime Mystik darf sich nicht mit einem zurückgezogenen Leben zufrieden geben. Die liebende Verbundenheit mit Jesus verlangt das Halten Seiner Ordnungen, Seiner Gebote, was Engagement für die Welt im direkten oder indirekten Sinn bedeutet. Wir werden diese Sicht später bei verschiedenen Mystikern antreffen.

b': Joh.14,15–24

Diese Verse sprechen auch vom Halten der Gebote Jesu als Zeichen der Liebe zu Ihm. Das genuin „Mystische" ist nun die Tatsache, dass Jesus von der göttlichen Einwohnung im Jünger, im Gläubigen, spricht, wobei eine Anspielung auf das Geheimnis der Trinität auszumachen ist:
„ Wer mich liebt, der wird Mein Wort halten; und Mein Vater wird ihn lieben, und Wir werden zu ihm kommen und Wohnung bei ihm nehmen. "

c': Joh.3,1–12

An dieser so wichtigen Stelle mit dem Hinweis auf die Notwendigkeit der Wiedergeburt als Bedingung für den Eintritt ins Reich Gottes kommt die wahre Mystik nicht vorbei. Es geht bei der Wiedergeburt um eine Tat Gottes, die geheimnisvoll ist, eben „mystisch". Die Wiedergeburt ist nichts Machbares. Man kann sie nicht durch bestimmte Psychotechniken herbeizwingen. Der Mystiker versteht etwas von dieser so wichtigen paulinischen Aussage in I.Kor.2, 12–14:

„Wir aber haben nicht empfangen den Geist der Welt, sondern den Geist aus Gott, dass wir wissen können, was uns von Gott geschenkt ist. Und davon reden wir auch nicht mit Worten, wie sie menschliche Weisheit lehren kann, sondern mit Worten, die der Geist lehrt...Der natürliche Mensch aber vernimmt nichts vom Geist Gottes; es ist ihm eine Torheit und er kann es nicht erkennen; denn es muss geistlich beurteilt werden. "

d': Joh.8,12 und 4,1–14

In Joh.8, 12 haben wir das Ich – bin Wort Jesu vom Licht. Jesus als das Licht ist etwas Zentrales für die Mystik. Kaum ein Bild wie das des Lichtes kommt derart häufig in der mystisch-christlichen Literatur vor.
Der Mystiker orientiert sich am Wort Gottes, welches Licht ist nach Ps. 119,105 und das Wort Gottes ist Mensch geworden in Jesus, der in Seiner Person das Lichthafte des Wortes intensiviert. Mystisches Leben besteht darin, Jesus als dem wahren Licht nachzufolgen, um in der Finsternis dieser Welt den zum Ziel führenden Weg nicht aus den Augen zu verlieren.
In Joh.4, 4–14 geht es um die Begegnung mit der Samariterin am Brunnen. In dieser Begegnung offenbart sich Jesus als das lebendige Wasser, wobei Er ans irdische Wasser des Jakobsbrunnens anknüpft, um dann dieses Bild zu transzendieren, so dass es über sich selbst hinausweist, also auf Jesus hinweist. Die der Samariterin gegenüber gemachte Aussage vom inneren Quell des Glaubenden, der ins ewige Leben hinübersprudelt, hat einen deutlich mystischen Anklang.

e': Offenbarung 4,1–11

Hier haben wir es mit einer Vision von Johannes zu tun, dem Einblick in die Himmelswelt, ins vollkommene Reich Gottes gewährt worden ist.
Johannes durfte einen Ausschnitt aus der himmlischen Liturgie erleben, wo Erlöste dem lebendigen Gott das Opfer von Dank und Anbetung bringen. Die mystische Haltung hat viel mit Dank und Lobpreis zu tun.

2. Wenige Beispiele von „Mysterium" im AT

a) Psalm 8,4-6

In gewissen Psalmen finden wir eine Art von Naturmystik, die aber nicht zu verwechseln ist mit pantheistischem Mystizismus. Besonders viel gibt Ps.8 in dieser Hinsicht her.
David sinnt in diesem Psalm über die Zeiten nach, als er als Hirte in der freien Natur die Nächte verbracht und die Gestirne beobachtet hat. Da sagt er:

„Wenn ich schaue Deine Himmel, das Werk Deiner Finger, den Mond und die Sterne, die Du hingesetzt hast: Was ist doch der Mensch, dass Du seiner gedenkst? Und des Menschen Kind, dass Du Dich seiner annimmst? Du machtest ihn wenig geringer als Engel, mit Ehre und Hoheit kröntest Du ihn..."

Es ist vor allem das Staunen über die Natur, insbesondere über das Geheimnis der Unermesslichkeit des Firmaments mit seinen Billionen von Gestirnen. Zwischen den Zeilen staunt David anbetend über das Geheimnis des unermesslichen Gottes, der gleichsam in der Unermesslichkeit des

Weltalls gespiegelt wird. Aber zum Geheimnis gehört, dass der Mensch, der sich wie ein winziges Sandkorn ausnimmt gegenüber den unzählbaren Gestirnen, von Gott als wichtige Person wahrgenommen wird, sogar als Person, die in der Hierarchie der Geschöpfe in der Nähe der Engel steht.

b) Ps.36,6-10

Dieser Psalm führt uns Gottes Majestät vor Augen, indem er das Ausmass Seiner in ethischen Qualitäten artikulierten Grösse mit gewissen Naturgegenständen vergleicht. Die Distanz zwischen der Erde und dem Himmel als Sammelbegriff für das Universum mit seinen Gestirnen wird zum Vergleichspunkt für Gottes Güte und Treue. Die ewigen Berge sind Bild für Seine Gerechtigkeit. Die Gerichte Gottes als Durchsetzung Seiner Gerechtigkeit werden mit der grossen Flut verglichen (V.7).
Im V.9 ist die Rede vom Haus Gottes – zu Davids Zeit die Stiftshütte – wo es Überfluss gibt. Von dort fliesst auch der Strom Seiner Wonnen. Wahrscheinlich ist damit das gemeint, was die Liturgie in der Stiftshütte an Fülle bieten konnte. Dazu passt, dass David nach 1.Chronik 25 eine Gilde von Sängern zur Verschönerung des Gottesdienstes gegründet hat.
V. 10 spricht vom wahren Licht, das sich einem nur dann zeigt, wenn man auf Gott schaut, sich an Ihm orientiert: *„Denn bei Dir ist der Quell des Lebens, in Deinem Lichte schauen wir das Licht.“*
Das Mystische besteht darin, sich von der Grösse Gottes, die sich in Seinen menschenfreundlichen Qualitäten zeigt, staunend überwältigen zu lassen.

c) Ps. 17,15

Vers 15 ist der Höhepunkt des Psalms. Was meint wohl David, wenn er am Schluss des Psalms sagt:
„Ich aber will in Gerechtigkeit Dein Angesicht schauen, will mich sättigen, wenn ich erwache, an Deinem Bilde.“ ?
Der Alttestamentler Artur Weiser meint zu dieser Stelle, es handle sich um das Erwachen des Psalmisten nach einer im Gotteshaus verbrachten Nacht, wobei dieser die durch den Kultus vermittelte Gottesschau erlebt habe. Es ist dabei an die Symbolik des Siebenarmigen Leuchters zu denken.
Helmut Lamparter ist der Überzeugung, es handle sich hier um einen Hinweis eschatologischer Art. Der Psalmist meine das Erwachen nach dem Todesschlaf und die auf diesen Schlaf folgende Schau Gottes (des Mensch gewordenen Gottes in Jesus Christus) von Angesicht zu Angesicht.[108] Es ist der tiefste Wunsch eines Mystikers, Gott schauen zu dürfen.

---

[108] Helmut Lamparter, das Buch der Psalmen, Bd. I, Stuttgart 1958, p 95

3. Zusammenfassung der wichtigsten Aspekte von legitimer Mystik im Unterschied zum Mystizismus sowie zusätzliche Elemente aus der Antike

a) Klärende Gedanken zu Mystik und Mystiker

Legitime Mystik wird in unserer Darstellung vor allem als biblische Mystik verstanden mit ihrer Vielschichtigkeit von Glaubenserkenntnis, Glaubenserfahrung, Lehre und auch Glaubensvollzug mit ethischen Konsequenzen. Zum echten und überzeugten Christen gehört u.a., mit der Hl. Schrift vertraut zu sein, was all jene bedeutenden Stellen umfasst, die von den vorher erwähnten Geheimnissen (mystaeria) Gottes und der Heilsgeschichte sprechen. Von zentraler Bedeutung ist dabei die Verwurzelung in Jesus im Sinn herzlicher Gemeinschaft sowie die aus dieser Verbundenheit erwachsenden Früchte (Glaubensvollzug mit ethischen Konsequenzen). Von der Lehre und der Glaubenserkenntnis bezüglich der Geheimnisse von Gottes Qualitäten und Seines Heilsweges sowie von der Heilsgeschichte angetan zu sein, macht aber noch nicht den Mystiker aus, wie er generell im Verlauf der Kirchen-und Theologiegeschichte verstanden worden ist. Wenn wir dem Spezifischen des Mystikers oder der Mystikerin Beachtung schenken, also dem, das beim sog. „normalen" Christen kaum anzutreffen ist, so bedeutet das auf keinen Fall, dass der Mystiker einer höheren Kategorie von Christsein angehört oder in seinem Glaubensvollzug ein „mehr" an Heiligkeit aufzuweisen hätte. Der Hauptunterschied dürfte wohl der sein, dass es dem Mystiker geschenkt ist, eine Ausnahme zu sein in Bezug auf das, was Paulus in 2.Kor.5, 7 sagt: *„Im Glauben wandeln wir, nicht im Schauen".* Der Mystiker darf öfters ein bisschen etwas vom Schauen erleben im vorwegnehmenden Sinn. Die Regel ist 2.Kor.5,7, aber es gibt die Ausnahme, welche die Regel bestätigt. Der Mystiker darf hin und wieder ähnliche Erfahrungen machen wie man sie bei Paulus in 2.Kor.12, 1-4 beschrieben findet. Diesen Erfahrungen misst Paulus keinen besonderen Wert bei im Sinn von Heilsnotwendigkeit. Der Apostel bringt diese übernatürliche Erfahrung sogar mit Schwachheit in Verbindung. Möglicherweise spielt er darauf an, dass dem im Glauben Schwachen die Versprechen (Verheissungen) der Hl. Schrift nicht genügen und der lebendige Gott deshalb in Ausnahmefällen so etwas wie Krücken bereitstellt, um am Glauben nicht irre zu werden. Stellvertretend für die überwältigende Mehrheit der „normalen" Christen empfängt der Mystiker diese Krücken spezieller übernatürlicher Erfahrungen, die ihm einen flüchtigen Blick in die himmlische Wirklichkeit gewähren. Diese stellvertretend empfangenen Krücken können den sog. „normalen Christen" eher im Sinn einer Ausnahme eine Glaubensstärkung sein. Krücken sollen nicht das Normale sein.

Typisch für den Mystiker ist auch das Staunen über die Heilswahrheiten und häufig eine schöne dichterische sowie bildhafte Darstellung des im Glauben

Erlebten, so dass eine wissenschaftliche Sprache nicht in Frage kommt.[109] Dem Mystiker fehlen oft adäquate Worte, um das Geheimnis oder Mysterium der Heilswahrheiten auszudrücken und gerade deshalb ist es ihm wichtig, einem Unaussprechbares durch beschriebene Bilder und Symbole über den Weg der Intuition verständlich zu machen.
Ein weiteres Merkmal des Mystikers ist sein Verlangen nach einer Art von vierdimensionaler „Stereometrie" von Gotteserfahrung und Gotteserkenntnis, wie wir sie so deutlich in Epheser 3, 18–19 finden. Dort ist von der Breite, Länge, Höhe und Tiefe die Rede, was das Erkennen und Wahrnehmen in Bezug auf Gott betrifft. Beim Mystiker werden Grenzen der Erkenntnis gesprengt wie bei Paulus, der von der Liebe Christi spricht, die alles Erkennen übersteigt. Für den „normalen Christen" sind gesprengte Grenzen kaum ein Thema.
Zum Mystiker gehört wesentlich auch eine gewisse ökumenische Weite. Er sucht das Gemeinsame und Verbindende in andern Konfessionen. So sieht Wolfgang Böhme in der Mystik ein grosses Potential zu überkonfessionellen Begegnungen, weshalb seiner Meinung nach Mystik ökumenische Konsequenzen haben sollte.[110]
Ist im katholischen Christentum die Mystik vorwiegend in den Klöstern vorhanden und wird in der dortigen Zurückgezogenheit gepflegt, so ist in der Orthodoxen Kirche, beziehungsweise in den Ostkirchen die Mystik vor allem im Starzentum verankert. Ein Starez ist in der Regel ein Mönch, der immer wieder das Kloster verlässt und das Volk aufsucht, um Fragenden, Suchenden und Zweifelnden aufgrund seiner mystischen Erfahrungen Glaubensstärkung zukommmen zu lassen. In der Weltliteratur ist der Starez Sossima in Dostojewskis „Die Brüder Karamasov" eine herausragende Gestalt.
Warum sollte es uns wichtig sein, Mystik differenziert als eine legitime religiöse Haltung und wertzuschätzenden Erfahrungsbereich zu sehen statt diese (die Mystik) mit dem Mystizismus in den gleichen Topf zu werfen?
Uns Protestanten muss die Mystik deshalb von Bedeutung sein, weil der Pietismus in erstarrte Kirchen neues Leben gebracht hat mit der Betonung von Erweckung, herzlicher Gemeinschaft und Heiligung. Diese Werte entnahm der Pietismus sicher in erster Linie der Bibel, liess sich jedoch diesbezüglich auch wesentlich von grossen Mystikern inspirieren, die sich für Lebendigkeit und Überwindung starrer Strukturen in der Kirche einsetzten. Mit hoch- und spätmittelalterlichen Mystikern setzten sich bedeutende Pietisten wie Philipp Jakob Spener (1635–1705), Graf Niklaus von Zinzendorf (1700–1760), Albrecht Bengel (1687–1752), Christoph Oetinger (1702–1782) und viele andere auseinander. Die wichtigsten Einflüsse auf die Pietisten gingen von Bernhard von Clairvaux (1090–1153), Heinrich Seuse (1295–1366) und

---

[109] Josef Zahn, Einführung in die christliche Mystik, Paderborn 1922, p 226
[110] Wolfgang Böhme, Der Christ von Morgen – ein Mystiker, Würzburg 1989, p 12

Thomas von Kempen (1380–1471) aus, um nur einige wenige zu nennen. Die genannten Pietisten nahmen zentrale Anliegen der genannten und anderer Mystiker auf und liessen deren Reichtum vor allem in die protestantische Andachtsliteratur einfliessen.

b) Zusammenfassung der für alle Christen zu beherzigenden Elemente biblischer Mystik

In Anlehnung an die wichtigsten Stellen, wo der griechische Begriff „mystaerion“ (Geheimnis) vorkommt oder impliziert ist und Wesentliches über die Stossrichtung der Heilsgeschichte und über Gott aussagt, soll das Wichtigste nochmals erwähnt werden, jedoch auf plakative Weise. Jene Stellen, die spezifisch für einen Mystiker zutreffen, lasse ich aus.

a‘: Die Synoptiker reden vom Reich Gottes als Geheimnis des auf verhaltene Weise wachsenden Samens von Gottes Wort, das Früchte zeitigt (Mk.4, 11–12; Mt.13, 11–17; Lk.8, 10–15).

b‘: Im Unterschied zu den Gnostikern ist das Geheimnis Gottes nichts, das nur für Eingeweihte mit extravaganten Kenntnissen zugänglich wäre ausgedrückt in hochtrabenden Worten. Das Geheimnis Gottes ist der für unser Heil gekreuzigte Jesus, was den Gnostikern fremd erscheint. Zum Geheimnis gehört auch, dass es schlussendlich ein Schauen geben wird (1.Kor.2,1–9, besonders V.9).

c‘: Infolge der von Gott trennenden Sünde, die im irdischen Leben immer noch wirksam ist, gibt es den leiblichen Tod mit der Verwesung. Doch das gewaltige Geheimnis besteht darin, dass etwas geschieht, das sich der Mensch in seiner Begrenzung nicht vorzustellen vermag: Es ist die Verwandlung des Leibes zu Vollkommenheit und Unsterblichkeit. Erlösung ist ganzheitlich im Unterschied zu der Ideologie der Gnostiker (1.Kor.15, 35–55).

d‘: Alle Geheimnisse (mystaeria) sind nichts wert, wenn es an der Liebe fehlt (1.Kor.13, 1–13).

e‘: Wir sind in Christus erwählt, d.h. berufen zu einem konstruktiven Leben dank der Erlösung durch Sein Blut (Eph.3, 3–8; vgl. Heinrich Bullinger, Zweites Helvetisches Bekenntnis, Kp. X). Ein Mysterium ist Gottes Wille, alles in Christus zusammenzufassen und uns zu Seinen Erben zu machen (Eph.1, 9–11).

f ‘: Der Text von Eph.3, 1–13 spricht vom Geheimnis, dass nicht nur Juden, sondern auch Heiden erwählt sind nach dem unerforschlichen Ratschluss Gottes.

g': Jesus Christus selber ist das Mysterium oder Geheimnis, in dem alle Schätze der Weisheit und Erkenntnis verborgen sind (Kol.2,1–3).

h': Nach Kol.4, 2–4 gehört es zum Auftrag, vom Geheimnis Christi zu reden (missionarischer Aspekt!).

i': Als Christen geben wir das jüdische Volk nicht auf; denn Gott hält an der Erwählung Israels fest trotz seines Unglaubens. Auch das ist ein Mysterium (Röm. 11, 25–36).

k': Die johanneischen Ich-bin-Worte offenbaren tiefste Geheimnisse, an denen kein Christ, ob Mystiker oder nicht, vorbeikommt, wobei Johannes 15, 1–8; 14,6; 8,12 sowie 10,9 eine zentrale Rolle einnehmen.

c) Zur Bibel hinzugekommene Elemente der im Abendland systematisierten Mystik und einige Meinungen von katholischen Theologen

Bevor wir uns einzelnen Theologen mit ihren mystischen Elementen zuwenden, möchte ich noch einige wichtige Faktoren erwähnen, die für die abendländische Mystik von Wichtigkeit sind und antikem Gedankengut entnommen sind, vor allem der neuplatonischen Philosophie. Diese gründet, was die genuin religiösen Komponenten anbetrifft, auf Plato (428–348 v. Chr.), der sich wiederum auf die orphische und pythagoräische Tradition stützt. Noch wichtiger ist aber Plotin (205–270). Es sind folgende Elemente, die bei ihm besonders wichtig sind und von vielen christlichen Mystikern aller Jahrhunderte übernommen worden sind. Es geht um den Weg zur Vollkommenheit im ethischen Sinn wie in Hinsicht der Erkenntnis. Dazu sind drei Schritte unerlässlich:
Erstens: Die „via purgativa“; zweitens: Die „via illuminativa“; drittens: die „via unitiva“. Es sind die drei Schritte oder Stufen von Reinigung, Erleuchtung und Einigung.
Zur „via purgativa“ haben bereits die frühchristlichen Wüstenväter viel zu sagen, vor allem Antonius (251–356) und Pachomius (290–346). Athanasius (296–373) berichtet uns in seinen Biographien über Antonius und Pachomius, was im Leben dieser Gottesmänner eine grosse Rolle gespielt hat.[111] Pachomius war noch vor Benedikt von Nursia einer der ersten Begründer des Klosterwesens. Was nun in diesen Biographien besonders zum Ausdruck kommt, ist die „via purgativa“ im Sinn eines Lebens der Aszese, im Sinn der Abtötung der leiblichen Bedürfnisse, in erster Linie die Abtötung des sexuellen Triebes und des Nahrungstriebes durch Fasten. Typisch für die Mystik bei den spätantiken Mönchsvätern wie bei Theologen des Mittelalters und der Neuzeit

[111] Athanasius, Bd. II, Leben des Hl. Antonius und Pachomius, übers. v. A. Stegmann, Bibliothek der Kirchenväter, Bd.31, München 1917, pp. 11–119

ist die Betonung der Notwendigkeit der Aszese für die „via illuminativa". Ohne den Weg der Aszese ist es viel schwieriger, zur Erleuchtung zu gelangen. Die Erleuchtung als „via illuminativa" ist eng mit dem Gebet und der Betrachtung, der Kontemplation, verbunden. Die Mystik hat denn auch sehr viel über das Gebet zu sagen.
Der Mystiker lässt sich von Gott, den er betrachtet und dem er sich betend zuwendet, ergreifen. Beim gewöhnlichen Erkennen liegt alle Aktivität beim Subjekt. Beim Ergriffenwerden kommt es beim Mystiker zum Staunen und zur Bewunderung begleitet von Liebe.[112] In der Kontemplation als „via illuminativa" geht es um eine intensivierte Gewissheit von Gottes Nähe. Bei der „via unitiva" oder „unio mystica" spielen ekstatische und visionäre Erlebnisse eine grosse Rolle, wobei der christliche Mystiker sich in Gott verliert oder besser gesagt sich derart von der Grösse Gottes überwältigen lässt, dass er sich dabei vergisst. Es darf sich aber in christlicher und somit biblisch disziplinierter Mystik nie um ein Aufgehen mit Verlust der eigenen Individualität handeln oder gar um ein Gleichwerden mit Gott. Das wäre Identitätsmystik, für welche die Schlange in I. Mose 3,5 bereits genügend Reklame gemacht hat. Das Ekstatische spielt gerade auch in der christlich mystischen Literatur eine nicht geringe Rolle. Es geht darum, bei bedeutenden Mystikern die ungewöhnlichen Erfahrungen richtig einzuordnen, um falsche Akzente zu vermeiden.

Ich habe versucht, in IV. A.3.b in den Punkten a'–k' vor allem anhand der in den Synoptikern, Paulusbriefen und Johannesevangelium herausgearbeiteten Kriterien das zusammenzufassen, was legitime Mystik ausmacht.
Jetzt möchte ich noch die Meinung einiger katholischer Gelehrter in Bezug auf Mystik anführen, um das weitgehend Gemeinsame, aber auch das genuin Katholische hervorzuheben im Unterschied zur protestantischen Haltung, die sich auf das „sola scriptura" beschränkt.

Erstens: Die Meinung, dass die christliche Mystik als Disziplin der Hl. Schrift bedarf, um Wucherungen zu vermeiden, vertritt Savinien Louismet in seinem Buch „Mysticism true and false". Man sieht, dass im Englischen vom Wort her nicht zwischen Mystik und Mystizismus unterschieden wird. Man braucht den Begriff „mysticism", was eben beides bedeuten kann, legitime Mystik und Mystizismus.
Louismet sagt, die Evangelien seien *„the best manual of mysticism*"und das AT sowie das übrige NT seien *„the best commentary upon this first manual."* [113] Für Louismet bewahrt die Bibel die Mystik vor der Auflösung in schwärmerischem Subjektivismus, vor dem Abgleiten in Pantheismus oder Verflüchtigung ins Nichts.

---

[112] Anselm Stolz, Theologie der Mystik, Regensburg 1936, p 15
[113] Savinien Louismet, Mysticism true and false, London 1920, p 66

Zweitens: Die durch Christus vermittelte Gotteskindschaft ist Grundlage des mystischen Lebens nach Josef Zahn. Jede Art von Aristokratie in Form eines Stufendenkens, das Menschen in Eingeweihte und Nichteingeweihte einteilt, ist echter Mystik nicht würdig.[114]
Es darf also nicht ein Geheimwissen geben, das nur wenigen besonders Begnadeten zugänglich ist und einer grossen Mehrheit vorenthalten werden soll. Mit andern Worten: Legitime Mystik ist antignostisch.

Drittens: A. Stolz meint in seiner „Theologie der Mystik“, dass echte Mystik trinitarisch geprägt sein müsse. Der christliche Mystiker stehe den einzelnen Personen von Vater, Sohn und Hl. Geist gegenüber und werde in die Dynamik ihrer Gemeinschaft hineingezogen.[115]

Viertens: Gerade in der katholischen Mystik kommt etwas hinzu, das sich von den Grundzügen und Kriterien einer legitimen Mystik nur aufgrund der Hl. Schrift unterscheidet. Die römisch katholische Kirche legt Wert auf die Bindung des Mystikers an das Lehramt und die Tradition als zusätzlicher Instanz zur Hl. Schrift. Weil die Hl. Schrift sehr willkürlich interpretiert werden kann, braucht es das Lehramt. Wir dürfen nicht vergessen, dass die reformatorische Erkenntnis der Selbstauslegung der Hl. Schrift in der katholischen Kirche eine untergeordnete Rolle spielt. Es ist sehr verständlich, dass die katholische Kirche ohne diese Erkenntnis der Selbstauslegung der Bibel Willkür in der Schriftinterpretation befürchtet.
Wir dürfen auch nicht vergessen, dass im Montanismus[116] um die Mitte des 2. Jahrhunderts erstmals eine grosse organisierte Bewegung entstanden ist, wo sich mystizistischer Subjektivismus gegen die offizielle Kirche erhoben und sich gegen ihr Wächteramt aufgelehnt hat. Im Montanismus wurden Visionen, Ekstasen und Träume zum gewöhnlichen Weg göttlicher Mitteilungen. Dabei berief man sich direkt auf Gott und meinte, keiner prüfenden Instanz von Seite der Kirche zu bedürfen. So wendet sich Papst Urban VIII. in seinem Dekret vom 13.März 1625 gegen gewisse Fehlformen, die dem Mystizismus zuzuordnen sind, nämlich gegen den Pantheismus, Quietismus und Subjektivismus.

Fünftens: In der katholischen Tradition gehört es zum Ausweis eines echten Mystikers, dass er sich in die Obhut eines Seelenführers begibt, der den Mystiker begleitet und ihm nötigenfalls kritisch beratend zur Seite steht. Im säkularen Bereich finden wir etwas Ähnliches im Coach, der beratender Gesprächspartner und Kritiker ist.

---

[114] Anselm Stolz, op. cit., p 241
[115] Anselm Stolz, op. cit., p 241
[116] Siehe Armin Sierszyn, 2000 Jahre Kirchengeschichte Bd. I, Montanismus, Stuttgart 1995, pp. 103-107

Sechstens: Nach Wolfgang Böhme ist Mystik ein „Intensivchristentum", aber sie ist nicht intellektueller Überschwang, keine titanische Selbstverwirklichung, sondern die besonders intensive Entfaltung der Christusverbundenheit.[117]
Wichtig ist, dass wir das Gemeinsame zwischen dem evangelischen und katholischen Flügel sehen, was Mystik betrifft. Katholische Theologie, soweit sie nicht dem Modernismus verpflichtet ist, hat mit den sog. „evangelikalen" Theologen mehr Gemeinsames als Trennendes. So ist konservative katholische Theologie durchaus der Meinung, dass Mystik sich nicht in erster Linie auf Erfahrung gründen darf; die einseitige Betonung von Erfahrung finden wir in gewissen protestantischen charismatischen Kreisen, welche die Glaubensrealität auf Erlebnisse und Emotionen fundieren. Wenn wir meinen, mystische Erlebnisse systematisch produzieren zu können, so geraten wir leicht in den Mystizismus. Die Extremform einer manipulierten Glaubenserfahrung mit Visionen und ekstatischen Zuständen begegnet uns in der „Drogenmystik". Ich verweise auf die aufschlussreiche Arbeit von W.H. Clark mit dem Titel „Chemische Ekstase, Drogen und Religion,[118] aber auch auf das den Geist der Unterscheidung betonende Buch von Jean Lhermitte mit dem Titel „Echte und falsche Mystiker." [119] Hilfreich ist auch das von Walther Tritsch herausgegebene Buch mit dem Titel „Einführung in die Mystik".[120]
Für den konservativen Katholizismus muss Mystik biblisch diszipliniert sein, hinzu kommt aber noch die Tradition als fast gleichwertige Autorität zur Bibel sowie das begutachtende Lehramt der Kirche.
Wir wollen uns nun Theologen der früh-und hochpatristischen Zeit zuwenden.

B. Mystik bei Kirchenvätern wie Clemens von Alexandrien, Origenes, Augustinus und Pseudo Dionysius Areopagita

1. Clemens von Alexandrien

Clemens wurde um 150 in Athen von heidnischen Eltern geboren. Er hatte die Gelegenheit, sich eine umfassende Bildung anzueignen. Durch Beschäftigung mit dem Christentum liess er sich von der Wahrheit des christlichen Glaubens überzeugen. Die stoische Philosophie übte einen starken Einfluss auf ihn aus, was seine ethischen Auffassungen betrifft. In Alexandrien wurde er Schüler des Pantainos, der die dortige Katecheten Schule leitete. Alexandrien war damals eine Stadt mit 500'000 Einwohnern, eine der wichtigsten Handels - und Industriestädte der damaligen Antike.
Die Stadt war aber auch Mittelpunkt geistigen Lebens und wissenschaftlicher Forschung. Die dortige Universität, das Musaion, hatte eine der

[117] Wolfgang Böhme, der Christ von Morgen-ein Mystiker, op. cit., p 23
[118] W.H. Clark, Chemische Ekstase, Drogen und Religion, Salzburg 1971
[119] Jean Lhermitte, echte und falsche Mystiker, Luzern 1953
[120] Walter Tritsch, Einführung in die Mystik, Aschaffenburg 1990

umfangreichsten Bibliotheken der Antike, wo das gesamte Wissen der damaligen Zeit deponiert war. Es ist anzunehmen, dass Clemens ein fleissiger Benützer dieser Bibliothek gewesen ist. So blühten am Musaion die Wissenschaften der Rhetorik, Grammatik, Philosophie, Mathematik, Astronomie, Geographie, und Medizin. Sehr wichtig ist, dass Clemens mit der intellektuellen Elite der Juden bekannt wurde, die das geistige Klima der damaligen Theologie mit der Hellenisierung des AT stark bestimmten. So lernte Clemens den jüdischen Philosophen und Exegeten Philon (15 v.Chr -40 n. Chr.) kennen, der die allegorische Schriftauslegung besonders förderte.
Im damaligen Ägypten standen immer noch die Mysterienkulte hoch im Kurs, die Clemens kennen lernte.
Mit griechischer Weisheit und Philosophie sowie mit dem jüdisch-christlichen Glauben musste sich Clemens gründlich auseinandersetzen. Er erwarb sich einen weiten Horizont in einem typisch kosmopolitischen und multikulturellen Zentrum von bedeutender Wirkungsgeschichte.
Die Katecheten Schule von Alexandria war eine christliche Akademie für Erwachsene, welcher Clemens als Nachfolger von Pantainos in den Jahren 190- 202 vorstehen durfte.[121]
Während seines Aufenthaltes in Alexandrien entstanden verschiedene Werke, von denen uns 3 erhalten sind und die auf die Theologiegeschichte einen bedeutenden Einfluss ausgeübt haben. Es handelt sich um folgende Werke: Mahnrede an die Heiden (protreptikos), der Erzieher (paidagogos), und die Teppiche (stromateis).
Clemens erlebte die Erschütterung der Christenverfolgung unter Septimius Severus, die in den Jahren 202/203 stattgefunden hatte. Es ist anzunehmen, dass er in diesen Wirren Alexandrien verlassen musste.[122] Gestorben ist Clemens ums Jahr 215

Bevor wir etwas über die Weltanschauung von Clemens sagen, soll sein Zeugnis zu uns reden, in welchem er über sein Privileg ausgedehnter Bildungsreisen Aufschluss gibt. Dabei erwähnt er sein Werk und meint damit seine wichtigsten Schriften:

„Was nun dieses Werk betrifft, so ist es keine Schrift, die mit grosser Kunst ausgearbeitet wurde, um damit zu prunken; sondern ich mache mir Aufzeichnungen und hebe sie für das Greisenalter auf, ein Hilfsmittel gegen das Vergessen, geradezu ein Bild und Gemälde jener anschaulichen und lieblichen Reden und jener seligen und wahrhaft bedeutenden Männer, die zu hören ich gewürdigt wurde. Von ihnen war der eine in Griechenland, der Jonier, die andern in Gross Griechenland, andere aber im Osten; und hiervon war der eine aus dem Lande der Assyrer, der andere, in Palästina, war seiner Abstammung nach ein Hebräer. Als ich aber einen letzten angetroffen

[121] Siehe A. Sierszyn, 2000 Jahre Kirchengeschichte Bd. I, Stuttgart 1995, p 170
[122] Eusebius, Kirchengeschichte VI,3,1, Bd. II, Bibliothek der Kirchenväter, übers. v. Dr. Phil. Haeuser, München 1932, p 266

hatte, da gab ich weiteres Suchen auf, nachdem ich ihn in Ägypten, wo er verborgen war, aufgespürt hatte. Er war in der Tat eine sizilianische Biene, indem er aus den Blumen der prophetischen und apostolischen Wiese Honig sog und in den Seelen seiner Zuhörer ein lauteres Erkenntnisgut erzeugte.“ [123]

Mit der „sizilianischen Biene“ meint Clemens wahrscheinlich den Pantamos, seinen Lehrer an der Katecheten Schule, der ihm viel Wissen vermittelt hat.

Die Weltanschauung des Clemens kommt in seinen zurückgebliebenen Werken deutlich zum Ausdruck. So will er in seiner Mahnrede an die Heiden Anhänger heidnischen Glaubens für die christliche Wahrheit gewinnen, indem er ihnen die Torheit des heidnischen Götterglaubens vor Augen hält. Dabei ist es ihm wichtig aufzuzeigen, dass das Christentum die wahre Philosophie ist. In seinem Werk „Paidagogos“ stellt Clemens dar, dass der göttliche Logos der wahre Erzieher ist. Kinder spielen im „Paidagogos“ eine wichtige Rolle. Der Paidagogos ist auf dem Hintergrund von Alexandrien zu sehen, einer Stadt mit vielen Versuchungen. Clemens fordert jedoch keine Askese von einem Christen, sondern das gesunde Mass. Was die Ethik betrifft, ist vieles den paränetischen Stellen des Apostels Paulus entnommen und der Ethik der Stoa.[124]
In den „Teppichen“ (Stromateis) geht es Clemens in erster Linie um die Frage nach dem Verhältnis des Christen zur weltlichen Weisheit und zur Weisheit der griechischen Philosophie. Damit will er vor allem den wissenschaftlich Gebildeten den Zugang zum christlichen Glauben ermöglichen.
Wenden wir uns nun den mystischen Anschauungen von Clemens zu. Clemens erstrebt eine christliche Gnosis, die über dem Glauben steht. So kann Clemens in Stromata Buch7, Kp.10 sagen:

„Und wie ich früher sagte, scheint mir eine erste heilbringende Veränderung die aus dem Heidentum zum Glauben, eine zweite aber die aus dem Glauben zur Erkenntnis zu sein; die letztere aber geht in Liebe über und bringt dann das Erkennende und das Erkannte in ein nahes freundschaftliches Verhältnis. Und vielleicht hat derjenige, der so weit gekommen ist, bereits hier unten den Zustand des Engelgleichseins vorausgenommen… Jedenfalls wird er, wenn er die letzte und höchste im Fleisch erreichbare Stufe erstiegen hat, sich immer noch …nach dem Bessern hin verändern und darnach streben, durch die heilige Siebenzahl hindurch in das Haus des Vaters zu der wirklichen Wohnung des Herrn zu gelangen, wo er sozusagen ein feststehendes und ewig bleibendes,

---

[123] Clemens v. Alex., Teppiche I, Buch 9,11,1-2; Bd. III, Bibliothek der Kirchenväter, übers. v. O. Stählin, München 1936, p 19.
[124] Clemens v. Alex. Bd. I, übers. v. O. Stählin, Einleitung pp. 24-25

in jeder Hinsicht vollkommen unveränderliches Licht sein wird." [125]

Wir sehen hier eine Mystik, welche die Erkenntnis über den Glauben stellt, wobei gnostische Spekulationen wie die heilige Siebenzahl eine Rolle spielen. Aber es fällt auf, dass das Schauen in einem Zustand der Vollkommenheit bereits in diesem Erdenleben möglich ist. Paulus sagt uns aber in 2.Kor.5,7, dass wir – gemeint während diesem Erdenleben – im Glauben wandeln und noch nicht im Schauen.
Nach Stromata in Buch 7, Kp.16 geht Clemens so weit, dass der Gnostiker gleichsam eine mystische Erfahrung machen kann, bei welcher er bereits während dieses Erdenlebens ein im Fleisch wandelnder Gott werden kann. So sagt er:

„Und wie derjenige, der sich unterweisen lässt, ...Homer zum Dichter, ... Demosthenes zum Redner, Aristoteles zum Naturkundigen, Platon zum Philosophen macht, so wird, wer dem Herrn gehorcht und der durch Ihn gegebenen Weissagung folgt, nach dem Ebenbild des Meisters vollkommen zu einem im Fleisch wandelnden Gott gemacht." [126]

Die an die Grenze des Mystizismus stossende Mystik wird bei Clemens auch sehr sakramental, so dass schon der Empfang der Eucharistie einen mit dem Licht des Logos vereinigt und einem Unsterblichkeit zuteilwird.
Bei Clemens findet man auch sehr gute und brauchbare Stellen über die Nachfolge Christi. Wir haben es bei ihm mit einer seltsamen Mischung von Gnosis und christlicher Botschaft zu tun. Es gilt, Clemens mit Vorsicht zu lesen.

2. Origenes

a) Biographisches

Origenes ist eine der ganz grossen Gestalten der Kirchengeschichte. Wenn er auch nicht im strengen Sinn zu den Kirchenvätern zählt, so ist er doch ein Theologe von überragendem Format, der trotz manchen fragwürdigen Anschauungen uns ein leuchtendes Beispiel sein darf wegen seiner Liebe zur Hl. Schrift und wegen seiner Hingabe an Jesus.
Die wichtigste Quelle für die Biographie von Origenes ist das sechste Buch der Kirchengeschichte des Eusebius von Cäsarea.
Um 185 wird Origenes in Alexandrien geboren.
Eusebius schreibt: *„Das Leben des Origenes scheint mir sozusagen schon*

---

[125] Clemens v. Alex., Stromata VII,10,57; Bibliothek der Kirchenväter Bd.V, übers. v. O. Stählin, München 1938, pp. 62-63
[126] Clemens v. Alex., Stromata VII,16,101; op. cit., pp. 104-105

von den Windeln an erwähnenswert zu sein.“ [127]
Diesem Erwähnenswerten wollen wir nun im Sinn eines groben Überblickes nachgehen. Origenes war noch nicht 20 Jahre alt, als sein Vater unter Kaiser Severus wegen seines christlichen Zeugnisses eingekerkert wurde. Origenes liess sich vom Bekenntnis seines Vaters tief beeindrucken, und so wollte er sein Beispiel nachahmen und den Weg des Martyriums gehen. Ja, Origenes schrieb seinem Vater sogar einen Brief ins Gefängnis mit der Ermutigung auszuharren und sich ja nicht aus Rücksicht auf die Familie vom Glauben abspenstig zu machen.
Wir vernehmen von Eusebius im 2.Kp. seines sechsten Buches schon viel über den Eifer und die Disziplin geistlichen Lebens bei Origenes.
So schreibt der spätantike Kirchenhistoriker:

„Da er schon als Knabe in den göttlichen Schriften geschult wurde, hatte er bereits einen guten Grund zur Glaubenswissenschaft gelegt. In aussergewöhnlicher Weise hatte er sich dem Studium der Schrift hingegeben, da der Vater zu der gewöhnlichen Schulbildung hin gerade hierauf das Hauptaugenmerk gerichtet. Dieser hielt ihn vor allem dazu an, sich vor dem Studium der heidnischen Wissenschaften in der heiligen Weisheit zu üben. Täglich verlangte er von ihm, dass er Stellen der Schrift auswendig lerne und hersage. Dies war dem Knaben nicht zuwider. Er verlegte sich viel mehr mit grösster Freude darauf. Ja mit dem einfachen und oberflächlichen Lesen der Hl. Schrift war er nicht zufrieden, er suchte mehr und befasste sich bereits damals mit dem tieferen Sinn, so dass er dem Vater zu schaffen machte mit der Frage, was der hinter der inspirierten Schrift stehende Wille auszudrücken wünsche.“ [128]

Wenn wir der Affinität zur Mystik nachgehen wollen, so finden wir sie bei Origenes bereits in dieser Bemerkung des Eusebius, dass er zum tieferen Sinn der Bibel gelangen möchte, der über dem wörtlichen Sinn steht.
Nach dem Märtyrertod seines Vaters Leonides wurde das elterliche Vermögen vom Kaiser eingezogen. Origenes fand in der sozial misslichen Lage seiner Familie Zuflucht bei einer vermögenden Frau, die ihn wie einen Adoptivsohn behandelte. Diese Frau hatte einen weiteren Pflegsohn mit dem Namen Paulus, der häretische Ansichten vertrat. Origenes lernte so den Umgang mit einem Irrlehrer und fasste den Entschluss, die Vorschriften der Kirche zu beachten, um nicht ausserhalb ihrer Tradition zu geraten.[129] Origenes war erst 18 Jahre alt, als er die Nachfolge von Clemens v. Alexandrien in der Katecheten Schule in Alexandrien antreten durfte.
Nach dem Bericht des Eusebius war Origenes nicht einem falschen akademischen Stolz verfallen, obschon er von seiner profunden Bildung her

---

[127] Eusebius, Kirchengeschichte VI,2; Bibliothek der Kirchenväter Bd. II, München 1932, p 264
[128] Eusebius, Kirchengeschichte VI, 2, op. cit., p 265
[129] Eusebius, Kirchengeschichte VI, 2, op. cit., p 266

sich durchaus hätte rühmen können. War er doch auch Schüler des bedeutenden Philosophen Ammonius Sakkas, des Lehrers von Plotin.
Über alles Lehren war ihm die herzliche Gemeinschaft mit seinen verfolgten Geschwistern ein inniges Anliegen. Er kümmerte sich um diese und besuchte sie im Gefängnis, um ihnen Mut zuzusprechen, ihnen aber auch den Trost des biblischen Glaubens zu spenden.[130]
Origenes führte ein asketisches Leben und mit seinem einfachen Lebensstil vermochte er viele seiner Schüler zu beeindrucken, die er in evangelistischer Weise derart zu überzeugen vermochte, dass diese sogar das Martyrium auf sich nahmen. Eusebius sagt uns dazu folgendes:

„Den ganzen Tag nahm er die nicht geringen Mühen des Unterrichts auf sich, den grösseren Teil der Nacht widmete er dem Studium der göttlichen Schriften. Er führte ein möglichst entsagungsvolles Leben bald durch Fastenübungen, bald durch Beschränkung des Schlafes, dem er sich absichtlich keineswegs in einem Bette, sondern auf blosser Erde hingab... Mit einem Eifer, den man bei seinem Alter nicht hätte erwarten mögen, hielt er in Kälte und Entblössung aus und ging in seiner übertriebenen Anspruchslosigkeit bis zum Äussersten...“ [131]

Diese asketische Seite ist stark von der griechischen Philosophie gefördert worden, insbesondere von der platonischen Weisheitslehre eines Ammonius Sakkas, die dem Geist einen derartigen Stellenwert beimisst, dass der Leib nur noch eine geringfügige Bedeutung hat.
Die Askese des Origenes ging so weit, dass er jene Stelle in Matthäus 19,12 wörtlich interpretierte und sich selber entmannte.[132] Origenes meinte auch deshalb, das tun zu müssen, weil in seinen Vorlesungen nicht nur Männer waren. Durch die Entmannung konnte er die erotisch-sexuellen Reize eliminieren und sich mit viel weniger Aufwand über die sinnlich-körperliche Ebene erheben, was ihm den Weg zu mystischen Erkenntnissen und Erfahrungen vermeintlich ebnete.
Origenes musste wegen des schrecklichen Blutbades, das Kaiser Caracalla in Alexandria in den Jahren 215/216 angerichtet hatte, fliehen. Er fand vorübergehend in Cäsarea Zuflucht, wo er an der dortigen Katecheten Schule unterrichten durfte. Obschon Origenes kein kirchliches Amt bekleidete, durfte er wegen seiner enormen theologischen Gelehrsamkeit in den Gottesdiensten in Cäsarea predigen. Sein Aufenthalt dauerte allerdings dort nicht lange. Der für Origenes zuständige Bischof von Alexandrien verlangte nach dem Abflauen der Verfolgung die Rückkehr des Origenes. Dieser kehrte um 217 nach Alexandrien zurück, um seine Lehrtätigkeit an der dortigen Katecheten Schule fortzusetzen. Es ist anzunehmen, dass die

---

[130] Eusebius, Kirchengeschichte VI, 3, op. cit., p 267
Zu Ammonius Sakkas siehe VI,19, p 285
[131] Eusebius, Kirchengeschichte VI, 3, op. cit., p 268
[132] Eusebius, Kirchengeschichte VI, 8, op. cit., p 272

Mystik des Origenes nicht nur durch seine aussergewöhnlich intensiven Bibelstudien gefördert wurde, sondern ebenso sehr durch seine Beschäftigung mit heidnischer Philosophie. Jedenfalls ging eine erleuchtende Kraft vom Theologie und Philosophie lehrenden Origenes aus, was der 80 Jahre später geborene Eusebius wie folgt bezeugt:

„Damals wurde auch Ambrosius, ein Anhänger der Häresie Valentins, durch die von Origenes verkündete Wahrheit überführt, so dass er, wie von einem Lichte innerlich erleuchtet, zur wahren Lehre der Kirche übertrat...Zahlreiche Häretiker und nicht wenige von den angesehensten Philosophen hörten mit Eifer ihm zu und liessen sich von ihm ebenso in den göttlichen Dingen wie auch in der heidnischen Philosophie unterrichten...Auch viele von den minder Begabten veranlasste er zum Studium der allgemeinen Wissenschaften, indem er ihnen erklärte, dass sie damit eine nicht wenig nützliche Unterlage für das Verständnis der göttlichen Schriften gewännen. Aus diesem Grunde hielt Origenes die Pflege der weltlichen Wissenschaften und der Philosophie auch für sich selbst für sehr notwendig.“ [132]

Askese und spekulative, d.h. vor allem neuplatonische Philosophie, gehören mit seinen minutiösen biblischen Kenntnissen zusammen zu den Wurzeln der Mystik des Origenes.
Eusebius sagt von Origenes in Bezug auf seine Vorlesungen, dass ihm die Philosophen mit Eifer zuhörten. Das heisst, dass seine Gedankengänge nicht trocken waren, sondern begeisternd, was zur Disposition eines Mystikers gehört. Die Mystik des Origenes will in eine das Durchschnittliche durchbrechende Weite vordringen. Die Voraussetzungen dazu waren für Origenes einzigartig. Origenes hatte es nicht nur mit profilierten Philosophen, Theologen und sonstigen Wissenschaftlern zu tun, er kam auch in Berührung mit politischen Grössen wie mit der Mutter des Kaisers Alexander Severus, mit Julia Mamäa, einer gottesfürchtigen Frau. Diese wollte den wegen seiner Gottesgelehrtheit fast legendären Origenes selber kennen lernen und so reiste er zu ihr nach Antiochien. Eusebius berichtet darüber:

„Indessen hatte sich der Ruf des Origenes überallhin so sehr verbreitet, dass er auch zu Ohren der Mamäa, der Mutter des Kaisers, drang. Gottesfürchtig, wie sie war, lag dieser Frau viel daran, den Mann von Angesicht zu Angesicht zu sehen und eine Probe seiner allgemein bewunderten theologischen Kenntnisse zu erhalten. Während sie sich nun in Antiochien aufhielt, liess sie ihn unter militärischem Schutz zu sich kommen. Origenes weilte einige Zeit bei ihr und unterrichtete sie in gar vielem zur Ehre des Herrn...“ [133]

Origenes liess sich nicht von Bitterkeit erfüllen, als ihm die Gültigkeit der Priesterweihe von seinem zuständigen Bischof Demetrius aus Alexandrien

[132] Eusebius, Kirchengeschichte VI, 18, op. cit., p 283
[133] Eusebius, Kirchengeschichte VI, 21, op. cit., p 289

abgesprochen wurde, weil er um 230 auf einer Reise in Cäsarea die höheren Weihen von einem andern Bischof erhalten hatte. Bischof Demetrius schloss Origenes deswegen von seiner Gemeinde in Alexandrien aus.[134] Der grosse Gelehrte sah seine Aufgabe im weiteren Ausbau der Katecheten Schule in Cäsarea, wo er den Rest seines Lebens verbrachte, das er mit dem Martyrium in der Christen Verfolgung unter Kaiser Decius besiegelte. Das geschah ums Jahr 250.

Eusebius erwähnt nur allgemein, dass Origenes physische Folterqualen durch Ketten und Fessel der Füsse erleiden musste sowie psychische Ängste durch Drohungen mit dem Feuertod.[135]

Diese kurzen biographischen Angaben zeigen uns Origenes als eine integre Person, die zur Ehre Christi grosse Opfer auf sich genommen hat. Es ging Origenes in erster Linie darum, mit seinem immensen Wissen auch gebildete und skeptische Menschen über die Hl. Schrift sowie über die Philosophie zu einer verbindlichen Glaubensgemeinschaft mit Jesus zu führen. Origenes gab mit seinem ganzen Verhalten ein Beispiel dafür, dass Wissen und Leben sich nicht widersprechen dürfen.

b) Mystik bei Origenes

Die Grundhaltung gegenüber der Hl. Schrift ist bei Origenes von tiefer Ehrfurcht geprägt, was nicht nur sein tägliches Bibelstudium zeigt, sondern vor allem auch seine Hexapla. Diese ist eine Bibelübersetzung in 6 Kolumnen, wobei zur hebräischen Kolumne des AT eine Kolumne mit griechischer Umschreibung kommt und hernach in vier weiteren Parallelkolumnen der Text des Auquila, des Symmachus, der Septuaginta und des Theodotion. Damit will Origenes meines Erachtens aufzeigen, dass die subtile philologische Arbeit am Text durch verschiedene Vergleiche gewisse Abweichungen zeigt, welche eine allegorische, auf einen höheren Sinn hinweisende Interpretation erlaubt; denn die durch die Vergleiche herauskristallisierten Abweichungen sind nach Origenes auf Verfälschungen und Zutaten der Juden zurückzuführen.[136] Diese auf einen höheren Sinn hin tendierende sog. allegorische Auslegungsmethode hat Origenes vom jüdischen Theologen und Philosophen Philo (20 v. Chr.–50 n. Chr.) übernommen. Eine der wichtigsten Stellen für eine mystische, teilweise sogar mystizistische Bibelauslegung finden wir bei Origenes in seinem Hauptwerk „de principiis" 4,2, wo er folgende Auffassung vertritt: Wie der Mensch aus Leib, Seele und Geist zusammengesetzt ist, so muss man auch in dem göttlich inspirierten Organismus der Hl. Schrift, der Wohnstätte

[134] Eusebius, Kirchengeschichte VI, 8 und VI, 23, op. pp. 272–73; pp. 290–91

[135] Eusebius, Kirchengeschichte VI, 39, op. cit., pp. 302–303

[136] Origenes, Bd. I, Bibliothek d. Kirchenväter Bd.48, übers. von Paul Koetschau, München 1926, siehe Einleitung pp. XXII + XXIII

des Logos, einen dreifachen Sinn finden: einen buchstäblichen, einen psychischen und einen pneumatischen Sinn. Nur durch den Hl. Geist wird einem der pneumatische Sinn erschlossen.[137] Die ungebildeten und bescheidenen Christen bleiben beim wörtlichen Sinn der Hl. Schrift stecken, sie können höchstens zum psychischen Sinn der Schrift vordringen, also zur Pistis, zum Glauben. Ihnen bleibt aber der höhere pneumatische Sinn verschlossen. Es ist der Logos, der wahre Erleuchtung bringt und sogar zum Schauen, zur Theoria führt.[138]
In seiner an Celsus gerichteten Apologie vertritt Origenes diese gnostische Unterscheidung von gewöhnlichen und aussergewöhnlichen Christen. Paulus zitierend sagt Origenes:

„*Dem einen nämlich wird durch den Geist verliehen das Wort der Weisheit, einem andern aber das Wort der Erkenntnis, einem andern aber der Glaube in demselben Geist* (1.Kor. 12,8–9). *Deshalb eben dürfte man wohl nicht finden, dass die gewöhnlichen Leute im Besitz der göttlichen Weisheit sind, sondern nur die unter allen Anhängern des Christentums hervorragenden und ausgezeichneten Männer; auch trägt niemand Leuten, die ganz ungebildet oder Sklaven oder ganz unwissend sind, die Lehren der göttlichen Weisheit vor.*“ [139]

Einige Stellen aus zwei kleineren Werken von Origenes möchten uns etwas von seiner mystischen Haltung aufzeigen. Zuerst wenden wir uns seinem Traktat „vom Gebet“ zu. Anlass zur Abfassung dieser Schrift ist eine damals sich verbreitende Meinung gewesen, das Gebet sei nutzlos und deshalb nicht wichtig. Ein naher Freund von Origenes, Ambrosius – nicht zu verwechseln mit dem bedeutenden Kirchenvater, der Augustinus zum Glauben führen durfte – Ambrosius forderte ihn auf, dieser irreführenden Meinung mit einem Buch über diese Thematik entgegenzuwirken. Ambrosius, der ein Anhänger des Gnostikers Valentin gewesen war, kam durch den Unterricht des Origenes zum lebendigen Glauben. Als reicher Mann unterstützte er Origenes und trieb diesen immer wieder an, als theologischer Schriftsteller möglichst viele Früchte hervorzubringen. Origenes bezeichnet ihn wegen seines Motivationseifers als „Fronvogt bei seinen Arbeiten.“
Bemerkenswert ist, dass Origenes sich in seiner Einleitung zu dieser Schrift „übers Gebet“ auf die Stelle von 2.Kor.l2,l–5 stützt. Origenes knüpft bei der sehr verständlichen rationalen Frage an, wie es denn überhaupt möglich sei, dass der durch seinen Leib beschwerte Mensch sich mit der übernatürlichen Sphäre in Verbindung setzen kann. Origenes schreibt folgendes:

---

[137] Origenes, Bd. I, op. cit., Einleitung p xxix
[138] Origenes, Bd. I, op. cit., Einleitung p xxx
[139] Origenes, Bd. III, Gegen Celsus VI,13, übers. v. P. Koetschau, Bibliothek d. Kirchenväter, Bd.53, München 1927, p 112

„Was dem Verständnis der sterblichen Vernunftwesen wegen Seiner Grösse und übermenschlichen Art und Seiner unendlichen Überlegenheit über unsere dem Todesgeschick verfallene Menschennatur unerreichbar ist, das wird bei der unermesslichen Fülle der von Gott auf die Menschen ausgegossenen göttlichen Gnade nach der Absicht Gottes erreichbar... Der vergängliche Leib beschwert ja die Seele, und das irdische Zelt lastet auf dem viel sinnenden Geist. ...Wer könnte wohl leugnen, dass es für den Menschen unerreichbar ist, das Himmlische auszuspüren? ... Aber trotzdem wird das Unmögliche durch die überragende Gnade Gottes möglich. Denn der in den dritten Himmel Entrückte hat doch wohl den Inhalt der drei Himmel ergründet, da er unaussprechliche Worte hörte, die wiederzugeben einem Menschen nicht gestattet war... Wenn aber keiner das Wesen Gottes kennt, ausser der Geist Gottes, so ist es unmöglich, dass der Mensch das Wesen Gottes kennt. Überlege jedoch, wie auch dies möglich wird." [140]

Um der Sache nach den Bogen zur Mystik zu spannen, braucht Origenes sehr geschickt die Stelle von 2.Kor.12. Bei der Mystik geht es um diese geistliche Quadratur des Kreises, die der Mensch niemals aufgrund seiner Weisheit oder seines Willens vollbringen kann. Origenes steigert in seiner Einleitung für die Leser die Erwartungshaltung. Origenes will ja aufzeigen, wie das Unmögliche möglich wird. Und so gibt er bereits eine erste Antwort auf diese Frage mit dem Hinweis auf 1.Korinther 2,11, indem er schreibt:

„Wir aber, sagt der Apostel, haben nicht den Geist der Welt empfangen, sondern den Geist, der aus Gott ist, damit wir erkennen, womit uns Gott begnadet hat...nun bin ich überzeugt, dass zu den unmöglichen Dingen mit Rücksicht auf unsere Schwäche auch die Abfassung einer genauen und der Gottheit würdigen Gesamtlehre vom Gebet gehört." [141]

Origenes legt uns in seinem Traktat eine echt biblische Gebetsmystik vor. Er kommt auf die richtige Haltung im Gebet zu sprechen und zitiert Paulus mit Römer 8,26 und kommentiert diese Stelle:

„Das aber, was wir beten sollen nach Gebühr, das wissen wir nicht. Und auch dies fügt er zu seinen Worten hinzu, woher das Fehlende für den ergänzt wird, der es nicht kennt, aber sich für das Fehlende in ihm würdig vorbereitet hat; Paulus sagt nämlich: Der Geist selbst tritt mit unaussprechlichen Seufzern Gott gegenüber für uns kräftig ein... da er aber gemäss der in ihm wohnenden Weisheit unsere bis zum Staub erniedrigte und in dem Leib der Erniedrigung eingeschlossene Seele sieht, so tritt er Gott gegenüber nicht mit den gewöhnlichen Seufzern, sondern mit gewissen unaussprechlichen Seufzern

---

[140] Origenes, Vom Gebet, Bd. I, übers. v. P. Koetschau, Bibliothek der Kirchenväter, Bd. 48, München 1926, pp. 7-8
[141] Origenes, vom Gebet, op. cit., p 9

kräftig für uns ein, die mit den unsagbaren Worten zusammenhängen, welche auszusprechen einem Menschen nicht gestattet ist.“ [142]

Das Unaussprechbare wird hier im Gebet für Origenes wichtig, wobei er sich mit gutem Recht auf Paulus stützen kann.
Dem Unaussprechbaren im Gebet zu begegnen, ist typisch für die Mystik. Origenes will in seiner mystischen Gebetstheologie beim Apostel Paulus bleiben. So gibt er die Erkenntnis des Apostels weiter, dass der Hl Geist und der Verstand nicht gegeneinander ausgespielt werden dürfen. Beide sind für das Gleichgewicht nötig. 1. Kor. 14,15 und I.Kor.2, 10 kommentierend zeigt Origenes seine Ansicht vom mystischen Gebet und führt uns gleichsam auf einen Höhepunkt:

„Ich werde beten mit dem Geist, ich werde aber auch beten mit dem Verstand; ich werde lobsingen mit dem Geist, ich werde aber auch lobsingen mit dem Verstand. Denn unser Verstand kann gar nicht beten, wenn nicht vor ihm der Geist gleichsam in Hörweite von ihm gebetet hat, ebenso wie er auch den Vater in Christus nicht mit dem Saitenspiel besingen und in schönem Takt und wohllautend und im rechten Mass und harmonisch lobpreisen kann, wenn nicht der Geist, der alle Dinge, auch die Tiefen Gottes erforscht, vorher diesen besungen und gepriesen haben wird, dessen Tiefen er erforscht und nach seinen Kräften erfasst hat.“ [143]

Der Höhepunkt ist mit dem Hinweis auf das Erforschen der Tiefen Gottes angesprochen. Damit haben wir es mit einem Bestandteil zu tun, der zum Kern der Mystik und des mystischen Gebetes gehört. Hier sind wir immer noch auf biblischem Grund.
Für Origenes ist wichtig, dass der Betende um Gott als den Gegenwärtigen weiss und Seiner Aufmerksamkeit gewiss ist. So sagt er:

„Und zuerst hat der innerlich zum Gebet Gesammelte unbedingt einen Nutzen, wenn er gerade durch seine Gebetshaltung ausdrückt, dass er sich vor Gott hinstellt und zu Ihm, dem Gegenwärtigen, redet, in der Überzeugung, dass Gott ihn sieht und hört.“ [144]

Origenes geht nun aber so weit, dass er in eine gefährliche Nähe zur Grenze des Mystizismus gelangt, wenn das Gebet zu einem geistigen Höhenflug führen soll, der den Betenden vom Körper trennt. Origenes lehnt sich an jene Stelle von 2.Kor.3,18 an, wo Paulus davon spricht, dass der Glaubende die

---

[142] Origenes, vom Gebet, op. cit., p 12
[143] Origenes, vom Gebet, op. cit., pp. 12-13
[144] Origenes, vom Gebet, Erster Teil, op. cit., p 33

Herrlichkeit des Herrn wiederspiegelt und in Sein Bild verwandelt wird. Paulus schreibt dort folgendes:

„Wir alle aber spiegeln mit aufgedecktem Angesicht die Herrlichkeit des Herrn wider und werden dadurch in dasselbe Bild verwandelt von Herrlichkeit zu Herrlichkeit wie von dem Herrn aus, welcher Geist ist. "

Origenes versteht die Stelle in der Richtung, dass der Glaubende, der sich im Gebet zu Gott erhebt, die nach der Schöpfungsordnung gewollte Begrenzung des Körpers hinter sich lassen, sich also vom Leib trennen kann. Der Gedanke geht aber so weit, dass die Seele ihr Wesen ablegt. Was das bedeutet, werden wir noch sehen. Lassen wir Origenes selber zu uns sprechen:

„Denn wenn die Augen des Geistes sich erheben, sich von dem Verkehr mit dem Irdischen...entfernen und sich so weit nach oben richten, dass sie sogar über die Schöpfung hinwegsehen und sich einzig darum bemühen, Gott zu betrachten und mit Ihm, dem Hörenden, würdig und geziemend Gemeinschaft zu pflegen: wie sollte daraus nicht schon der grösste Nutzen für diese selbst erwachsen, die ihre Augen emporheben, die mit enthülltem Angesicht die Herrlichkeit des Herrn wie im Spiegel schauen und in dieses selbe Bild verwandelt werden von Herrlichkeit zu Herrlichkeit? Denn sie nehmen dann teil an einem gewissen geistigen Ausfluss von göttlicher Art... Wenn aber die Seele sich emporhebt, dem Geiste folgt und sich vom Körper trennt, und nicht nur dem Geiste folgt, sondern auch in ihm weilt,...wie sollte sie da nicht bereits ihr Wesen als Seele ablegen und geistig werden?" [145]

Diese Aussage von Origenes beinhaltet, dass die Seele ihr Wesen aufgibt und ganz Geist wird. Die Seele ist aber nach platonischer Auffassung der Träger der Emotionen, der Gefühle. In der Mystik finden wir immer wieder das von Emotionen freie Beten, was ein Zustand höchster Erhabenheit bedeutet. Damit ist aber eine wichtige von der Schöpfungsordnung gegebene Dimension ausgeklammert. Zu den Emotionen gehören doch Werte, die man nicht aufgeben möchte, Werte, welche zum Erlebnishaften im Gebet gehören wie Freude, Begeisterung, Liebe, Geduld usw. Dass destruktive emotionale Elemente überwunden werden müssen vor allem durchs Gebet, ist klar. Wir denken an Hass, Neid, Gier, Unversöhnlichkeit usw.
Bei Ongenes finden wir eine sehr fruchtbare Erkenntnis, wenn er I.Thess.5, 17 (*„Betet ohne Unterlass"*) dahin interpretiert, dass das ganze Leben des Frommen ein einziges, grosses, zusammenhängendes Gebet sein müsse.[146]
In der Mystik des Mittelalters finden wir diesen Gedanken von der praktischen Lebensführung als Art von Gebet bei verschiedenen namhaften geistlichen Schriftstellern

---

[145] Origenes, vom Gebet, Erster Teil, IX,2, op. cit., p 36
[146] Origenes, vom Gebet, Erster Teil, XII,2, op. cit., p 43

Im Zweiten Teil seines Traktates „vom Gebet" teilt Origenes mit uns seine Gedanken über das „Unser Vater". In diesem Teil kommen die mystischen und teilweise mystizistischen Gedanken besonders zum Zug. Die uns im „Unser Vater" begegnende Bitte „Dein Reich komme" versteht Origenes vor allem als eine Verheissung, die sich im Innern der Seele bewahrheiten wird. Johannes 14,23 dient ihm als wichtige Belegstelle für diese Spiritualisierung der Ankündigung vom Reich Gottes. Origenes meint dazu:

„Wenn das Reich Gottes nach dem Wort unseres Herrn und. Heilandes nicht mit Aufsehen kommt und man nicht sagen wird: ‚siehe hier ist es oder siehe dort', sondern wenn das Reich Gottes unter uns ist... – so betet offenbar, wer um das Kommen des Reiches Gottes betet, vernünftigerweise darum, dass das in ihm befindliche Reich Gottes emporwachsen und Frucht bringen und vollendet werden möge...Zugegen ist bei ihm der Vater, und mit dem Vater herrscht Christus in der vollkommenen Seele nach dem Schriftwort ‚Wir werden zu ihm kommen und Wohnung bei ihm machen'. Und ich glaube, dass mit Reich Gottes der selige Zustand des herrschenden Willens und die Ordnung der weisen Gedanken gemeint ist..." [147]

Bei der Bitte ums tägliche Brot im Unser Vater sieht Origenes in erster Linie das geistliche Brot, nämlich das Wort Gottes. Indem der Gläubige das Wort wie Brot in sich aufnimmt, geschieht eine Teilhabe an der Gottheit, die weitergeht als das Sichtbarmachen unserer Ähnlichkeit oder Ebenbildlichkeit mit Ihm. Mit dem, was nun Origenes sagt, bewegt er sich in Richtung Mystizismus:

„Während nun ... eine so grosse Verschiedenheit in den Speisen besteht, gibt es im Vergleich zu allen genannten nur ein einziges tägliches Brot, um das wir beten müssen, damit wir seiner gewürdigt, und genährt durch das Wort, das als Gott im Anfang bei Gott war, vergöttlicht werden." [148]

Die Hl. Schrift macht sich immer wieder stark für das Hervorheben des Unterschiedes zwischen Schöpfer und Geschöpf. Das Streben nach „Vergottung" wird mit aller Entschiedenheit in Genesis 3,5 gebrandmarkt. Es gibt die Stelle von 1. Johannes 3,2, die Origenes für sich in Anspruch nehmen könnte. Doch sobald man die Selbstinterpretation der Bibel beachtet, verliert diese Stelle an Gewicht. Origenes sah vor allem in der LXX die wahre inspirierte Fassung des AT. Und ausgerechnet die LXX wiedergibt Psalm 8,5+6 wie folgt: *„Was ist doch der Mensch, dass Du seiner gedenkst und des Menschen Kind, dass Du dich seiner annimmst? Du machtest ihn wenig geringer als Engel... "* In der Hierarchie der

---

[147] Origenes, vom Gebet, Zweiter Teil, XXV,1, op. cit., pp. 86-87
[148] Origenes, vom Gebet, Zweiter Teil, XXVII,13, op. cit., pp. 105-106

Schöpfung kommt der Mensch nach den Engeln. Die LXX hätte also Origenes in die Schranken weisen müssen.
Welche innige Verbindung Origenes zu Jesus pflegt, kommt auch schön in seiner Schrift „Ermahnung zum Martyrium“ [149] zum Ausdruck. Die Schrift ist zur Zeit der Christenverfolgung unter Maximinus Thrax um 235 entstanden. Mit einer Inbrunst sondergleichen ermutigt Origenes, die Seele als Braut zu verstehen, die aus Liebe zum Bräutigam bereit ist, sich vom Leib zu trennen. Wenn auch Origenes der Bedeutung des Leibes nicht gerecht wird und in Bezug auf das Schriftverständnis die Allegorie die Auslegung beherrscht, was das Selbstverständnis der Hl. Schrift verdunkelt, so gibt es bei diesem grossen Gelehrten viel zu würdigen.
Wie er als Mensch und als Lehrer auf seine Schüler gewirkt hat und was diese von ihm an Reichtum der Erkenntnis mitnehmen durften, das erörtert in ergreifender Weise ein Schüler des Origenes, Gregor der Wundertäter, genannt Taumaturgus (213–270). Dieser studierte bei Origenes an der Katecheten Schule in Cäsarea (Palästina). In seiner „Lobrede auf Origenes“ [150] erhalten wir ein sehr lebendiges Bild dieses Gottesmannes.
In seiner Kirchengeschichte stellt Armin Sierszyn den Origenes sehr fair dar. Er hebt folgendes hervor:
Origenes anerkennt die volle Inspiration der Bibel.
Er anerkennt das Glaubensbekenntnis.
Er kämpft gegen Irrlehrer und führt viele von diesen zum wahren Glauben.
Er leistet Grosses als Exeget (Hexapla).
Er ist ein sehr gutes Vorbild für die Christusnachfolge.
Er leidet und stirbt um Christi willen.
Sehr treffend und ihm gerecht werdend sagt Prof. Sierszyn: *„Wo bei den Menschen viel Licht ist, da ist eben auch viel Schatten. Origenes hat mit seinem Herzen Christus geliebt bis in den Tod. Und diese Liebe ist schliesslich doch immer noch grösser als alle Erkenntnis oder Fehlerkenntnis.“* [151]

3. Augustinus [152]

a) Einige wesentliche Punkte seines Lebens

Augustinus wird 354 im nordafrikanischen Tagaste, einer kleinen Stadt im heutigen Algerien, geboren. Sein Vater ist nicht Christ, doch seine Mutter Monika lebt den christlichen Glauben mit Überzeugung. Die Familie ist nicht reich. Augustins Studium ist nur dank Stipendien möglich. In Karthago fängt

---

[149] Origenes, Ermahnung zum Martyrium, Bd. I, Bibliothek der Kirchenväter, übers. v. Paul Koetschau, München 1926, pp. 154–211

[150] Gregor Thaumaturgus, Lobrede auf Origenes, übers. v. J. Stiglmayr, Bibliothek der Kirchenväter, München 1911, pp. 1–49

[151] Armin Sierszyn, Kirchengeschichte Bd. I, Stuttgart 1995, p 188

[152] A. Hamman, die Kirchenväter, Augustin, Herder, Freiburg im Br. 1967, pp. 156–166

er im Jahr 371 ein Studium für Recht und Rhetorik an. Seine literarische Vorliebe ist Vergil, vor allem dessen Aeneas, aber auch Cicero fesselt ihn. Dieser weckt in ihm die Liebe zur Weisheit. Die Lektüre der Bibel hingegen stösst ihn ab, da ihm ihre Sprache ungehobelt vorkommt. Vorübergehend lässt er sich von der Sekte der Manichäer gefangen nehmen, eine Art von Gnosis, die eine totale Weltverneinung mit strenger Aszese verlangt. Starke mystizistische Elemente sind vorhanden durch die in dieser Glaubensgemeinschaft vertretenen Lehren von der Reinkarnation und von mit Lichtkräften gesättigten Speisen, die den Menschen beim Verzehren auf dem Weg zur Vergeistigung besonders vorwärts bringen sollen. Augustinus blieb dieser Sekte allerdings nicht lange treu, da diese seinen geistigen Hunger nicht zu stillen vermochte. Nach 13-jähriger Tätigkeit als Professor für Recht und Rhetorik in Thagaste sucht er eine bessere Stellung und mit dieser Absicht sieht er sich in Karthago und Rom um. Schliesslich zieht es ihn nach Mailand, weil er vom dortigen Bischof Ambrosius hört, der mit seinen wortgewaltigen Predigten bei unzähligen Menschen einen nachhaltigen Eindruck hinterlässt. Beim Besuch seiner Predigten wird Augustin von der Redegewalt dieses Bischofs hingerissen. Aber gleichzeitig lässt sich Augustin von der Mystik der Enneaden Plotins beeindrucken. Auch die Lektüre der Lebensbeschreibung des Wüstenvaters Antonius (251–356) von Athanasius dem Gr. (296–373) nimmt ihn gefangen. Und schliesslich weiss er um das unermüdliche Gebet seiner Mutter Monika, die um das Heil der Seele ihres Sohnes fleht. Alle diese Faktoren wirken gewaltig auf ihn ein und werden zu einer enormen Herausforderung.

Augustin macht ganz besonders sein Hang zur Sinnlichkeit zu schaffen, die er als „concupiscentia“ bezeichnet, als von Gott trennende sexuelle Begehrlichkeit. Für ihn ist diese „concupiscentia“ so etwas wie der besondere Exponent von Sünde, dem nur mit Askese und Kontemplation beizukommen ist.

Beim Lesen der von Athanasius verfassten Mönchsbiographie über den Wüstenvater Antonius fühlt sich Augustin voll verstanden. Er erlebt die Sinnlichkeit wie Antonius in der Form aggressiver Bestien. Die Überwindungstheologie und Überwindungsethik findet er grösstenteils im Vorbild dieses Wüstenvaters, aber auch in den mystischen Höhenflügen, die ihm die Enneaden Plotins ermöglichen.

Schliesslich legt Augustinus sein Amt als Rhetoriker nieder und zieht sich mit seiner Mutter Monika und seinem unehelichen Sohn Adeodatus nach Cassiacum in die Stille zurück, Cassiacum, ein Landgut eines Freundes 30 Kilometer nördlich von Mailand.

In der Osternacht am 23. April 387 lässt sich Augustinus von Bischof Ambrosius taufen. Auf der Rückreise nach Nordafrika stirbt seine Mutter Monika. Augustin kehrt erst 388 in seine Heimat Nordafrika zurück. Er verkauft sein elterliches Erbe und führt mit gleichgesinnten Freunden während 3 Jahren (388–391) ein monastisches Leben, in dem er sich in der Askese übt und sich der Kontemplation philosophischer Schriften widmet.

Für ihn fängt 391 ganz unerwartet ein neuer bedeutungsvoller Lebensabschnitt an, als er während eines Gottesdienstes in der Stadt Hippo vom dortigen Bischof Valerius zum Priester vorgeschlagen wird und die anwesende Gemeinde einstimmig die Ordination fordert. Der sich zuerst dagegen sträubende Kandidat gibt endlich nach. Anstatt in der Zurückgezogenheit ein beschauliches Leben eines Gelehrten zu führen, muss sich Augustin nun mit der Härte des Gemeindelebens auseinandersetzen mit all den oft unerfreulichen Alltagsproblemen. Gerade in der Auseinandersetzung mit einfachen, aber auch nach Wahrheit suchenden Menschen, wird Augustin dazu herausgefordert, sich eingehend mit der Hl. Schrift und der Tradition zu befassen, um seiner ihm anvertrauten Herde das Fundament des Glaubens geben zu können. Nach 5 Jahren Gemeindearbeit empfängt er die Bischofsweihe und wird Nachfolger von Valerius in Hippo Regio, der zweitwichtigsten Stadt Nordafrikas. Seine Aufgaben sind mannigfaltig. Predigt – und Katecheten Dienst sowie Seelsorge, aber auch die Organisation sozial–diakonischer Einsätze für Arme und Waisen beanspruchen einen wesentlichen Teil seiner Zeit. Trotz der drückenden beruflichen Pflichten gelingt es ihm, seinen Drang nach theologischer Forschung zu befriedigen. Seine geniale theologische Bildung kommt ihm zugute in den bedeutenden theologisch geprägten kirchenpolitischen Auseinandersetzungen in Nordafrika und in Rom.
Augustinus stirbt im Jahr 430 in der Stadt Hippo Regio während der Belagerung durch die arianischen Vandalen.
Das von Augustin hinterlassene theologische Vermächtnis hat eine Wirkungsgeschichte von enormem geistesgeschichtlichem Ausmass.
Es sind 113 Schriften und 218 Briefe.
Die grosse Bedrohung durch die Plünderung Roms durch den Westgotenkönig Alarich im Jahr 410 wird zum Anlass der Abfassung von Augustins Hauptwerk „De civitate Dei“, wo er die Notwendigkeit des Staates als Ordnungsfaktor in einer gefallenen Welt und Gesellschaft aufzeigt.
Dogmatische Fragen behandelt Augustin in konzentrierter Form in seinem Werk „de doctrina christiana“. Sein wahrscheinlich wichtigstes Vermächtnis in dogmatischer Hinsicht ist die Lehre von der Rechtfertigung allein durch Gnade und Glauben, die in der 20 Jahre lang dauernden Auseinandersetzung mit Pelagius entstanden ist. Der aus Britannien stammende Pelagius lehrte, der Mensch habe trotz des Sündenfalls noch genug Potential in sich, um durch eigene Anstrengung den Grad der Vollkommenheit zu erreichen. Der Wille des Menschen sei völlig frei.
Zu den sehr einflussreichen Werken gehört weiterhin „de trinitate“, wo Augustin sich eingehend mit dem Gottesbegriff und der trinitarischen Struktur des lebendigen Gottes auseinandersetzt. Augustin bezeichnet übrigens diese umfangreiche Schrift als sein wichtigstes Werk.
Wenn Augustin teilweise in seinen Schriften auch polemisch ist – besonders in Bezug auf Pelagius und die Donatisten – so gleicht er das aus mit seiner pastoralen Wärme. Das ergreifendste und zugleich populärste Buch

Augustins sind aber seine „Confessiones“, seine „Bekenntnisse“, in denen er von den Jahren seit seiner Geburt bis zum Tod seiner Mutter berichtet (356–387). Es ist vor allem dieses Werk, wo wir Augustinus als Mystiker begegnen.

b) Augustin als Mystiker

In den „Bekenntnissen“ finden wir die Ausmalung verschiedener Seelenzustände; sie sind die Geschichte eines Seelen – und Herzenslebens mit dem lebendigen Gott.[153] Vermischt mit den geschilderten teilweise mystisch geprägten Erfahrungen finden wir immer wieder autobiographische Züge. Wenn wir jetzt einige Kostproben seiner Mystik aus den „Confessiones“ geben wollen, so ist mir folgende Aussage von Adalbert Hamman wichtig, weil diese dazu hilft, in einer mehr bewundernden Haltung an Augustin heranzugehen als in einer einseitig rational kritischen.

„Zu reich angelegt ist dieser ungewöhnliche Mensch, als dass wir es wagen könnten, ihn in eine Formel zu fassen, zu wahrhaftig und deshalb zu entwaffnend, als dass wir ihm seine Übertreibungen und seine Grenzen nicht verzeihen müssten.“ [154]

Wenn wir die „Bekenntnisse“ lesen, so begegnen wir Reflexionen, Lobpreis, innigen Erlebnissen mit Gott.
Wir sehen deutlich, wie Augustin sich teilweise vom Neu Platonismus eines Plotin beeinflussen liess. In Buch VII,20 weist er daraufhin, was er von den Platonikern lernte:

„Damals aber, als ich jene Bücher der Platoniker gelesen und in ihnen die Aufforderung gefunden hatte, die Wahrheit ausserhalb der Körperwelt zu suchen, ward mir das Unsichtbare an Dir aus den erschaffenen Dingen erkennbar und sichtbar.... doch war ich noch allzu schwach, Dich zu geniessen...“ [155]

Sich von der körperlichen Welt abzuwenden, um geistig aufzusteigen, ist ein typisch plotinisches, ja eher mystizistisches als mystisches Element.
Ein für Augustin charakteristisches Merkmal in seiner Mystik ist die Erkenntnis des „frui Deo“, also Gott zu geniessen. Ich vermute, dass damit Augustin seine so intensive körperlich sinnliche Ausrichtung, die ihm ja schwer zu schaffen gemacht hat, auf die geistliche Ebene überträgt und vergeistigt. Augustin äussert sich in Bezug auf den Körper als hemmende Fessel für die Begegnung mit Gott sehr deutlich in Buch VII, 17, wo er sagt:

---

[153] Alfred Hoffmann, Augustin Einleitung zu den „Bekenntnissen“, Bd. VII; Bibliothek der Kirchenväter, Bd.18, München 1914, p VII
[154] A. Hamman, Die Kirchenväter, Herder Verlag, Freiburg im Br. 1967, p 165
[155] Augustin, Bekenntnisse VII, 20, op. cit., pp. 154–55

„Und ich erstaunte, dass ich Dich schon liebte und nicht mehr statt Deiner ein Trugbild; aber trotzdem verharrte ich nicht im Genusse meines Gottes, sondern bald liess ich mich durch Deine Schönheit zu Dir hinreissen, bald durch meine Schwere wieder von Dir wegziehen··· diese Schwere war die fleischliche Gewohnheit. Doch der Gedanke an Dich verliess mich nicht, und fest war meine Überzeugung, dass es ein Wesen gebe, dem ich anhängen müsse, dass ich aber noch nicht fähig sei, Ihm anzuhangen, weil der vergängliche Körper die Seele beschwert und die irdische Hülle den vieldenkenden Geist niederdrückt.“ [156]

Diese negative Haltung gegenüber dem Leib ist typisch für Plato und insbesondere Plotin, bei dem geistige Höhenflüge mystizistischer Art in den Enneaden ein Hauptthema sind. Augustin weiss sich aber in erster Linie der Hl. Schrift verpflichtet, welche für ihn die höchste Autorität ist. Diese Haltung bewahrt Augustin davor, seine übernatürlichen Erlebnisse in Konkurrenz zur Bibel zu setzen. Augustin, der sich so sehr mit den Platonikern beschäftigt hat, vorwiegend mit Plotins Enneaden, bekennt, was er bei den Platonikern im prinzipiellen Unterschied zur Bibel nicht gefunden hat. So schreibt er in den Bekenntnissen Buch VII, 9 folgendes:

„Denn Du hast mir durch einen von unbändigem Stolz aufgeblasenen Menschen einige Bücher der Platoniker verschafft, die aus dem Griechischen ins Lateinische übersetzt waren... ‚Er kam in Sein Eigentum, und die Seinigen nahmen Ihn nicht auf; wie viele Ihn aber aufnahmen, all denen gab Er die Macht, Gottes Kinder zu werden, weil sie an Seinen Namen glauben ' – das habe ich nicht darin (in diesen platonischen Büchern) *gelesen...aber dass das Wort Fleisch geworden ist und unter uns gewohnt hat, das habe ich nicht dort gelesen...dass ‚Er aber sich selbst erniedrigt hat, und den Menschen gleich und im Äussern als ein Mensch erfunden ward und Knechtsgestalt angenommen, dass Er sich erniedrigte und gehorsam ward bis zum Tod, ja zum Tod am Kreuz, weshalb Ihn Gott erhöht und Ihm einen Namen gegeben hat, der über alle Namen ist, so dass im Namen Jesu sich beugen die Knie aller derer, die im Himmel, auf Erden und in der Unterwelt sind, und alle Zungen bekennen, dass der Herr Jesus Christus in der Herrlichkeit des Vaters ist', davon wissen jene Bücher nichts.“* [157]

Augustinus bekennt mit diesen Gedanken unmissverständlich, dass seine Kenntnis des Heils nicht von ungewöhnlichen Erlebnissen herkommt, die ihm Neu Platoniker lieb gemacht haben, sondern einzig aus der Hl. Schrift. Dennoch dürfen wir nicht die Augen davor verschliessen, dass Augustin von mystischen Erlebnissen spricht, die sehr stark an Plotins Enneaden erinnern. Eine sehr interessante Stelle finden wir in jenem Abschnitt in seinen

---

[156] Augustin, Bekenntnisse VII,17, op. cit., pp. 150–51
[157] Augustin, Bekenntnisse VII,9; op. cit., pp.143–44

Bekenntnissen, wo er seine Sterbebegleitung der eigenen Mutter Monika auf ergreifende Weise schildert:

„Als aber der Tag nahte, an dem sie (die Mutter) *aus diesem Leben scheiden sollte – Du kanntest diesen Tag, wir nicht –, da geschah es, wie ich glaube durch Deine geheime Fügung, dass ich und sie an ein Fenster gelehnt standen, das eine Aussicht auf den Garten innerhalb des Hauses, das wir bewohnten, bot; dort in Ostia war es an der Tiber, wo wir fern vom Geräusch der Welt nach den Anstrengungen einer so langen Reise Kräfte für die Seefahrt sammelten. Wir unterhielten uns also allein in gar süssem Gespräche... In Deiner Gegenwart, der Du die Wahrheit bist, fragten wir uns, wie wohl das ewige Leben der Heiligen sein würde, das kein Auge gesehen, kein Ohr gehört hat und in keines Menschen Herz gekommen ist. Aber wir lechzten mit dem Munde unseres Geistes nach den himmlischen Wassern Deines Quells, des Lebensquells, der bei Dir ist...*
Als nun unsere Unterredung zu dem Resultate gelangt war, dass auch die höchste Lust, die uns durch die Sinne vermittelt wird und bei allem Glanze immer doch nur körperlich bleibt, neben der Lieblichkeit jenes Lebens keine Erwähnung, geschweige denn einen Vergleich verdient, da erhoben wir uns mit noch heisserer Sehnsucht zu ‚Dem, was das Selbst' (Anknüpfung an das plotinische „Hen") *ist, und durchgingen die ganze Stufenleiter der ganzen Körperwelt und des Himmels, von dem Sonne, Mond und Sterne über die Erde herableuchten. Und immer weiter stiegen wir auf, in innerer Weise Deine Werke bedenkend, bewundernd und besprechend, und so kamen wir schliesslich zu unserm Geiste. Auch über ihn schritten wir hinaus, um in die Gegend unerschöpflicher Fruchtbarkeit zu gelangen, wo Du ewig Israel weidest auf der Weide der Wahrheit, wo Leben gleich Wahrheit ist...in ihr gibt es keine Vergangenheit und keine Zukunft, sondern nur Sein, weil sie ewig ist; denn Werden und Vergehen sind nicht ewig. Und während wir von ihr redeten und nach ihr verlangten, berührten wir sie leise in einem Augenblick höchster Herzenserhebung."* [158]

Augustin hat mit seiner stark gemüthaft und emotional geprägten Frömmigkeit einen grossen Einfluss auf die mittelalterliche Mystik ausgeübt. Bei Augustinus wird in seinen „Bekenntnissen" deutlich sichtbar, dass der liebende Umgang mit dem Glauben viel wichtiger ist als die Reflexion über den Glauben. Dieser Umgang führt über die rationale Erkenntnis hinaus und beschert tiefere geistliche Einsichten. Augustins Frömmigkeit hat vor allem Mystiker im Mittelalter befruchtet, die als Mönche innerhalb und ausserhalb des Klosters pastorale Aufgaben wahrzunehmen hatten.

---

[158] Augustin, Bekenntnisse IX,10; op. cit., pp. 205–206

4. Pseudo Dionysius Areopagita[159]

a) Zur Person des Dionysius

Wir haben es bei Dionysius nicht etwa mit dem in Apg. 17, 34 erwähnten Dionysius zu tun, der durch die Areopag Rede des Paulus zum Glauben gefunden hat. Der Schriftsteller, mit dem wir es zu tun haben, wollte sich mit dem Zunamen „Areopagita" eine gewisse Autorität verschaffen. In seinem theologischen Werk wird deutlich, dass er sich vorwiegend auf Plotin (205–270), Proklus (412–485) und Jamblichus (240–320) stützt, auch auf Clemens von Alexandrien und Origenes sowie auf die kappadozischen Väter Gregor von Nazianz (329–390), Gregor von Nyssa (335–394), und Basilius d. Gr. (330–379). Dionysius kennt die Kirchengeschichte des Eusebius von Cäsarea. Das weist schon deutlich darauf hin, dass Dionysius einige Jahrhunderte später gelebt hat als Paulus. Dionysius hat seine Schriften wahrscheinlich in Syrien verfasst im Zeitraum zwischen 485–515. Hinweise auf die areopagitischen Schriften finden wir beispielsweise bei Severus, Patriarch von Antiochien in den Jahren 512–518.
Wir haben es bei diesem interessanten Mystiker mit einem Anhänger der Mittelpartei zu tun in den theologischen Auseinandersetzungen zwischen den Monophysiten[160] und den Orthodoxen gegen Ende des 5.Jahrhunderts. Eine Art von kirchenpolitischer Versöhnungsformel zwischen den beiden sich bekämpfenden Parteien ist das sogenannte „Henotikon",[161] welches der oströmische Kaiser Zeno veranlasst hat und dieser Versöhnungsformel stand Dionysius wahrscheinlich nahe.[162]

b) Zur Mystik von Dionysius

Die mystischen Gedanken, Erkenntnisse und Erlebnisse sind in seinem Hauptwerk über „Himmlische und kirchliche Hierarchie" zu finden sowie in seinem Werk „mystische Theologie". Dionysius hat einen Durst nach höchsten Erkenntnissen. Bei ihm kommt plotinisches Gedankengut noch wesentlich stärker zum Ausdruck als bei Augustin. Dionysius systematisiert seine Mystik, sie ist vor allem intellektuell geprägt. Mit seinem Werk „theologia mystica" prägte Dionysius die abendländisch-christliche Mystik durch die Einführung der 3 Stufen: via purgativa, via illuminativa, via unitiva. Gott ist über alle Begriffe erhaben, was einer „theologia negativa" Vorschub geleistet hat. Man kann nur sagen, was Gott nicht ist. Sehr schön skizziert Josef Stiglmayr die Mystik von Dionysius, wenn er schreibt:

---

[159] Dionysius Areopagita, Himmlische Hierarchie, übers. v. J. Stiglmayr, Bibliothek der Kirchenväter, München 1911, Einleitung pp. XXXIII ff.
[160] Vgl. The Oxford Dictionary of the Christian Church, ed. by F.L. Cross, Oxford University Press, Oxford 1985, article "Monophysitism", p 931
[161] ibid., p 632
[162] Dionysius Areopagita, op. cit., Einleitung p XXIII

„Die Gottheit gibt im Drang der Liebe und Güte den Wesen ausser sich ein tausendfältig abgestuftes, in innigster wechselseitiger Verkettung verbundenes Dasein, umfasst und hält sie alle innerhalb ihres ordnenden und fürsorglichen Bereiches und wendet sie wieder in aufsteigender Bewegung zu sich zurück. So staffelt sich vor dem entzückten Auge des Areopagiten das ganze Universum zu einem riesigen Abstieg und Aufstieg...Er fasst... in einer grossartigen Intuition nicht bloss die Welt der himmlischen Geister und der Kirche Gottes in ein organisch Ganzes zusammen, so dass die oberste Stufenordnung der kirchlichen Hierarchie unmittelbar an die unterste Klasse der Engel sich anschliesst, sondern die ganze Schöpfung mit all ihren Wesensreihen wird ihm zur himmelragenden Leiter, deren oberste Sprosse, der Engelchor der Seraphim, Cherubim und Thronen, bis in das innerste, Gott umgebende Dunkel hineinreicht, während die alleruntersten Stufen in das Reich der vernunftlosen und leblosen Dinge hinabdringen. Die Fülle des göttlichen Lichtes, welches zuerst und am reichsten die obersten Engel erfüllt, geht durch alle Zwischenstufen in stetig fortschreitender Abnahme hindurch, bis es bei den Dingen der Körperwelt noch in einem schwachen Widerschein zurückgeworfen wird.“ [163]

Für Dionysius Areopagita gibt es bei Gott eine Überfülle des Seins, so dass es durch diese Überfülle zu einem Überlaufen kommt.
Was von Gott überlauft, aus Ihm gleichsam hervorsprudelt, daran möchte Er würdigen, durch Busse gereinigten Menschen Anteil geben. Und so entfaltet Dionysius die Mystik einer Kulttheologie, die ihren Höhepunkt in der Eucharistie, im Hl. Abendmahl findet. Es geht in der Hl. Kommunion letztlich um eine mystische Vereinigung mit der Gottheit, wobei die liturgischen Abläufe wie Psalmengesang, Fürbitten und Lobpreis die Seele gleichsam für diese Vereinigung zubereiten. In der mystischen Theologie von Dionysius A. ist das Sakrament der Eucharistie oder Kommunion das höchste, es setzt allen andern Sakramenten die Krone auf. Wir erhalten von Dionysius einen Einblick, wie der Abendmahlsgottesdienst gegen Ende des 5.Jahrhunderts abgelaufen ist. Dabei wollen wir auf die genuin mystischen Elemente achten.
Die 13 Stationen, die Dionysius erwähnt, sollen knapp zusammengefasst werden:
Erstens: Nach einem Gebet am Altar füllt der Priester das Weihrauchgefäss und umwandelt räuchernd die ganze Kirche.
Zweitens: An den Altar zurückgekehrt intoniert er den Psalmengesang, worauf die ganze Gemeinde einstimmt.
Drittens: Es folgt die Lesung aus den Hl. Schriften durch die Diakone.
Viertens: Katechumenen und Büsser werden aus dem Gottesdienst entlassen und nur die eigentlichen Mitglieder der Gemeinde bleiben zurück.
Fünftens: Das ganze Volk singt das Apostolische Glaubensbekenntnis (Credo).
Sechstens: Brot und Wein werden verhüllt von Diakonen zum Altar getragen.

---

[163] ibid., pp. X–XI

Siebtens: Der Bischof spricht ein Gebet und verkündet allen den Frieden, den man sich gegenseitig zuspricht.
Achtens: Es folgen die Diptychen, Gebete für Lebende und Verstorbene.
Neuntens: Bischof und Priester waschen die Hände.
Zehntens: In die Mitte des Altars getreten preist der Bischof umgeben von Priestern die Grosstaten Gottes.
Elftens: Es folgt der heiligste Teil der Liturgie, nämlich die Konsekration von Brot und Wein sowie die Elevation (das Emporheben der Abendmahlselemente durch den Priester), dann das Brotbrechen und das Abendmahlsgebet.
Zwölftens: Der Bischof (Priester) kommuniziert selbst und lädt die Gemeinde zum Abendmahlsgenuss ein.
Dreizehntens: Der Bischof (Priester) versenkt sich in die Danksagung.
Die Punkte 10–13 beschreibt Dionysius wie folgt:

„Jetzt preist der Hierarch (Bischof/Priester) *die heiligen Gottestaten, vollzieht heilig das Göttlichste und zeigt den Gegenstand des Lohpreises unter den heilig empor gehaltenen Symbolen* (Abendmahlselemente) *den Augen des Volkes. Nachdem er dann die Gaben der Gottestaten vorgezeigt hat, wendet er sich selbst dem Genuss derselben zu und lädt die andern dazu ein. Nach der urgöttlichen Kommunion, die er selbst empfangen und andern mitgeteilt hat, schliesst er mit einem heiligen Dankgebet. Während die grosse Menge nur auf die göttlichen Symbole in gebeugter Haltung zu blicken weiss, erhebt er sich selbst im urgöttlichen Geist immerdar in seligen und geistigen Betrachtungsbildern, wie es seiner hierarchischen Würde in der Reinheit des gottähnlichen Zustandes entspricht, zu den heiligen Urquellen der Sakramente."* [164]

Wir haben es hier mit einer typisch mystischen Kultsprache zu tun, wenn Dionysius von „urgöttlicher Kommunion" spricht oder von „gottähnlichem Zustand". Hier besteht das Mystische im ehrfurchtsvollen Staunen über die die Gegenwart Gottes verhüllenden Symbole im liturgischen Ablauf. Die liturgischen Zeremonien und die sakralen Bereiche wie Vorhalle und Heiligtum sind Gegenstand tiefer Betrachtung für den reifen Christen. Für Dionysius gilt es, in den geistigen Bereich der Urbilder oder Urtypen der Zeremonien und sakralen Bereiche vorzudringen, was durch die Kommunion geschehen soll. So kann Dionysius sagen:

„Dieses Äussere der Zeremonien also, ... *die schönen Wandbilder in der Vorhalle des Heiligtums, wollen wir den noch Unvollendeten zu einer für sie ausreichenden Betrachtung überlassen. Wir dagegen wollen von den äusseren Wirkungen hinweg zu den inneren Ursachen bei unserer heiligen Kommunion vordringen und, Jesus zur Leuchte des Weges nehmend, der geziemenden*

---

[164] Dionysius Areopagita, Kirchliche Hierarchie Kp.III,2, übers. von J. Stiglmayr, Bibliothek der Kirchenväter, München 1911, p 121

Betrachtung der geistigen Wahrheiten uns hingeben, welche die selige Schönheit der Urtypen in deutlichem Glanze erscheinen lässt.“ [165]

Das Gleichnis von der Vorhalle und dem Innern des Heiligtums braucht Plotin gerne. Er wendet es aber auf die philosophischen Lehren an, während Dionysius Vorhalle als das Haften am Äussern der Zeremonien versteht und das Vordringen ins Heiligtum als die mystische Begegnung mit Jesus und dem, was den Symbolen an letztem geistigem Gehalt zugrunde liegt (Urtypen). Zur typischen Kultmystik des Dionysius A. gehört, dass das Sakrament nun selber zum Gegenstand der Anbetung wird. So kann Dionysius gleichsam anbetend sagen:

„Du aber, göttlichstes und heiliges Sakrament, entkleide dich der rätselhaften Hüllen, welche um dich in sinnbildlichen Formen gelegt sind, zeige dich uns in weithin strahlendem Glanze und erfülle die Augen unseres Geistes mit dem einfachen Strahl deines unverhüllten Lichtes.“ [166]

Das Sakrament ist mehr als nur Symbol oder Zeichen, es wird zu einem Medium, das gleichsam die Verbindung zur göttlichen Welt herstellt und zu mystischen Lichterlebnissen führt.
Das Eindringen in den Bedeutungsgehalt der Zeremonien ist selber eine mystische Tätigkeit.
Bei der Beschreibung unter erstens im liturgischen Ablauf des Gottesdienstes erwähnt Dionysius den Rundgang des Priesters vom Altar weg mit dem Weihrauchgefäss, so dass Länge und Breite der Kirche abgeschritten werden und der Priester wieder zum Altar, zum sogenannten „ Allheiligen“, zurückkehrt. In der ostkirchlichen Liturgie, in welcher Dionysius beheimatet ist, gilt der Weihrauch als Anbetungsgabe für Gott, Weihrauch ist aber auch ein Symbol für die Gottebenbildlichkeit des Menschen. Der Rundgang vom Altar weg und zum Altar zurück als dem Allheiligen beschreibt sinnbildlich den Weg des Menschen von Gott weg und dank der Erlösung durch Christus zurück zu Ihm, wobei auch im Prozess der Entfernung die Ebenbildlichkeit erhalten bleibt. Die Rückführung der Seele zur Gottheit, zum Hen, zum Einen, geschieht über das Allerheiligste des eucharistischen Sakramentes. In komplizierter Sprache schildert Dionysius diesen mystischen Vorgang, wenn er sagt:

“Auch das göttliche Sakrament der Eucharistie wird ...aus Liebe zu den Menschen in die heilige, bunte Fülle der sinnbildlichen Zeremonien entfaltet und lässt sich zur ganzen bildhaften Darstellung des Urgöttlichen herab. Aber eingestaltig wird es aus dieser Vielfalt wieder in sein eigenes Eine (Hen) *konzentriert und führt auch alle, welche zu ihm sich heilig erheben, ins Eine zusammen.“* [167]

[165] ibid., pp. 122–23
[166] ibid., p 123
[167] ibid., pp. 124–25

Erklärend zu diesem „Einen“, dem „Hen“, soll noch eine hilfreiche Erklärung von Josef Stiglmayr folgen, der einen Teil der Werke von Dionysius ins Deutsche übersetzt hat. Zu „Hen“ führt er erklärend aus:

„Das ‚Hen‘ ist nach Dionysius ein zweifaches: das eine ist das absolute göttliche ‚Eine‘, das andere ein geschaffenes, dem göttlichen nachgebildetes Eine. Plotin und noch häufiger Proklus reden ...in gleichen Ausdrücken von einem solchen doppelten ‚Hen‘ der Gottheit und der Menschenseele. Für das letztere braucht Proklus die Ausdrücke: oberste Spitze, Blüte, Höchstes, Eins-Sein der Seele; er will damit von einer höchsten, dünnsten, feinsten Spitze ihres geistigen Wesens sprechen, mit der sie am weitesten aus allem Materiellen herausragt und am nächsten an das Eine der Gottheit hinaufreicht. Dionysius ist von dieser Auffassung beeinflusst, wenn er will, dass der Mensch das nach aussen ergossene bunte Spiel seiner Seelenkräfte nach innen konzentrieren, seinem Hen konform machen soll, damit dieses dann mit dem göttlichen Hen erfüllt und durchleuchtet werde...“ [168]

C. Mystik Im Hoch – und Spätmittelalter, vor allem in der monastischen Tradition

1. Hildegard von Bingen

a) Einige wesentliche Punkte ihres Lebens

Hildegard ist eine der heute am meisten gelesenen Mystikerinnen. Wegen ihres breiten Spektrums, das die damalige Naturkunde und Medizin in einer an Alternativ Medizin erinnernden Weise abdeckt, sowie wegen ihrer Visionen und paranormalen Erlebnissen wird diese Benediktinerin auch stark von der Esoterik vereinnahmt.

Hildegard kommt als Tochter einer adligen Familie 1098 bei Alzey in Rheinhessen zur Welt. Nach dem Brauch damaliger Adelsfamilien erhält sie ihre Bildung in einem Kloster. In der Tradition der Benediktiner erzogen wird sie selber Gründerin eines Benediktinerinnen Klosters auf dem Rupertsberg bei Bingen am Rhein um 1147. Schon als Kind hat sie Visionen, gegen die sie sich anfänglich sträubt. Es handelt sich vor allem um Lichtvisionen. Sie empfindet das Licht strahlend, tönend und sprechend. 1141 empfängt sie nach ihrer Überzeugung den übernatürlichen Befehl, das Erfahrene aufzuschreiben und so ist ihr Hauptwerk „Scivias“ entstanden.

Für Hildegard ist Zurückgezogenheit kein Selbstzweck. In der Stille lässt sie an Erkenntnis das reifen, was sie vor allem auch Menschen

[168] ibid., p 125, Fussnote 1)

ausserhalb der Klostermauern mitgeben wollte. Sie zog als Wanderpredigerin durch West – und Süddeutschland und predigte dem Volk wie dem Klerus Busse.
Sie pflegte eine ausgedehnte Korrespondenz mit Königen, Fürsten, Bischöfen, Ordensleuten, aber auch mit Päpsten, die sie um Rat gefragt hatten. Ebenso nimmt sie die Anliegen und Nöte der einfachen Leute ernst.
In der Abgeschiedenheit des Klosters entstand ihr Hauptwerk „Scivias", „Wisse die Wege". Hildegard tat sich auch als Komponistin hervor. Ihre Liedkompositionen werden heute immer wieder aufgeführt. Hildegard ist in ihrem selbst gegründeten Kloster 1179 gestorben.[169]

b) Zur mystischen Theologie von Hildegard

Hildegard von Bingen ist eine Theologin und Mystikerin der Ganzheitlichkeit. Das ist die besondere und einzigartige Stärke dieser hochmittelalterlichen Mystikerin. Das Sinnliche und Leibliche hat bei ihr einen hohen Stellenwert. Alles andere als Leibfeindlichkeit kommt bei ihr zum Ausdruck. Hildegard steht für eine Zeit, die stark vom Ideal weltabgewandter Aszese geprägt war, zusammen mit wenig anderen als eine Seltenheit, als eine Art von theologischer Exotin da. Ihre Mystik und Theologie zeigt eine deutliche Verwandtschaft zum grossen württembergischen Theologen Johann Christoph Oetinger (1702–1782). Dieser hat folgenden Lehrsatz gleichsam zum Motto seiner Theologie gemacht: „Das Ende aller Wege Gottes ist die Leiblichkeit." Diesen Satz hätte auch Hildegard schreiben können. Alle Gestaltungen der Schöpfung sind Ausdruck von Gottes Liebe. Weil aber Gottes Geist ausersehen hat, im menschlichen Leib gleichsam wie in einem Tempel zu wohnen, deshalb ist der Leib etwas ganz Besonderes, er hat einen Wert und eine Würde, die im Sinn von einer „pars pro toto" die ganze materielle Welt aufwertet. Biblisch verankert Hildegard diese Sicht im Prolog des Johannes Evangeliums, vor allem in Johannes 1,14. Das Eingehen vom lebendigen Wort Gottes ins Fleisch ist ein Mysterium und zeigt die Liebe, mit der Gott die ganze Materie als Licht durchdringt.
Von ihrer Mystik sagt Heinrich Schipperges:

„Weil sie den Leib ernst nahm, richtete sie den Blick auf eine konkrete Welt, die realisiert werden muss und nicht auf ein seelisches Selbst, das bloss erkannt werden soll. Die Welt da draussen und nicht eine innere Tiefgründigkeit ist des Menschen Horizont und Wirkkreis...Denn mit seinen elementaren Zwischengliedern kreist der ganze Kosmos um das zentrale

[169] Für kurz gefasstes Lebensbild siehe O. Wimmer, Handbuch der Namen und Heiligen, Innsbruck/Wien 1959, p 253

Mysterium der Inkarnation, mit der die Einstrahlung des göttlichen Geistes in einen Leib alle Welt verherrlicht hat.“ [170]

Alle Gegenstände sind Schöpfung der Liebe, die vor allem den Menschen ansprechen wollen, sei es Gestein, Pflanzen, Tiere, vor allem aber die Geschöpfe, die nach Gottes Ebenbildlichkeit geschaffen sind, die Menschen als Mitmenschen. Dieses Angesprochen werden durch die verschiedenen Schöpfungsstufen als Ausdruck der Liebe Gottes, das ist Mysterium, das ist eine im Leibhaften gründende Mystik.
Wenn auch der Mensch als ganzer, also dem Geist und dem Leib nach gefallen ist durch Abwendung von Gott, so sieht Hildegard in der Deformation und Degeneration die Sehnsucht nach Reformation und Restitution, Reparation und Regeneration.
Von einzigartiger Bedeutung für die damalige Zeit ist Hildegards positive lebensbejahende Haltung gegenüber Eros und Sexualität. Das einander Beiwohnen von Mann und Frau soll Hinweis des Willens Gottes sein, dem Menschen ganz nah sein zu wollen, ihm auf Seine ganz eigene göttliche Weise „beizuwohnen“. [171]
Wir wollen uns einige Beispiele geben lassen von dieser so speziellen Mystik, die sich in sinnenfreudiger Art der materiellen Schöpfung zuwendet, um aus ihr das herauszuholen, was auf die göttliche Wirklichkeit hinweist.
Es sollen einige Zitate aus den „Scivias“ der Hildegard folgen, die Heinrich Schipperges unter dem Titel „Geheimnis der Liebe“ zusammengestellt hat.
Der Mensch in seiner Leiblichkeit ist ein Abbild des Alls. So kann Hildegard sagen:

Seinetwegen (um des Menschen willen) *hat Gott die gesamte Kreatur erschaffen; Er hat diesen Menschen befähigt, im Kusse wahrhafter Liebe über seine Begabung mit der Vernunft Gottes Preislied zu singen...*
So ist der Mensch Gottes Bild und darin aller Bildung von Welt verwandt; der Mensch ist gewissermassen das All. Darum ist es gerecht, dass der Mensch...ein Zeugnis abgibt für die Wunder Gottes und dass sein Leben selbst zum Gleichnis wird für das Leben aller Kreatur...
O Mensch, so schaue dir diesen Menschen nur recht an! Himmel und Erde und das Gesamt der geschaffenen Welt birgt der Mensch in sich selber und ist doch ganzheitlich in einer Gestalt, in der alles schon verborgen vorhanden ist, und also ruht im Menschen eingeborgen das All.“ [172]

Was Hildegard meint, ist die Zusammenfassung des Alls im Menschen. So hat er als Leib in den Knochen das Gestein, er fasst alle Gewässer zusammen, indem sein Körper doch zu über 70 Prozent aus Wasser besteht, er hat das Erblühen und Vergehen der Pflanzen, und die elementaren biologischen

---

[170] Hildegard von Bingen, Geheimnis der Liebe, übers. v. H. Schipperges, siehe Einleitung; Walter Verlag, Olten/Freiburg i. Br. 1957, p 17
[171] ibid., pp. 23-24
[172] ibid., pp. 25-26

Bedürfnissen geben ihm etwas mit dem Tier Gemeinsames. In seinen aufs Licht ausgerichteten Augen fasst er die Gestirne zusammen. Kurz ausgedrückt: Der Mensch als Mikrokosmos spiegelt den Makrokosmos. Im Unterschied zur Gnosis sieht Hildegard die Schöpfung sehr positiv. Wie sehr sie die Leiblichkeit preist, zeigt sich deutlich in folgender Aussage, in der Hildegard in Bezug auf die Erschaffung des leibhaften Menschen folgendes dem Schöpfer in den Mund legt:

„Mit meinem Munde... will ich dieses Mein eigentliches Werk ganz zärtlich belecken, jene Gestalt, die ich aus dem Erdenlehm formte; in ganz einzigartiger Liebe umarmte Ich sie und habe sie durch den feurigen Geist verwandelt in Fleisch, und Ich gab alle Kreatur in ihren Dienst. “ [173]

Das Mystische besteht im wertschätzenden Staunen über die materielle Schöpfung und die Gestaltung menschlichen Fleisches. Das kommt in weiteren Worten Hildegards schön zur Geltung:

„Inmitten der gewaltigen Schöpfung steht der Mensch als das Wesen besinnlicher Tiefe. Aus Erdenlehm geheimnisvoll in grosser Herrlichkeit gestaltet, ist er von der Kraft der Kreaturen so umgeben, dass er auf keine Weise von ihnen getrennt werden kann. “ [174]

Interessant ist, wie Hildegard ihre Reflexionen immer wieder mit preisenden Gebeten durchsetzt, was übrigens so typisch ist für die wissenschaftlichen Abhandlungen des bedeutenden Astronomen Johannes Kepler (1571–1630), der auch immer wieder seine aufgeschriebenen astronomischen Erkenntnisse mit Lobpreis durchsetzt. Klar antignostisch drückt sich Hildegard aus, wenn sie sagt:

„So sehr verdichtet erscheint in der Gestalt menschlicher Leiblichkeit Gottes lichtes Werk! Und der Mensch würde gewaltig irren, wenn er behaupten wollte, das Wesen des Menschen bestehe im Fleisch ohne den Geist oder in einem Geiste ohne das Fleisch. Auf solche Weise könnte kein Mensch existieren. Solche Existenz wäre ein Unding und ganz und gar unmöglich“. [175]

Es ist nicht nur die so gut durchreflektierte Bejahung der Materie, die Hildegard auszeichnet, auch die Geschlechtlichkeit bejaht sie mit begeisternden Worten:

„Die Frau ist ein Ouell der Erkenntnis und ein Bronnen der vollen Freude, ganz gefüllt mit Freude und ein köstlicher Teil, ein wirklicher Anteil, den der Mann in seinem Werke zur Vollendung führt...Mann und Frau gehören sich bei diesem Werk so sehr an, dass einer den andern verwirklicht und wirklich eines des

---

[173] ibid., p 29
[174] ibid., pp. 29-30
[175] ibid., p. 32

andern Werk wird. Denn bei dieser Art von Gemeinschaftlichkeit werden Mann und Frau solchermassen mit gegenseitiger Materie durchmischt, mit Schweiss und Blut und allen Säften durch und durch gekocht, dass sie wahrhaftig ein Fleisch werden. Diese innigste Verbindung der Leiber, aus der das Kind im Mutterleibe seinen Ursprung nimmt, ist ein Hinweis auf die Zeugungskraft der Ewigkeit und ein immer wieder neu sichtbares Zeichen für Gottes Schöpfergüte.“ [176]

Zum Schluss möchte ich an Hildegard aufzeigen, wie sie ihre Bejahung der Leiblichkeit in Joh. 1,14 verankert:

„So bilden Fleisch und Leben und das Leben im Fleisch eine innige Einheit. Fleisch bedeutet Leben, und das Leben ist mit dem Fleische im Bunde. Das hatte Gott im Sinn, als Er in Adam durch den Geisthauch, den Er in ihn sandte, Fleisch und Blut erstarken liess; denn schon damals hatte Er jenes Fleischgewand im Auge, das Er selber anziehen wollte. Deshalb hat Gott das Fleisch so brennend lieb, weil es im Geschlecht des Menschen die Hülle Seines Lebens aus der Fülle Seiner Liebe werden sollte...So zog das Wort Fleisch an, auf dass Wort und Fleisch eine Einheit seien.“ [177]

Hildegards Mystik will nicht Entmaterialisierung als Ziel der Erlösung wie es die Gnosis anstrebt. Die geschaffenen Dinge sollen als Spiegel für die Erhabenheit Gottes dienen und im Betrachten des von Ihm Geschaffenen darf sich die Seele anbetend zu Ihm erheben. Wenn Hildegard uns auch viel Wertvolles in Bezug auf eine echt fromme Betrachtungsweise der Bedeutung der Materie und Leiblichkeit geschenkt hat, eine Art Mystik, in der die Leiblichkeit zum Gegenstand von Dank und Bewunderung wird, so dürfen wir die esoterische Seite an Hildegard nicht übersehen. In ihrer Naturmedizin gibt sie beispielsweise Anweisungen, dass bei der Herstellung gewisser Medikamente die notwendigen Mischungen nur bei Neumond stattfinden dürfen. Hildegard kennt auch eine Edelsteinmedizin mit Anweisungen, die denen in esoterischen Kreisen sehr ähnlich sind.[178]
Was allerdings sehr für Hildegards Mystik spricht, ist die demütige Erkenntnis, dass ihre Bilder und Visionen den Pilgerstand des Glaubens nicht aufheben. Sie wusste sich der Bibel verpflichtet, soweit diese in der damaligen Zeit durch die liturgischen Texte sich zum Wort melden konnte.
Für Hildegard war klar: Die mystischen Erkenntnisse und Erfahrungen ersetzen nicht den kirchlich-biblischen Glauben.[179] Sehr bedeutsam war Hildegard in ihrem Kampf gegen die Sekte der Katharer und Albigenser, welche mit ihren aszetischen Forderungen eine ausgesprochene Leibfeindlichkeit zeigten.[180]

---

[176] ibid., pp. 34+56
[177] ibid., p 38
[178] Reinhard Schiller, Hildegards medizinische Praxis, Rezepte für gesundes Leben, Aschaffenburg 1990
[179] Anselm Stolz, Theologie der Mystik, Regensburg 1936, p 48
[180] ibid., pp. 47 ff.

Bei der Beurteilung der Mystik dieser sympathischen Nonne ist es sehr wichtig, die Bedeutung der so mit Bewunderung verbundenen Bejahung der Leiblichkeit zu würdigen und sich nicht von den gelegentlich auftauchenden esoterischen Elementen beirren zu lassen. Nur so kann man Hildegard von Bingen gerecht werden.

2. Gertrud die Gr. von Helfta[181]

a) Knappe Lebensbeschreibung

Gertrud die Gr. gehört zusammen mit Mechthild von Magdeburg zu den bedeutenden Vertreterinnen der sogenannten „Brautmystik". Beide gehörten dem Zisterzienserorden an, einem Reformorden, der am Ende des 11. Jahrhunderts die Regel Benedikts verschärfen und der Kontemplation wesentlich mehr Raum geben wollte.

Name und Stand der Eltern von Gertrud sind unbekannt. Man weiss auch nicht, wo Gertrud geboren worden ist. Zur Welt kam sie am 6.Januar 1256. Im Alter von 5 Jahren kam G. in die Klosterschule von Helfta in der Nähe von Eisleben in Thüringen. Sie kam in eine landschaftlich reizvolle Umgebung, die für die Kontemplation sehr geeignet ist. Zisterzienserklöster befinden sich in der Regel an einem Fluss im Tal, während Benediktiner als Lage Hügel vorziehen, was ein hochmittelalterliches lateinisches Sprichwort so zusammenfasst: *„Benedictus colles amabat, Bernardus valles."*

Wir wissen von Gertrud, dass sie die in der Klosterschule angebotenen Fächer, vor allem die freien Künste, sehr gern gehabt hat, also vor allem Latein und Musik. Die weltliche antike Literatur lernte sie gut kennen, doch wandte sie sich immer mehr geistlichen Studien zu und vertiefte sich in die Hl. Schrift, die sie in der lateinischen Form der Vulgata fliessend lesen konnte. Sie widmete sich auch patristischen Studien, beschäftigte sich mit Augustin und Papst Gregor dem Grossen (540–604), vor allem aber mit einem der Gründer des Zisterzienserordens, mit Bernhard von Clairvaux (1090–1153). Die Studien von G. wurden begleitet von übernatürlichen Erscheinungen und Erkenntnissen. 1281 ist ein wichtiges Datum für sie, weil ihr in jenem Jahr Christus erschienen ist. So wurde 1281 zum Wendepunkt in ihrem geistlichen Leben. Teilweise gleichzeitig lebten Mechtild von Magdeburg sowie Mechtild von Hackborn im Kloster Helfta. Diese waren in geistlicher Hinsicht eine wesentliche Unterstützung für Gertrud. Es zeigt uns die Einstellung von G. deutlich, wenn sie ihre gnadenreichen und übernatürlichen Erlebnisse nicht als persönliche Auszeichnung oder gar Verdienst betrachtet. Ihr geht es in erster Linie darum, aufzuzeigen, wie sich die Menschenfreundlichkeit Gottes auch zum unwürdigsten Geschöpf herabneigt. Gertrud ist vermutlich um 1302 in ihrem Kloster gestorben.

Den theologischen Haupteinfluss übte auf sie Bernhard von Clairvaux aus mit seiner Betonung des lebendigen Verkehrs der Einzelseele mit Jesus, was der

[181] Siehe Einleitung zu der Hl. Gertrud der Grossen „Gesandter der göttlichen Liebe", Verlag Herder, Freiburg im Br., 1958, pp. 1 ff.

grosse Zisterzienser mit seiner allegorischen Auslegung des Hohen Liedes begründete. Gertrud hat ihre Visionen und theologischen Erkenntnisse in ihrem Buch „Der Gesandte der göttlichen Liebe“ zusammengefasst. Diese Schrift ist in 5 Bücher eingeteilt, wobei das zweite Buch von G. eigenhändig geschrieben ist. Das erste Buch gibt uns ein Seelengemälde dieser grossen Mystikerin. Sie hat es nicht eigenhändig verfasst, sondern Mitschwestern schrieben es nach Gertruds Willen. Die restlichen Bücher bieten Erinnerungen über diese bedeutende Nonne.

b) Zur Mystik von Gertrud

Die Menschenliebe Gottes steht bei G. im Vordergrund. Der Übersetzer von „Gesandter der göttlichen Liebe“, Johannes Weissbrodt, stellt fest, dass G. weniger eine predigende Natur, als vielmehr eine singende und besingende Natur sei. Es gebe viel dichterische Stimmung und Unmittelbarkeit in ihren Beschreibungen und Gebeten, die ihr geistliches Leben ausmachen. Es handle sich um eine leutselige Frömmigkeit bei ihr.[182]
Sympathisch ist, dass Gertrud nicht nur an sich denkt und für sich betet. Weissbrodt sagt:

„Sie interessiert sich für die Gesamtkirche, für die Heimat, für die Bauersleute, die bei schlechtem Wetter ums tägliche Brot besorgt sind, sie kümmert sich um frierende hungernde Vöglein...sie erquickt sich an himmlischer Beschauung, findet aber daneben die ehrbaren Fastnachtsfreuden des Volkes ganz in Ordnung. Es ist eine Frömmigkeit im Geiste wahrer christlicher Freiheit und weitherziger Einfachheit.“ [183]

Gertruds Mystik lässt sich einerseits von der Bibel bestimmen, die sie dank ihrer Bildung in der Übersetzung des Hieronymus lesen konnte, andrerseits lebt Gertruds Mystik auch von der Liturgie, und wie bereits gesagt von gewissen Kirchenvätern und dem überragenden Bernhard von Clairvaux. Zum Charakteristischen ihrer Mystik gehört, dass diese eine Art beschauliche Führung durchs Kirchenjahr ist.[184]
Gertrud hat sehr viel über das Leid und seine Bedeutung zu sagen.

Ein visionär mystisches Erlebnis in ihrem 26. Altersjahr ist so etwas wie die Initialzündung zu weiteren tiefen geistlichen Erfahrungen.
Im 2.Buch des „Gesandten der göttlichen Liebe“ schreibt sie:

„Es war im 26. Jahre meines Lebens, am Montag vor dem Fest der Reinigung Deiner allerreinsten Mutter, am 27Januar, nach der Komplet beim Anfang der Dämmerung, als Du, o Wahrheit, o Gott, heller denn jegliches Licht, aber tiefsinniger als jedes Geheimnis, ... sanft und zart begannest, indem Du einen Sturm beschwichtigtest, den Du einen Monat vorher in meinem Herzen erregt hattest... Während ich also zu besagter Stunde inmitten

[182] ibid. p 12
[183] ibid., pp. 12–13
[184] ibid., p 14

unseres Schlafsaales stand..., da sah ich einen Jüngling mir zur Seite stehen, liebenswürdig und zart, von ungefähr 16 Jahren. Mit holdseligem Antlitze und sanften Worten sprach Er zu mir: ‚Schnell wird kommen dein Heil...‘; sodann sah ich eine sanfte rechte Hand meine Rechte halten···
Während ich nun so zaudernd und wie verschmachtend dastand, da ergriff Er mich, erhob mich und stellte mich neben sich. Weil ich aber in jener Seiner Rechten die erhabenen Denkmale der Wunden...erkannt habe, so lobe, preise, bete ich an und danke Deiner weisen Barmherzigkeit... denn von da an begann ich, durch neue geistige Fröhlichkeit erheitert, in dem Wohlgeruch Deiner Salben einherzuschreiten, so dass auch ich Dein Joch süss und Deine Bürde leicht fand, während sie mir noch kurz vorher fast unerträglich erschienen war.“ [185]

Gertrud begegnet also in visionärer Weise Jesus, der sich ihr in attraktiver Jugendgestalt offenbart. Es entsteht eine Verliebtheit in Jesus. Es soll zu einer Art bräutlichen Verbindung kommen. So lernen wir bei Gertrud, aber auch bei andern namhaften Nonnen die Brautmystik kennen. Es soll eine geistliche Ehe zwischen der Ordensschwester und Jesus stattfinden. So kann Gertrud sagen:

„Durch diese huldvolle Herablassung hast Du meine Seele angelockt, danach zu streben, dass sie Dir inniger vereinigt würde, Dich klarer erkenne und Dich freier genösse.“ [186]

Gertrud bittet darum, dass intime Begegnungen mit Jesus auf geistlicher Ebene häufig stattfinden mögen. Gertrud bekennt aber auch, dass sie keine Verdienste im Sinn eigener Würdigkeit geltend machen kann. Solche Erfahrungen wertet diese Zisterzienserin als reine Gnade. So sagt sie:

„Lass es mich auch erlangen, dass ich und alle Deine Auserwählten Deine süsse Vereinigung und Deine einigende Süssigkeit erfahren! Denn im Hinblick auf die Beschaffenheit meines Lebens bekenne ich in Wahrheit, dass es eine reine Gnade war, welche mir, der ganz Verdienstlosen, aus blosser Huld gegeben wurde.“ [187]

Für Gertrud typisch sind die vielen zitierten Bibelstellen und Hinweise auf liturgische Texte des Kirchenjahres, mit denen sie ihre geistlichen Erfahrungen und Erkenntnisse bekräftigen will.

Gertrud gibt immer wieder genaue Zeitpunkte im Kirchenjahr an, wo sie besondere mystische Erfahrungen mit Gott machen durfte. Das

---

[185] ibid., pp. 73–75
[186] ibid., p 76
[187] ibid., p 77

Weihnachtsfest ist solch ein Zeitpunkt grosser geistlich-visionärer Erlebnisse. In Bezug auf ein bestimmtes Weihnachtsfest bezeugt Gertrud eine visionäre Begegnung mit dem Kinde Jesu:

„Mit einem noch huldvolleren Geschenk hast Du im folgenden Jahr an demselben hochheiligen Fest Deiner Geburt mich geschmückt...Als nämlich im Evangelium gelesen wurde: ‚Sie gebar ihren erstgeborenen Sohn', reichte Deine unbefleckte Mutter mir mit den makellosen Händen Dich, das jungfräuliche, liebenswürdige, zarte Kindlein, indem sie Dich gleichsam mit aller Kraft in meine Arme drückte. Und ich nahm Dich holdselig Kindlein auf, während Du mit zarten Armen meinen Hals umschlangst. Aus dem Anhauch Deines honigfliessenden Geistes, der aus Deinem benedeiten Munde atmete, empfing ich eine so lebensspendende Erquickung, dass fürder mit Recht meine Seele Dich preise...
Als hierauf Deine allerseligste Mutter in die Windeln der Kindheit Dich einwickeln wollte, da begehrte auch ich mit Dir eingewickelt zu werden, damit auch nicht einmal das dünne Band der Windeln mir den entzöge, dessen Umarmungen und Küsse süsser denn Honigbecher sind.“ [188]

Die Mystik besteht hier vor allem in der Intimität der Begegnung mit Jesus, wobei diese Intimität sich besser mit der Kindsgestalt des Gottessohnes ausleben lässt, weil es eben in der Natur des Kindes liegt, sich anzuschmiegen.
Wichtig ist für uns auch, zur Kenntnis zu nehmen, dass Gertrud eine tiefe Sündenerkenntnis gehabt hat. Wiederholt kommt sie auf ihre Unwürdigkeit zu sprechen.
Die intensiven mit eindrücklichen Visionen verbundenen Glaubenserfahrungen haben bei Gertrud keinen Selbstruhm zur Folge. Sie denkt von sich selber gering und bekennt sogar, dass sie trotz grosser Gnadenerweise dieselben Fehler immer wieder gemacht habe.[189]

3. Mechthild von Magdeburg

a) Einige biographische Angaben

Das Kloster Helfta in der Nähe von Eisleben darf sich rühmen, noch andere bedeutende Mystikerinnen unter seinen Nonnen gehabt zu haben. Es handelt sich um die Schwestern Mechthild von Hackeborn und Mechthild von Magdeburg. Beide hinterliessen kontemplative Schriften. Mechthild von Hackeborn ist die um 15 Jahre jüngere leibliche Schwester von Gertrud. Mechthild von Magdeburg ist 46 Jahre

---

[188] ibid., pp. 105-106
[189] ibid., p 122

älter als Gertrud die Gr. Diese hat jedoch die mehr als vier Jahrzehnte ältere Ordensfrau noch kennen gelernt und einige Jahre mit ihr in der Klostergemeinschaft zu Helfta verbracht.
Mechthild ist um 1212 im Erzbistum Magdeburg in vornehmer Familie geboren. Sie genoss nicht die Bildung einer Klosterschule wie Gertrud und Mechthild von Hackeborn; sie war des Lateins unkundig. Im Alter von 20 Jahren schloss sie sich in Magdeburg einer offenen Glaubensgemeinschaft an, die also nicht straff organisiert ist und keine Gelübde kennt. Es handelt sich um den Lebensstil einer Begine. Eine Begine besitzt ein eigenes kleines Haus, in welchem sie jedoch nicht zurückgezogen lebt, sondern sich sozialen Aufgaben widmet unter Armen und Randständigen. Beginen verdienen ihr Leben u.a. mit Stickereien und Näharbeiten. Eine Begine trägt eine Tracht und Haube und sieht ähnlich aus wie eine Diakonisse. Die Herleitung des Namens „Begine" ist nicht sicher. Eine Möglichkeit ist, dass der Name etwas mit der Farbe der grau-braunen Tracht zu tun hat, mit der Farbe „beige". Auch die Entstehung des Beginentums ist unklar. Man weiss, dass diese Lebensweise der Beginen seit dem 13.Jahrhundert nachweisbar ist, doch ist kein Name eines Gründers oder einer Gründerin bekannt. Beginen verbreiteten sich in Belgien und den Niederlanden. Unter vielen Beginen herrschte ein Hang zur Mystik. Heute gibt es u.a. noch praktizierende Beginen in Bruges und Ghent.[190]
Jedenfalls hat das Beginentum etwas zu tun mit einer Reaktion auf die Verweltlichung des Klerus und das Feudalwesen. Echte christliche Lebensführung im Sinn des Evangeliums ausserhalb eines straff organisierten kirchlichen Apparates sollte zu einer Alternative werden.
Mechthild wurde zu einer unbequemen Mahnerin mit ihren Schriften. Sie erregte Aufsehen. Sie sehnte sich nach einer geschützteren Umgebung als es der Beginenhof ist. Es gelang ihr, im Zisterzienserinnenkloster Helfta Aufnahme zu finden, um dort ihren Lebensabend zu verbringen. Als sie dort eintrat, hatte Mechthild von Hackeborn die geistliche Leitung im Kloster.
Mechthild von Magdeburg hinterliess ein wichtiges geistlich-literarisches Werk unter dem Titel „das fliessende Licht der Gottheit". Mechthild bedient sich in ihrem Werk gern der Sprache des Hoheliedes. Wie Gertrud empfing Mechthild viel Anregung von Bernhard von Clairvaux und Hildegard von Bingen.
Mechthild starb 1280 im Kloster zu Helfta.

b) Die Eigenheit der Mystik von Mechthild

Die in der damaligen höfisch-ritterlichen Gesellschaft gepflegte Minne machte sich Mechthild zu eigen, was ihre Gedanken und Bilder betrifft. Für sie ist geordnete, massvolle Minne sehr wichtig. Mechthild plädiert in ihrer Mystik für das Gleichgewicht von Glauben und Wissen,

---

[190] Siehe RGG, Bd. I, Tübingen 1957, Artikel „Beginen" von H. Grundmann, p 959

geistlicher Betrachtung und weltlicher Betätigung. Für Mechthild ist der häufig gebrauchte Begriff der Minne typisch sowie ihre poetische Sprache. Einen guten Überblick über die mystische Theologie Mechthilds findet man in der Ausgabe von Mechthilds Werk „das fliessende Licht der Gottheit". [191]
Das Charakteristische von Mechthild im Unterschied zu den andern genannten mystisch orientierten Ordensfrauen ist das Fokussieren auf das Geheimnis geistlicher Minne. Eine Kostprobe davon gibt der folgende Text im 7.Buch ihres Werkes „das fliessende Licht der Gottheit", das sie noch im Alter im Kloster Helfta geschrieben hat. In dichterischer Sprache sagt sie:

„Die ewige Gottheit strahlt und leuchtet und macht minnelustig alle Seligen, die vor ihr sind, die sich erfreuen ohne Arbeit und immerdar loben ohne Herzeleid. Die Menschheit unseres Herrn grüsst und erfreut und minnt immerdar Sein Fleisch und Sein Blut... Auch der Hl. Geist giesst aus Seinem minnenden Himmelfluss, von dem Er den Seligen einschenkt und sie so berauschend tränkt, dass sie vor Freuden singen, anmutig lachen und springen in edler Weise, und fliessen und schwimmen und fliegen und klimmen von Chor zu Chor bis zu des Reiches Spitze empor. " [192]

In einem weiteren Beispiel stellt sich Mechthild fromme Frauen vor, die wahrscheinlich dem Ordensstand angehören und als Bräute Christi verstanden werden. Von denen sagt sie:

„Die reinen minnenden Jungfrauen werden fürderhin folgen dem edlen Jüngling Jesu Christ, der reinen Jungfrau Kind. Er ist voller Minne, wie Er war mit 18 Jahren. Also ist seine Person den Jungfrauen am allerliebsten, und Er ist der Allerschönste. Sie folgen Ihm denn in wonnevollster Zartheit in die blühende Wiese ihres reinen Gewissens. Dann bricht ihnen der Jüngling die Blumen aller Tugenden. Sie winden edle Kränze davon, die man zur ewigen Hochzeit tragen soll. Wenn die edlen Speisen aufgetragen sind, die Jesus Christus selber anbieten will, dann tragen beim allererhabensten Lobetanz Seele und Leib ihren Tugendkranz, den sie auf Erden gewunden... Sie folgen dem Lamm in unsäglicher Wonne von Wonne zu Minne, von Minne zu Freude, von Freude zu Klarheit... " [193]
Was es an legitimen irdischen Freuden gibt hinsichtlich bräutlich-erotischer Liebe, das lebt Mechthild mit ihren visionären Bildern aus. Irdische Ehelosigkeit wird um vieles wettgemacht, indem die Nonne eine Braut Jesu sein darf. Die ästhetischen und dionysischen Komponenten dürfen auch nicht fehlen. So

[191] Mechthild von Magdeburg, „das fliessende Licht der Gottheit", siehe dort Artikel von Hans Urs von Balthasar „Mechthilds kirchlicher Auftrag, Benziger Verlag, Einsiedeln 1956
[192] Mechthild von Magdeburg, „das fliessende Licht der Gottheit", p 327
[193] Mechthild v. Magdeburg, „das fliessende Licht der Gottheit", Buch 7, p 369

sieht diese Zisterziensernonne Jesus als 18-jährigen Jüngling in der Jugendblüte, der durch Seine Gestalt und Erscheinung betört.
Die Brautmystik hat für viele Nonnen das geistliche Leben angeregt und diesem sogar eine bezirzende Note verliehen.
Im NT haben wir auch eine Art von Brautmystik bei Paulus in Epheser 5,22- 32. Allerdings ist Jesus dort als Bräutigam der Gemeinde gesehen. Die Gemeinde als gesamte ist die Braut, nicht einzelne Glieder. In der Offenbarung des Johannes finden wir ebenfalls das Bild der Braut für die Gemeinde der Erlösten.
Eine kostbare, wenn auch kurze Darstellung von Mechthild ist im Bd. I in der Reihe „Die Wolke der Zeugen" von Jörg Erb zu finden.[194]

4. Johannes von Kreuz

a) Lebensabriss [195]

1542 wird Johannes im spanischen Fontiveros (östlich von Salamanca) geboren. Er stammt aus dem verarmten Adelsgeschlecht de Yepes. Johannes verliert seinen Vater früh, was für ihn bedeutet, seine Mutter und Geschwister finanziell unterstützen zu müssen. Er arbeitet für nur kurze Zeit bei einem Zimmermann, nachher bei einem Schneider und schliesslich bei einem Bildhauer. Doch seine Arbeitsgeber sind mit ihm unzufrieden, weil er nicht die nötige handwerkliche Leistung erbringt, aber als Almosensammler für ein Krankenhaus bewährt er sich. Er lernt in dieser Zeit den Jesuitenorden kennen, die „Societas Jesu". Priester, die diesem Orden angehören, entdecken die intellektuellen Fähigkeiten des Johannes und ermöglichen ihm ein Theologie Studium in Salamanca. Im Alter von 21 Jahren tritt er in den Karmeliterorden ein und kommt mit der demselben Orden angehörenden Theresia der Gr. in Kontakt, einer der grössten Mystikerinnen aller Zeiten. Beide sehen Zerfallserscheinungen im Karmeliterorden und so unterstützen sie sich gegenseitig, um eine gründliche Ordensreform durchzuführen. Beiden gelingt die Gründung der sog. „Unbeschuhten Karmeliter" mit einer wesentlich strengeren Ordensregel. Johannes nahm sich die Kartäuser zum Vorbild, welche das Leben der alten Wüstenväter, das Anachoretentum, mit einem sehr reduzierten Gemeinschaftsleben (Cönobitentum) zu verbinden suchten. Theresia macht sich vor allem um die organisatorischen Ideen verdient, was die Ordensreform betrifft, Johannes nimmt sich als Seelsorger, als sogenannter Spiritual, den Nonnen an, wozu er als geweihter Priester auch legitimiert ist.

---

[194] J. Erb, „Die Wolke der Zeugen", 4 Bände, Bd. I, Johannes Stauda Verlag, Kassel 1957

[195] Siehe Karl Färber, „Heilige sind anders", Freiburg im Br. 1958, pp. 183-187

Nach zehnjährigem Bestehen des erneuerten Ordens der barfüssigen Karmeliten tritt für Johannes eines der nachhaltigsten Erlebnisse in seinem Leben ein am 2. Dezember 1577. Er befindet sich im Reformkloster in Avila, als er von Mönchen der beschuhten Karmeliter, welche die Reform hassen, überfallen und in ihr Kloster in Toledo verschleppt wird. Seine Ordensbrüder bringen ihn in ein muffiges Loch ohne Licht, wo er kaum aufrecht stehen kann. Kleiderwechsel wird ihm nicht ermöglicht und er hat Besuchsverbot. Er muss folgende Beschimpfungen über sich ergehen lassen: Er sei ein Heuchler, ein Verräter, einer, welcher der Profilierungssucht anheimgefallen sei.
Die Mönche treten ihn mit Füssen und er wird wöchentlich zweimal im Kapitelsaal allen Mönchen vorgeführt, wo er die Demütigung der Geisselung über sich ergehen lassen muss.
Karl Färber stellt in seiner Kurzbiographie über Johannes die Frage:

„Wie war das möglich? Von Ordensleuten! Man kann nur sagen: Mysterium iniquitatis." [196]

Theresia, die von dieser grausamen Haft Wind bekommt, setzt sich beim König Philipp II. für Johannes ein.
Johannes gelingt nach monatelanger Qual schliesslich die Flucht aus dem Kloster in Toledo. Er findet bei Karmeliterinnen, welche die Reform durchgeführt haben, Aufnahme.
Die folgenden Jahre nach der Flucht verbringt er als Novizen Meister, Prior und Studiendirektor in verschiedenen Klöstern.
Als seine Kräfte aufgezehrt sind und er von einer schweren Krankheit befallen wird, begibt er sich zur Pflege ins Kloster Ubeda, wo der dortige Abt ihn derart unmenschlich behandelt, dass er an den Folgen ohne menschlichen Trost dort 1591 stirbt.
Es ist die schreckliche Zeit im Klostergefängnis von Toledo, wo die ganz besondere Mystik des Johannes von Kreuz entstanden ist. Es handelt sich um die in der mystischen Literatur ausgeprägte Kreuzesmystik oder Mystik der dunklen Nacht.

b) Zur Mystik von Johannes von Kreuz

Es gibt kaum eine Mystik, wo der Dunkelheit und Nacht eine so grosse Bedeutung zukommt wie die Mystik des Johannes von Kreuz. Für ihn ist die von seiner Glaubensschwester Theresia ausgesprochene Erkenntnis in Bezug auf sein Leiden im Kerker wegweisend geworden. Theresia soll gesagt haben: *„Gott verfährt doch recht schrecklich mit Seinen Freunden, allein, Er tut ihnen in Wahrheit nicht Unrecht, weil Er ebenso auch mit Seinem Sohn verfahren ist."* [197]

---

[196] Karl Färber, op. cit., p 185
[197] ibid., p 186

So kommt Johannes von Kreuz zur Erkenntnis, dass Gott die Dunkelheit braucht; denn in ihr versinken die äussern Dinge ins Schweigen. Gott braucht die Nacht der Sinne und die Nacht der Seele. Die Nacht ist das Element der Reinigung. Durch die Nacht der Sinne geschieht die Ablösung von den irdischen Dingen. Aufstieg gibt es nur durch das Abtöten der Sinne, so dass diese verstummen. In seinem Hauptwerk „ Aufstieg zum Berg Karmel“ redet Johannes von der Nacht der Sinne und der Nacht der Seele. Johannes von Kreuz hat im Kerker von Toledo mit den damit verbundenen Qualen die Erfahrung gemacht, dass alles, was vom Sinnenhaften her Hinweis auf Gottes ganzheitliches Reich der Erlösung sein möchte, einem genommen ist. Statt Wohlbefinden gibt es Übelkeit, statt physisches Licht, das aufs geistig-göttliche Licht hinweisen möchte, gibt es nur Dunkelheit; statt Wärme der Kleidung und eines geheizten Raumes bei eisigen Aussentemperaturen gibt es nur Kälte; so erfährt der Gefangene alles andere als das, was einem die Sinne zum Gefühl von Geborgenheit beitragen sollten. Die Gefühle, die mit dem Sinnlichen eng verwandt sind, verkümmern. Statt Liebe erfährt der Gefangene Hass, statt Achtung Verachtung, statt Verständnis Missverständnis. So ist der Mensch von seiner sinnlich-emotionalen Seite her in eine tiefe Nacht hineingeworfen. Auch die Seele von ihrer geistigen Seite her befindet sich in einer Nacht. So schreibt Johannes:

„Und so wird die eine Nacht oder Läuterung dem Sinnenhaften gelten; darin wird die Seele nach ihrer sinnengebundenen Seite geläutert und so dem Geist angepasst... Und die andere ist eine Nacht der geistigen Läuterung, darinnen die Seele nach ihrer geistigen Seite geläutert und entblösst wird, um sie für die Liebeseinigung mit Gott zu befähigen... Die erste Nacht oder Läuterung ist für die Sinnlichkeit bitter und furchtbar... Die zweite ist mit nichts zu vergleichen, so grauenvoll und entsetzenerregend ist sie für den Geist. “ [198]

Bleiben wir zunächst noch bei der Nacht der Sinne, die auch über einen jeden von uns herfallen könnte. Nehmen wir einen Extremfall: Eine unbeteiligte Person wird auf der Strasse unversehens von Gangs überfallen und derart zusammengeschlagen, dass sie das Seh - und Hörvermögen sowie die Mobilität infolge Querschnittlähmung verliert. Da tritt zunächst einmal eine Nacht der Sinne ein. Auf was Johannes von Kreuz hinaus will, gehört zum Wesentlichsten im geistlichen Glaubensleben. Er will nämlich aufzeigen, was noch trägt, wenn einem von sinnlicher Seite her das meiste genommen

[198] Siehe Johannes von Kreuz, „die Gotteslohe“ (Exzerpt aus seinem Hauptwerk „Aufstieg zum Berg Karmel“, Kp. über die dunkle Nacht, übers. v. Irene Behn, Einsiedeln 1958, p 47

worden ist. Für Johannes selber war es die so bittere Erfahrung im Kerker von Toledo.
Johannes stellt uns die Seele oder den Geist bildhaft als mit einem Gaumen versehen vor, der Sinnliches und Emotionales wahrnimmt.
So schreibt er diesbezüglich:

„Denn der sinnenhafte Teil ist nicht aufnahmefähig für das, was reiner Geist ist... Denn da sein Gaumen an jene sinnen- fälligen Lustempfindungen gewöhnt ist, heftet er seine Augen immer noch auf diese. Und weil überdies sein Gaumen noch nicht hinreichend für so verfeinerte Freuden geläutert ist, sondern vielmehr erst mittels jener trockenen und dunklen Nacht allmählich vorbereitet werden soll, so empfindet er nicht den Wohlgeschmack des geistigen Gutes, sondern nur den Ausfall dessen, was er so mühelos genossen hatte... " [199]

Wenn dem Gaumen der Seele oder des Geistes all das genommen ist, was zu legitimer Lebensqualität gehört, beispielsweise die Befriedigung der grundliegenden biologischen Bedürfnisse, so gibt es dennoch die Erfahrung, von Gott geliebt und getragen zu sein. Solche Erfahrungen können viele körperlich schwerstens behinderte Menschen bezeugen.
Nun gibt es aber nicht nur die Nacht der Sinne. Es gibt noch eine viel härtere Nacht durchzustehen, die Nacht des Geistes. Was ist darunter zu verstehen? Nehmen wir als Beispiel nochmals die schlimme Kerkererfahrung des Johannes in Toledo. Trotz den schrecklichen physischen Entbehrungen erfährt Johannes dennoch Gottes tragende Gegenwart und die sinnlichen Entbehrungen machen ihm diese Gegenwart noch viel bewusster, weil es in solcher Situation keine Ablenkung vom Geistigen gibt. Doch löst sich diese Erfahrung der Gegenwart Gottes allmählich auf, als Johannes sich Rechenschaft darüber geben muss, dass ihm all das angetane Unrecht von Ordensbrüdern widerfährt, von Leuten, die täglich beten und regelmässig die Hl. Kommunion in der Messfeier empfangen. Es kommen Zweifel auf, ob der lebendige Gott überhaupt sein Leiden und seine Frustration wahrnimmt. Von den Gefühlen her erfährt er nun mehr und mehr Gottverlassenheit. Das ist die Nacht des Geistes, die noch viel schlimmer ist als die Nacht der Sinne. Johannes bringt es auf den Punkt, was trägt, wenn er schreibt:

„In Armut, Verlassenheit, ohne den Halt der gewohnten Wahrnehmungen, nämlich in der Dunkelheit meiner Erkenntniskraft, in der Bedrängnis meines Willens, in der Beengung und Bedrückung meiner Gedächtniskraft, mich dem Dunkel in reinem Glauben überlassend,...so entging ich mir selber... " [200]

---

[199] ibid., p 50-51
[200] ibid., p 57

Es gibt für den gläubigen Menschen Lebenssituationen, wo nichts mehr aufzugehen scheint. Man kann nichts mehr sinnvoll einordnen und steht vor dem Abgrund der Sinnlosigkeit. Gott als sinngebender Lebensbegleiter ist verschwunden. Das ist Nacht. Es ist jene Nacht, die Jesus selber durchgestanden hat, als Er am Kreuz geschrien hat: *„Mein Gott, mein Gott, warum hast Du mich verlassen!“* Doch nur eines trägt in all dieser Verlassenheit. Es ist Gottes zusagendes Wort, auf das der sich in der geistlichen Dürre Befindende noch stützen kann. Es hat nichts mit Gefühl oder Erfahrung zu tun. Erfahrungen können unter Umständen in die Verzweiflung führen, wenn sie mit Erwartungen verknüpft sind, wie einen Gott leiten sollte, damit es ins eigene Glaubensbild passt. Was in dieser Nacht des Geistes trägt, ist für Johannes von Kreuz nur der auf die Zusage Gottes gestützte Glaube, wie wir ihn im Evangelium finden. Was Johannes in der Nacht des Geistes klar erkennt ist dasselbe, was Hiob im 19.Kp. seines Buches bekennt:

„Aber ich weiss, dass mein Erlöser lebt, und als der Letzte wird Er über dem Staub sich erheben. Und ist meine Haut noch so zerschlagen und mein Fleisch dahin geschwunden, so werde ich doch Gott sehen.“

Die durch schwere Prüfungen und schwarze Nächte hindurchgegangene Julie Hausmann hat 1862 ihre Erkenntnis in einer Liedstrophe aufgezeichnet. Es ist dieselbe Erkenntnis, die mit Johannes von Kreuz verbindet und mit unzähligen andern Christen: Es ist die in der dritten Strophe des so berühmten Liedes „So nimm denn meine Hände“ ausgedrückte Erkenntnis:

„Wenn ich auch gleich nichts fühle von Deiner Macht, Du führst mich doch zum Ziele, auch durch die Nacht. So nimm denn meine Hände und führe mich bis an mein selig Ende und ewiglich.“

Johannes von Kreuz gibt der umnachteten Seele Mut, wenn er sagt:

„O geistige Seele, wohlauf! Findest du deine Triebe verdunkelt, deine Neigungen ausgetrocknet und beengt und deine Kräfte unfähig zu irgendeiner inneren Übung, dann quäle dich nicht deswegen, nimm es vielmehr als glückliches Los: Denn Gott ist dann am Werk, dich von dir selber zu befreien! ... Denn Gott ergreift deine Hand, führt dich gleich einem

Blinden durchs Dunkel, du weißt nicht, wo und wohin; und niemals würdest du mit eigenen Augen und Füssen bei aller Anspannung das Ziel erreichen.“ [201]

Es gibt wohl keinen Mystiker, der so kompetent und mit solchem Tiefgang die Bedeutung der geistlichen Nacht und Dürre reflektiert hat. Eine der schönsten

[201] ibid., p 70

Darstellungen von Johannes vom Kreuz finden wir beim reformierten Theologen Walter Nigg, der mit seinem Buch „Grosse Heilige“ [202] viel dazu beigetragen hat, die Bedeutung christlicher Vorbilder aufzuzeigen, wobei ein legitimes ökumenisches Anliegen zum Zug kommt. Christliche Vorbilder sind in allen Konfessionen zu finden und sollen die Weite der „una sancta catholica ecclesia apostolica“ dokumentieren.
Was die Mystik der „dunklen Nacht“ bei Johannes vom Kreuz betrifft, weist Walter Nigg auf Rembrandt hin, der mit seinen Gemälden die Dunkelheit braucht, um das göttliche Licht erträglich zu machen.[203] Die Dunkelheit ist wichtig, damit das Licht Gottes das menschliche Auge nicht blendet. Johannes vom Kreuz gehört nicht nur zu den grössten spanischen Mystikern, er gehört auch mit seinen geistlichen Dichtungen zur Weltliteratur.
Was seine Mystik betrifft, ist festzuhalten, dass er keine Grenzvermischung zwischen Schöpfer und Geschöpf kennt. Wenn er auch von der Vereinigung des Menschen mit Gott spricht, so bleibt die Verschiedenheit, was Johannes mit dem Bild des mit Wasser gefüllten Glases veranschaulicht, welches vom Sonnenstrahl beschienen wird und aufleuchtet, dennoch aber behält das Glas seine Natur und Eigenheit.[204] Einer der grossen deutschen Dichter der Weltliteratur, Reinhold Schneider, hat in seinem Erzählband „die dunkle Nacht“ das Leben des Karmeliters Johannes von Kreuz sprachlich auf grossartige Weise nachgezeichnet.[205] Dem grossen Mystiker kommt man nahe beim Lesen der Darstellungen von Walter Nigg und Reinhold Schneider.

V. MYSTIK IM PROTESTANTISCHEN RAUM

1. Einleitende Bemerkungen

Mystik ist eine Frucht, die vor allem in der katholischen Kirche des Westens, aber auch in den orthodoxen Kirchen zu suchen ist. Wir denken dabei an das innerliche Leben der zurückgezogenen Wüstenväter, auch an die bereits erwähnten Einflüsse der Kirchenlehrer Clemens von Alexandrien und Origenes, sowie an den überragenden Kirchenvater Augustin und Dionysius Areopagita. Sie alle, ausgenommen die Wüstenväter, haben Plotin verarbeitet und damit wesentliche Voraussetzungen zur Ausgestaltung mystischer Theologie gegeben, die dann im Hoch – und Spätmittelalter vor allem in den Klöstern gepflegt wurde.
Die monastische Tradition mit ihrem kontemplativen Leben in den Klöstern ist in der Reformation meistens auf Ablehnung gestossen. Mystische Spiritualität

[202] Walter Nigg, Grosse Heilige, Artemis Verlag, Zürich 1958
[203] ibid., pp. 266-267
[204] ibid., p 276
[205] Reinhold Schneider, „die dunkle Nacht“, Herder, Freiburg 1947

ist innerhalb des Protestantismus eher selten. Während in der katholischen Tradition Mystik kaum Gegenstand von Kritik ist, finden wir in den aus der Reformation hervorgegangenen Kirchen immer noch viel Skepsis.
Wenn wir in plakativer Weise das Wichtigste zur mehrheitlichen Ablehnung der Mystik im protestantischen Raum festhalten wollen, so sind folgende Bedenken ausschlaggebend:
Erstens: Reformatorisch geprägte Theologie sieht bei den katholischen Mystikern eine starke Betonung auf dem Streben nach Vollkommenheit. Im Vollkommenheitsstreben sieht der Protestantismus allgemein die Gefahr einer Verdienstethik, so dass die Rettung nicht durch das „sola gratia" (die Gnade allein) zustande kommt.
Zweitens: Der Protestantismus, ob lutherischer, anglikanischer, calvinistischer oder zwinglianischer Ausprägung, ist dem „sola scriptura" (allein die Hl. Schrift) verpflichtet. Die Mystik setzt sich dem Verdacht aus, in Privatoffenbarungen zu schwelgen.
Drittens: Im Protestantismus, abgesehen von extremeren charismatischen Bewegungen, hat man eine allgemeine Skepsis gegenüber Erfahrungen ekstatischer Art, die mit Erscheinungen verbunden sein könnten.
Viertens: Der Mystik gegenüber ist der Protestantismus auch deshalb sehr kritisch eingestellt, weil die Gefahr einer Grenzüberschreitung des Geschöpfes gesehen wird, das dem Schöpfer gegenüber die gebührende Distanz nicht einhält, ja sogar den Unterschied zwischen beiden verwischt.
Innerhalb der etablierten reformatorischen Kirchen sind Mystiker eher Exoten. Vielfach haben sich Mystiker des protestantischen Raumes ausserhalb der Kirche angesiedelt im Gegensatz zu den katholischen Mystikern, die auf Loyalität gegenüber ihrer Kirche grossen Wert legen.
Nun gibt es aber auch im protestantischen Raum Mystiker innerhalb der Kirche, die von den Massstäben der Hl. Schrift her gesehen als legitim zu bezeichnen sind. Vor allem in der Zeit des Pietismus sind etliche Theologen hervorgegangen, deren innige Frömmigkeit wir als mystisch qualifizieren können. Wir denken dabei an Graf Zinzendorf (1700–1760), der die Herrnhuter Brüdergemeinde gegründet und sich durch ein Liedgut hervorgetan hat, welches der mittelalterlichen Brautmystik durchaus verwandt ist.
Von Bedeutung sind auch einige der württembergischen Väter, zu denen u.a. Friedrich Christoph Oetinger (1702–1782) und Michael Hahn (1758–1819) gehören. Beide schildern Erlebnisse und Erkenntnisse, die zu mystischen Höhenflügen gehören.
Wir wollen uns aber jenem Mystiker zuwenden, der durch seine Gedichte und Liedstrophen kirchliche Gesangskultur wesentlich mitgeprägt hat. Es handelt sich um Gerhard Tersteegen.

2. Gerhard Tersteegen

a) Aus seinem Leben[206]

---

[206] Siehe Walter Nigg, „Heimliche Weisheit", Artemis Verlag, Zürich 1959, pp. 345–368

Tersteegen ist 1697 in Moers in der Nähe von Düsseldorf geboren. T. war intellektuell begabt, konnte aber wegen den knappen Finanzen infolge des frühen Todes seines Vaters nicht studieren. Er erlernte den Beruf eines Kaufmanns, fand aber in dieser Tätigkeit keine Befriedigung, weil die Lebensweise zu geschäftig, zu unruhig war. Er erwarb sich die Fertigkeit zum Bandweben. Bei dieser Tätigkeit konnte er ungestört seinen Gedanken nachsinnen. Tersteegen lebte wie ein altchristlicher Eremit. Er lehnte jegliche Genussmittel ab und ernährte sich auf karge Weise. Für ihn gehört ein armes Leben zur Forderung der Nachfolge Christi.
Nach einigen Jahren gab Tersteegen das Bandweben auf und er wandte sich der Naturheilkunde zu. Damit setzte ein neuer Lebensabschnitt ein, der gekennzeichnet ist von dem Verlangen, sich den Menschen zuzuwenden und sich mit ihren Sorgen und Nöten auseinanderzusetzen. So begann er als Versammlungsredner wirksam zu werden, der mit geistlicher Wegweisung den Menschen dienen wollte. Tersteegens geistliche Vorträge stiessen auf derart grosses Interesse, dass Leute in Scharen herbeiströmten. Das erweckte den Neid vieler Pastoren, die von der Obrigkeit ein Redeverbot für Tersteegen erwirken konnten.
In der Zeit seiner Zurückgezogenheit als Bandweber hat Tersteegen die nötige geistliche Substanz wachsen lassen, um suchende Menschen seelsorgerlich begleiten zu können. Die fruchtbarste Zeit verbrachte Tersteegen in der Stadt Mühlheim in seinem eigenen Häuschen. Er lebte aus Überzeugung ehelos. Um sich intensiv geistlichen Studien widmen zu können und nicht durch Sorgen für Haus und Essen absorbiert zu werden, stellte er eine Haushälterin an. Er nahm 1727 den Glaubensbruder Heinrich Sommer in seine Wohnung auf, um mit ihm eine geregelte Gemeinschaft der Stille und des Gebetes zu praktizieren.
Tersteegen gründete zwischen Mühlheim und Elberfeld auf der Anhöhe Otterbeck die „Pilgerhütte", eine Art von evangelischer klösterlicher Gemeinschaft mit 12 Regeln. In diesen Regeln wird bereits viel sichtbar vom mystischen Geist Tersteegens. Anlässlich seiner bekannt gewordenen Donnerstagsversammlungen kamen die Besucher oft mit Leitern, um den begnadeten Redner durch die geöffneten Fenster hören zu können, weil es sonst keinen Platz mehr gab.
T. wirkte auch als Reiseprediger mit seinen geistlichen Reden in Duisburg, Krefeld, Solingen, Elberfeld. Er ging fast jedes Jahr nach Holland. Der Einfluss Tersteegens erstreckt sich von Pennsylvanien bis nach Ostfriesland, Dänemark, Schweden und Russland.[207]
Tersteegens Kräfte wurden durch seine intensive Tätigkeit aufgerieben und so starb er 1769.

[207] Gerhard Tersteegen, „Gott ist gegenwärtig", Auswahl aus seinen Schriften, eingeleitet v. Ferdinand Weinhandl, Steinkopf Verlag, Stuttgart 1955, p 26

b) Von der Mystik Tersteegens

Tersteegens mystische Gedanken und Erkenntnisse finden wir in seinen Schriften wie das „Geistliche Blumengärtlein", „Geistliche Brosamen", wo viele seiner Lieder enthalten sind, und in der „Frommen Lotterie". Auch Tersteegen liess sich von bedeutenden geistlichen Lehrern befruchten. Wichtige Einflüsse sind u.a. die „Nachfolge Christi" von Thomas von Kempen (1380–1471), dann der katholische Jean de Bernières Louvigny (1602–1659), dessen Schrift „Das verborgene Leben mit Christo in Gott" er aus dem Französischen übersetzt hat. Unter den evangelischen Schriftstellern mit erbaulicher Literatur übten Johann Arndt (1555–1621) und Gottfried Arnold (1666–1714) einen bedeutenden Einfluss auf Tersteegen aus, vor allem aber die katholische Quietistin Jeanne Marie de la Mothe-Guyon (1648–1717), landläufig Madame Guvon genannt, die sich von Pascals frommer Philosophie stark befruchten liess.

In seiner Schrift „Weg der Wahrheit" sagt Tersteegen im Anhang unter dem Titel „Kurzer Bericht von der Mystik" folgendes:

„Mystische Theologie ist eben das, was wir unter uns das inwendige Leben oder die Herzensgottseligkeit zu nennen pflegen... Ganz für Gott sein ist das wahre Geheimnis des inwendigen mystischen Lebens,... " [208]

Tersteegen zeigt mit der folgenden Aussage, dass das mystische Leben nicht etwas für geistliche Exoten ist, sondern das Normale sein sollte:

„Das wahre inwendige Leben ist keine besorgliche oder neue Sache. Es ist der uralte, wahre Gottesdienst, das christliche Leben in seiner Schönheit und eigentlichen Gestalt... Wenn ein jeder der Lehre und dem Leben Jesu durch dessen Geist folgte, so würden alle ohne Zweifel einig und innig und die Welt voller Mystiker werden, das ist solcher Leute, die nicht einen blossen Schein im Äussern, sondern einen verborgenen Menschen des Herzens erlangeten... " [209]

---

[208] ibid., pp. 31–32
[209] ibid., p 32

Tersteegen erwähnt in seinem Anhang zum „Weg der Wahrheit“ weitere wichtige Faktoren, die zur biblischen Mystik gehören:

„ *Es gehöret demnach und ferner dahin das Bleiben in Jesus; das Anhängen an Gott, um Ein Geist mit Ihm zu werden; das Wandeln in der Gegenwart Gottes; das Anbeten im Geist und in der Wahrheit; die wirksame... und leidentliche Reinigung von allen Befleckungen des Fleisches und des Geistes; die Ausgiessung der Liebe Gottes ins Herz, einer Liebe, welche alle Furcht austreibet; ... das Beschauen der Herrlichkeit Gottes mit aufgedecktem Angesicht...das Leben Gottes, da der Mensch oder das Ich nicht mehr lebt, sondern Christus in ihm; ...der Friede Gottes, welcher über allem Verstand ist.* “ [210]

Tersteegens Mystik ist biblisch diszipliniert, wobei für ihn Matthäus 6,6 und 18,20 gleichsam von fundamentaler Bedeutung sind. Das Gebet im stillen Kämmerlein bringt die Früchte hervor, die in gelebte Gemeinschaft eingebracht werden müssen.
Tersteegen ist eine tiefe Ehrfurcht, ein Überwältigt sein von Gottes Heiligkeit eigen und er versteht es, diese Haltungen in seinen Liederdichtungen meisterhaft einzubringen. Das wohl berühmteste Lied ist „Gott ist gegenwärtig“. Lassen wir einige Strophen dieses Liedes auf uns wirken:

Gott ist gegenwärtig! Lasset uns anbeten,
Und in Ehrfurcht vor Ihn treten.
Gott ist in der Mitte! Alles in uns schweige,
Und sich innigst vor Ihm beuge.
Wer Ihn kennt, wer Ihn nennt,
Schlag die Augen nieder,
Kommt, ergebt euch wieder.

Majestätisch Wesen, möcht ich recht Dich preisen
Und im Geist Dir Dienst erweisen!
Möcht ich wie die Engel, immer vor Dir stehen,
Und Dich gegenwärtig sehen!
Lass mich Dir für und für
Trachten zu gefallen,
Liebster Gott in allem.

Luft, die alles füllet, drin wir immer schweben,
Aller Dinge Grund und Leben,
Meer, ohn Grund und Ende, Wunder aller Wunder,
Ich senk mich in Dich hinunter:
Ich in Dir, Du in mir,

[210] ibid., p. 33

Lass mich ganz verschwinden.
Dich nur sehn und finden.[211]

Tersteegen, den man dem reformierten mystischen Pietismus zuordnet, sieht klar die durch den Sündenfall geerbte Verdorbenheit im menschlichen Herzen. Auch in dieser Beziehung bleibt Tersteegen nüchtern und verschleiert keineswegs durch seine Mystik diese harte Tatsache. Das kommt übrigens deutlich zum Ausdruck in einem von ihm abgefassten Pfingstlied:

O Gott, o Geist, o Licht des Lebens,
Das uns im Todesschatten scheint,
Du scheinst und lockst so lang vergebens,
Weil Finsternis dem Lichte Feind.
O Geist, dem keiner kann entgehen,
Dich lass ich meinen Jammer sehen.

Ich kann nicht selbst der Sünde steuern;
Das ist Dein Werk, Du Quell des Lichts;
Du musst von Grund auf mich erneuern,
Sonst hilft mein eignes Trachten nichts.
O Geist, sei meines Geistes Leben.
Ich kann mir selbst kein Gutes geben.

Ich lass mich Dir und bleib indessen,
Von allem abgekehrt, Dir nah;
Ich will die Welt und mich vergessen,
Dies innigst glauben: Gott ist da.
O Gott, o Geist, o Licht des Lebens,
Man harret Deiner nie vergebens.[212]

Mit Tersteegen möchte ich die Zeugnisse christlicher Mystik beenden.
Im letzten Kapitel unsrer Darstellung von Mystik und Mystizismus soll die Zen Meditation kurz zur Sprache kommen, weil diese vor allem von modernistischer Warte aus gesehen als echte Mystik verkauft wird, die scheinbar das Grunderlebnis der Einheit aller Religionen zu bieten vermag.

---

[211] Lied 162 im Gesangbuch der Evangelisch-reformierten Kirchen der Deutschsprachigen Schweiz, Basel und Zürich 1998

[212] ibid., Lied 510

VI. MYSTIZISMUS IM SCHAFSPELZ LEGITIMER MYSTIK: ZEN ALS KATALYSATOR FÜR INTERRELIGIÖSE ERFAHRUNGEN UND GOTTESDIENSTE

A. Geschichtliches zum Zen

Es geht mir darum, im Sinn eines Destillats, das heisst auf plakative Weise das Wesentliche sichtbar werden zu lassen, was das Geschichtliche betrifft sowie das Substanzielle von Zen. Zur gründlicheren Beschäftigung mit Zen kommt man nicht darum herum, sich in die chinesische Philosophie von Konfuzius (* um 551 v. Chr.) und Laotse (*um 600 v.Chr.) zu vertiefen, wobei Laotse der Hauptbegründer des Taoismus ist. Ein brauchbarer Kurzüberblick über die beiden Systeme des Konfuzianismus und Taoismus ist bei Joachim Störig in seiner Philosophiegeschichte zu finden.[213]
Die Lehre des Konfuzius ist aufs praktische Leben ausgerichtet und gibt Verhaltensregeln, die zum Überleben einer Gesellschaft grundlegend sind. Es geht dabei um konventionelles Wissen, welches im ethischen Bereich der „Goldenen Regel“ sehr nahe kommt.
Beim Begründer des Taoismus, bei Laotse, finden wir dagegen eine aufs Metaphysische ausgerichtete Haltung.
Der Taoismus fragt nach dem Urgrund allen Seins, nach dem Absoluten, nach dem Höchsten, was erkennbar ist.
Die Zen-Spiritualität ist eine Verbindung von Taoismus mit dem Mahayana Buddhismus, das heisst mit jenem Buddhismus, der eine organisatorische sowie rituelle Struktur hat und ursprünglich aus Indien gekommen ist. In China hat sich der Zen-Buddhismus entfaltet, später vor allem in Japan Verbreitung gefunden. Die Denkansätze für den Konfuzianismus und insbesondere für den Taoismus sind aber noch viel früher vorhanden. Man findet sie in dem zwischen 3000 und 1200 v. Chr. entstandenen Buch „I Ching“ oder „I Ging“. Von nicht zu unterschätzender Bedeutung ist nun aber das, was Alan Watts in seinem Buch über den Zen-Buddhismus über die Entstehung des „I Ging“ sagt. Es handelt sich um ein Orakelbuch, bei dem Hexagramme, also Gruppen von Sechszeilern eine Rolle spielen. Wie ist es zu diesen Hexagrammen für das „I Ging“ gekommen? Watts weiss zu berichten, dass der Ursprung bei gewissen Wahrsagern liege, die Schildkrötenpanzer als Orakel benutzten, indem sie ein Loch in einen Schildkrötenpanzer bohrten, diesen erhitzten und zum Zerspringen gebracht haben. Die Sprungmuster deuteten auf eine Struktur, die von Sechsereinheiten bestimmt wurden. Diese Hexagramme sollen beim Finden des Orakels geholfen haben. Wir sehen hier in den Ursprüngen esoterisch-okkulte Elemente.

---

[213] Joachim Störig, Weltgeschichte der Philosophie, Stuttgart 1990, zum Konfuzianismus siehe pp. 89 ff., zum Taoismus pp. 99 ff.

Zen kam um 520 n. Chr. mit dem indischen Mönch Bodhidharma nach China.[214] Zu einer besonderen Entfaltung von Zen kam es aber erst in Japan im 12. und 13.Jahrhundert, vor allem unter den Mönchen Eisai (1141–1251) und Dogen (1200–1251).
Die Entstehung des Zen ist auf dem Hintergrund des Konfuzianismus zu verstehen, der eine Gesellschaftsform mit festen Konventionen bei starker Betonung von Schicklichkeit und rituell gepflegten Anstandsformen hinterlassen hat.[215] Zen ist eine Spiritualität, die sich eine organisatorische Struktur in Form von Klöstern mit Mönchen geschaffen hat, wobei religiöse Rituale eine wichtige Rolle spielen. Die Mönche unterstehen einem Abt als geistlichem Leiter.
Im Zeitraum von 1127–1279 waren Zen Klöster Vermittler chinesischer Gelehrsamkeit. Zen Klöster gibt es heute vorwiegend in Japan. Die Zen-Spiritualität wird aber auch unter Laien ausserhalb von Klöstern gepflegt.
Zen gilt heute als eine der geeignetsten Meditationsformen, um religiöse Bedürfnisse in einer multikulturellen und vom Wahrheitsrelativismus sowie von Globalisierungstendenzen geprägten Gesellschaft salonfähig zu machen.
Es gibt heute kaum namhafte kirchliche Bildungsstätten, die nicht Zen-Meditation anbieten würden. Weshalb die Spiritualität des Zen derart begehrt ist, erklärt sich, wenn wir uns mit der Denkart und Ideologie des Zen, also mit der Anatomie dieser komplizierten Spiritualität auseinandersetzen.

B. Wichtige Elemente des Zen

Das Interesse am Zen hat viel zu tun mit der Kritik am westlich-abendländischen Denken, dem eine ganzheitliche Haltung weitgehend fehlen soll. Alan W. Watts, der sich speziell mit Zen auseinandersetzt, meint, zum westlich-abendländischen Denken gehöre wesentlich die Auffassung, dass man nur das wirklich verstehe, was man wiedergeben kann durch lineare Zeichen.
Vor allem steht das Denken des Philosophen Descartes (1596–1650) unter Beschuss, der ein rationalistisches Erkenntnissystem geschaffen habe, das die Wirklichkeit auf Verrechenbarkeit reduziere. Als Gefahr sieht man die klare Trennung in Subjekt und Objekt, Raum und Zeit, Bewusstsein und Unbewusstsein. Dazu kommt noch, dass die Auffassung von dem, was zur konkreten Welt gehört und was nicht, einen starken Bezug zur Materie hat. Das heisst, konkret ist, was als materielle Wirklichkeit ausweisbar ist.
Zen ist nur verständlich durch Erkenntnis des Tao. Das Verständnis von Tao gründet Laotse auf das tausend Jahre vor ihm bereits vorhanden gewesene Orakelbuch „I Ging".
Beim „Tao", das für das „Zen" so wichtig ist, spielen dem abendländischen Denken fremde Kategorien eine grosse Rolle. So meint der Begriff Tao das Ewige, das Unbedingte, das in sich selber ruht und letztlich unbegreiflich ist. Nach H.J. Störig ist das Tao mit dem indischen Brahman zu vergleichen, das

[214] Alan W. Watts, Zen-Buddhismus, Rowohlt, Hamburg 1961, p 110
[215] ibid., p 177

in allem und auch in uns selbst drinnen vorhanden ist. Erlösung bedeutet, im Brahman oder im Tao aufzugehen. Mit der Erkenntnis des Tao als einer unpersönlichen Urkraft verbindet sich das Phänomen der Erleuchtung und damit der Befreiung von allen Ketten, die ans irdische Leben binden.
Dem Taoismus und dem auf ihm gründenden Zen kann man nur nahe kommen, wenn unsere westlich-abendländische Konzeption und Definition von Wissen sich nicht auf Worte und mathematische Formeln beschränkt. Für das westliche von jüdisch-christlichen Kategorien geprägte Denken gibt es eine klare Unterscheidung zwischen Dingen auf der einen Seite, und zwischen Ereignissen auf der andern Seite. Im speziell vom Taoismus geprägten chinesischen Denken finden wir die Eigenart, dass die Bezeichnungen von Gegenständen gleichzeitig auch Verben sein können. So werden Gegenstände zu Begebenheiten. Dieses Verständnis von Sprache und Denken erzeugt im chinesischen Kulturraum etwas Fliessendes.
Für den westlichen Menschen sind Abstraktionen wichtig, um Erfahrungen auf bestimmte Begriffseinheiten zu reduzieren.
Westliches Denken definiert Wirklichkeit als das, was man wiedergeben und durch lineare Zeichen durch die Tätigkeit des Verstandes mitteilen kann.
Um sich als Person auszuweisen, spielt die Vergangenheit wie die Zukunft eine erhebliche Rolle für den abendländischen Menschen. Eine westliche Person definiert sich über das, was er in der Vergangenheit geleistet hat und was er in Zukunft erreichen will. Das, was eine Person im Moment, in der Gegenwart ist, erscheint uns im Westen viel weniger fassbar als das, was vergangen ist. Das Vergangene steht fest und ist endgültig. Die Gegenwart zeichnet sich aus als Resultat der Vergangenheit und durch die Zielstrebigkeit in die Zukunft hinein. So sieht es ein der abendländischen Kultur verpflichteter Mensch.[216]
Für den östlichen Menschen dagegen, der sich vor allem auf die Erkenntnis des Tao und Zen gründet, ist die Gegenwart derart wichtig, dass Vergangenheit und Zukunft verschwinden und die Gegenwart geradezu einzig dasteht, ohne jeglichen Einfluss von einem vorher oder nachher.
Einen wesentlichen Unterschied zeigt uns die östliche Musik, die nicht in ein lesbares Notensystem von festen Tönen und Rhythmen hineingepresst ist. Auch ist dieser östlichen Art von Musik völlig fremd, was wir in der klassischen abendländischen Musik kennen: Nämlich die Exposition eines Themas, die Durchführung und Verarbeitung des Themas, eine Reprise des Themas und schliesslich eine Coda als Finale. Die Musik des Ostens ist fliessend und zerfliessend.
Es geht in diesem östlichen aufs Tao und Zen sich gründenden Denken um ein direkt spontanes Begreifen des Lebens wie wir es bei Kindern antreffen. Beim Tao und später beim Zen ist die Entfaltung der Spontaneität von konstitutiver Bedeutung.
Das Tao ist aber etwas Unpersönliches, es ist ein Lebensgesetz, welchem Alan Watts im negativ wertenden Sinn den absoluten persönlichen Gott der Juden und Christen entgegensetzt. Dieser persönliche Gott mit seiner

[216] ibid., p 23

moralisch-logischen Ordnung gebe der Gesellschaft eine unverhältnismässig starke Autorität, die zu totalitären Staatsgebilden und Gesellschaftsordnungen verführe.[217]
Befürworter der Tao – und Zen Ideologie kritisieren am abendländisch-biblischen Denken die strenge Unterscheidung zwischen Schöpfer und Geschöpf, zwischen Geist und Materie. Nach dem alten chinesischen Weisheitsbuch „I Ging", wo bereits Wichtiges über das Urprinzip des Tao ausgesagt wird, geht es darum, mit dem Geist peripherisch zu sehen, d.h., sich nicht auf etwas Bestimmtes zu fokussieren; dann befindet man sich im Tao. Es ist bezeichnend, dass Tao, was eigentlich „Weg" bedeutet, eben etwas Unbestimmtes, nicht Definierbares ist. Was das 'Tao ist, lässt sich nur auf dichterische Weise ausdrücken. Alan Watts zitiert eine Stelle aus Laotses Werk „Tao-Te-King":

„Tao ist Wesen, aber unfasslich, unbegreiflich. Unbegreiflich, unfasslich! In ihm sind die Wesen. Unergründlich, dunkel! In ihm ist der Geist. Sein Geist ist höchst wahr, in ihm ist Treue." [218]

Dem Tao ist Spontaneität eigen, die sich dem Planen entgegenstellt.
Der biblische Gott bringt die Schöpfung hervor als Planender durch sein Wort. Tao bringt die Welt durch „Nicht-Tun" (Wu-Wei) hervor, durch einen Prozess des Wachsens, was mit Spontaneität gleichgesetzt wird. Nach der Entstehung des Vorhandenen zu fragen ist für den am Tao geschulten Menschen etwas Fremdes. Ist der biblische Gott selbstbewusst, erkennbar, ansprechbar und einer, der die Menschen seinen Plan wissen lässt, so ist das Tao dunkel, planlos und geheimnisvoll. Ist der biblische Gott „berechenbar" im Sinn Seiner Zuverlässigkeit, d.h., dass Er sich an Seine Verheissungen hält, so ist Tao völlig unberechenbar. Eine der wichtigsten Eigenschaften des Tao ist das „Wu-Wei", diese Spontaneität. Im Tao verankert sein bedeutet, wie ein Spiegel sein, der nichts ergreift, aber auch nichts abweist, der alles aufnimmt, aber nichts festhält. Nur wenn Menschen diese „Wu-Wei Haltung eines Spiegels einnehmen, erschliesst sich ihnen das Tao.[219]
Das Tao, dieses Urprinzip, das zu den wichtigsten Bestandteilen von Zen gehört, wird als Geist verstanden. Dieser Geist ist natürlich im Menschen drinnen angelegt und dieser ist sicher nicht schlecht. Von einer gefallenen Natur des Menschen zu reden ist für die Zen-Spiritualität geradezu absurd. Der Mensch ist weder schlecht noch gut.
Sehr aufschlussreich ist der Bericht des Weisen Lieh-tse, der im vierten vorchristlichen Jahrhundert gelebt haben soll. Lieh-tse gibt uns Aufschluss darüber, was er in der Schule seines Meisters Lao Shang lernen durfte. So berichtet Lieh-tse, er habe in den ersten 3 Jahren seiner Lernzeit die Erkenntnis gewonnen, Betrachtungen über Recht und Unrecht, Nutzen und Schaden

---

[217] ibid., p 29
[218] ibid., p 34
[219] ibid., p 37

aufzugeben. Als er das gelernt hatte, würdigte ihn sein Meister wenigstens eines Blickes.

Nach Ablauf von 7 Jahren sprach Lieh-tse alles aus, was er wollte, aber er vermied es, über Nutzen und Schaden zu sprechen. Der Meister würdigte ihn nun endlich, dass er auf der Meditationsmatte neben seinem Meister Platz nehmen durfte. Was sich nun nach 9 Jahren Lernzeit eingestellt hat, gehört zum Höchsten, was Zen zu bieten hat. Wir werden gleich sehen, was es ist und welche Bezeichnung man ihm gibt. Lieh-tse erreichte den Zustand, wo er seinem Geist freien Spielraum liess und seinen Reden unbegrenzten Lauf. Von Recht und Unrecht, Nutzen und Schaden wusste er nichts. Inneres und Äusseres verbanden sich zu einer Einheit. Es gab keine Unterscheidung mehr zwischen Auge und Ohr, Ohr und Nase, Nase und Mund. Alle waren dasselbe. Der Körper löste sich auf, Knochen und Fleisch schmolzen ineinander. Er hatte nicht die geringste Ahnung, worauf sein Körper ruhte oder was unter seinen Füssen war. Er ward in dieser oder jener Richtung auf dem Wind getragen wie trockene Spreu oder Blätter, die vom Baum fallen.[220]

Zen verwendet für diesen Zustand den Begriff „Satori". Damit ist die eigentliche Erleuchtung gemeint.

Zen kennt für diesen Zustand auch den Ausdruck „Wu-hsin", was ausgelöschtes Selbstbewusstsein bedeutet. Da gibt es volle Freiheit, weil kein kontrollierender Verstand mehr vorhanden ist. Das ist nach dem Verständnis von Zen die Erfahrung der Ganzheitlichkeit oder anders ausgedrückt bedeutet es so viel wie „im Tao" verankert sein. Statt das Wort „Tao" braucht Zen gleichbedeutend den Ausdruck „hsin", was man mit Geist wiedergeben kann. Gemeint ist aber weder Verstand noch Bewusstsein oder Denkkraft, sondern die Mitte der geistigen Aktivitäten. Man muss lernen den Geist sich selber zu überlassen, so dass dieser vollständig spontan wird.

Erst dann stellt sich eine Art von Tugend ein, allerdings nicht im Sinn von moralischer Rechtschaffenheit. Diese Tugend wird mit „Te" bezeichnet, und wenn diese aktiv wird, wird sie zu einem Quellpunkt wundersamer Zufälle.[221]

Für Tao und das auf ihm gründende Zen ist die Leere etwas sehr Wichtiges. Leere lässt Bewegung zu, Leere ist mit Offenheit identisch, sie ist mit einem ungefüllten Krug zu vergleichen, der das Potential hat mit Flüssigkeit aufgefüllt zu werden.

Wenn von Zen die Rede ist, so spielt der im Hinduismus wie im Buddhismus wichtige Begriff „Maya" eine Rolle. Maya bedeutet so viel wie Schein, doch bietet der Zen Mystizismus eine nähere Definition dafür, was unter Schein zu verstehen ist. Man verfällt dem Schein, dem Gegenteil dessen, was wahre Wirklichkeit ist, wenn die Welt in verschiedene Objekte aufgeteilt wird. Zen sieht die Einheit und Verbundenheit aller Dinge. Maya ist eine Haltung, den Fluss des Wechsels und der Veränderung der Dinge im Prozess der Vergänglichkeit aufhalten zu wollen. Anders gesagt: Die Vergänglichkeit als Folge der Sünde zu sehen ganz im Sinn der Bibel, das ist Maya, also eine

[220] ibid., p 41
[221] ibid., pp. 43-44

falsche Sicht. Vergänglichkeit hat überhaupt nichts mit Sünde zu tun nach der Ideologie von Zen. Zen anerkennt die Vergänglichkeit mit ihrem Fluss der sich degenerierenden Dinge sogar als etwas Positives. Wer Zen versteht und auslebt, der nimmt den Fluss der Wechselhaftigkeit der Dinge in ihrer Vergänglichkeit im spielerischen Sinn wahr und hat gleichsam das Bild eines auf dem Wasser dahinhüpfenden Balls vor Augen. So wird das Empfinden von Vergänglichkeit als eine Art von Leere wahrgenommen, die zur Verzückung führt.
R.H. Blyth drückt in seiner Darstellung von Zen das Verständnis von Vergänglichkeit so aus, dass es die dem Zen eigene mystizistische Sicht vom Fluss der Vergänglichkeit sehr gut auf den Punkt bringt:

„ *Ein Morgen – und ein Morgen – und ein Morgen kriecht so mit Schneckensschritt von Tag zu Tag bis zu dem letzten Rest gebuchter Zeit; und alle unsre Gestern haben Toren den Weg zum staubgen Tod geleuchtet. Aus, aus, du knappes Licht! Das Leben ist ein wandelnder Schatten nur; ein armer Spieler, der auf der Bühn ' sein Stündchen prahlt und tobt und dann nicht mehr gehört wird; es ist ein Märchen, erzählt von einem Narrn; voll Klang und Wut, bedeutend – Nichts.* “ [222]

Das Fliessende bejahend wahrzunehmen ohne jegliche theologische Wertung, das ist wahre Erkenntnis, die sich von Maya, Täuschung, befreit hat. Es gilt nach der im Zen eine wichtige Rolle spielenden Maya Lehre zu erkennen, dass es unmöglich ist, die tatsächliche Welt in das geistige Netz von Worten und Begriffen einzufangen. Die Welt der Tatsachen und Ereignisse ist fliessende Form (Rupa). Am Leben hangen bedeutet, das, was Maya beinhaltet, nicht begriffen zu haben. Es gilt, in diesen Fluss der Dinge und Ereignisse sich gleichsam einzufügen mit grosser Wachsamkeit und Sammlung (Samadhi), wobei man sich ganz davon distanziert, einen Zweck darin zu sehen oder eine Erklärung geben zu wollen. Ereignisse oder an einen herangetragene Meinungen, die kommen und gehen, nimmt man wie in einem Spiegel wahr, wobei die Aufhebung von Subjekt und Objekt, Raum und Zeit sich einstellt, aber auch Qualifikationen wie richtig und falsch, Wahrheit und Irrtum, schön und hässlich, als relative Sachverhalte irrelevant werden. Zen legt grossen Wert auf Spontaneität. Wenn ein Zen Schüler seinem Meister eine Frage stellt, so gibt es keine sinnvolle Erklärung, weshalb der Schüler eine Antwort erhält, die er gar nicht einordnen kann. Oft grenzen Antworten von Meistern an ihre Schüler ans Absurde. Damit will der Zen Meister den Schüler dazu erziehen, sich ganz auf die Intuition, und nicht auf den Verstand zu verlassen. Es gehört zur Gesprächsstruktur im Zen, dass dem Fragenden häufig mit dem Gegenteil geantwortet wird. Dazu wenige Beispiele: Wenn einer nach dem Sein fragt, antwortet der Gefragte mit Begriffen des Nichtseins. Wird nach dem Wesen des Weisen gefragt, so antwortet der Meister mit Begriffen des Durchschnittsmenschen. Dadurch soll ein

---

[222] R.H. Blyth, Zen in English Literature and Oriental Classics, Tokyo 1948, Siehe Zitat in Alan Watts, op. cit., p 65

Verständnis des Mittelweges zustande kommen. Buddhistisch-taoistische Texte bekräftigen die Ansicht, dass höchstes Bewusstsein einen Zustand erfordert, wo eine Person sich von allen Vorstellungen und Empfindungen frei gemacht hat. Das ist der Zustand, der als „Samadhi“ [223] bezeichnet wird. Es geht darum, den Geist ungestört und dabei die Gedanken ganz frei kommen und gehen zu lassen. Es soll kein Suchen und Greifen nach Ergebnissen stattfinden im Denken. Nur so ist völlige Konzentration auf das Gegenwärtige möglich. Diese ganz auf die Gegenwart eingestellte Haltung nennt man im Zen „Dhyana“. [224] Dieser Begriff ist nicht genau übersetzbar. Weil diese völlige Konzentration auf die Gegenwart Kategorien der Zeit wie vorher und nachher nicht kennt, hat logisches Folgern deshalb keinen Platz; denn Logik arbeitet mit Kategorien, die mit Folgerichtigkeit und damit auch mit vorher und nachher zu tun haben, auch wenn vorher und nachher nicht unbedingt in Raum und Zeit verstanden werden muss nach den Gesetzen der Logik. Jetzt können wir auch besser verstehen, dass es in der Zen-Spiritualität Aussagen gibt von einer Art von „Wissen“, bei welchem man eben kein Wissen besitzt, bei welchem eine mentale Sammlung ohne Sammlung, eine Weisheit ohne Weisheit und eine Übung ohne üben vorhanden ist. Zen Spiritualität zeichnet sich durch eine spezielle Art von Paradoxien aus. Nehmen wir als Beispiel ein Gespräch von Chao-chou (778-897) aus der Zeit, als er noch Schüler gewesen ist und seinem Meister Fragen gestellt hat. Interessant ist, wie der Meister auf die folgenden Fragen von Chao-chou antwortet. Chao-chou:

„Was ist Tao?“ Antwort: *„Dein gewöhnlicher Geist.“* Chao-chou: *„Wie kann man das Tao absichtslos kennen?“* Antwort: *„Tao gehört weder zum Wissen noch zum Nichtwissen. Wissen ist Missverstehen. Nichtwissen ist blinde Unwissenheit. Das Tao wirklich und zweifelsfrei verstehen ist wie der zweite Himmel. Warum das Angeln nach richtig und falsch?“* [225]

Zum Zen gehört unter anderem, dass der Meister nicht auf den Fragenden eingeht und etwas ganz anderes antwortet, das mit der gefragten Thematik nichts zu tun hat. Als Chao-chu Meister geworden war, antwortete er auf die Frage eines Schülers, ob ein Hund eine Buddha-Natur habe, mit Nein. Als der Schüler – übrigens ein Mönch – um eine eingehendere Erklärung bat, kam zunächst anstatt einer Antwort folgende Frage: *„Hast du deinen Haferschleim gegessen?“* Darauf kam der Befehl: *„Geh, wasch deinen Napf!“* [226]
Zu den Grundregeln von Zen gehört eine sanfte Gleichgültigkeit; Zen soll einen aus dem angeblich festgefahrenen Geleise abendländischer Denkstrukturen befreien. Für Zen braucht es den Kontrast. Ohne das Schlechte wüsste man

---

[223] Siehe A. Watts, op. cit., pp. 76 ff.
[224] ibid., pp. 77 ff.; 103 ff.; 111 ff.
[225] ibi., p 126
[226] ibid., p 38

auch nicht ums Gute, deshalb kann man weder das Schlechte noch das Gute im moralischen Sinn qualifizieren. Gut und schlecht, angenehm und unangenehm sind lediglich zwei Seiten einer Münze und somit gleichwertig. Massstäbe für eine Beurteilung sind etwas Hemmendes, etwas Begrenzendes. Es geht um ein Erkennen, wo alle Unterschiede aufgehoben sind. Das Sosein der Wirklichkeit ist weder gut noch schlecht, weder lang noch kurz, weder subjektiv noch objektiv. Es gibt nichts, an das man sich erinnern muss. Durch absurde Antworten soll alles Begriffliche und damit zu Begreifende ausgeschaltet werden.
Ein moderner Zen Meister, Sokei-An Sasaki, gibt uns ein eindrückliches Zeugnis seines Erlebnisses während einer Zen Meditation:

„Eines Tages entrümpelte ich meinen Kopf von allen Vorstellungen. Ich gab jedes Wünschen auf. Ich warf alle Worte, mit denen ich dachte, fort und verharrte in Ruhe. Ich hatte ein etwas seltsames Gefühl – als sei ich irgendwo hineingeraten oder als rührte ich an eine mir unbekannte Macht...und husch! Ich trat ein. Ich verlor die Begrenzungen meines leiblichen Körpers. Ich behielt natürlich meine Haut, aber ich fühlte mich im Mittelpunkt des Kosmos stehend. Ich sprach, meine Worte jedoch hatten ihre Bedeutung verloren. Ich sah Leute auf mich zukommen, aber sie alle waren ein und derselbe. Alle waren ich selbst! Diese Welt war mir völlig unbekannt. Ich hatte geglaubt, ich sei erschaffen worden, jetzt jedoch musste ich meine Meinung ändern: Ich war niemals erschaffen worden, ich war der Kosmos, ein Individuum mit Namen Mr. Sasaki gab es nicht.“ [227]

Ein weiteres Beispiel möge den Mystizismus der im Zen so wichtigen Erfahrung der Entgrenzung illustrieren: Bei einer Teezeremonie warf ein Meister auf seinen Schüler einen Fächer und fragte: *„Was ist das?“* Der Schüler öffnete den Fächer und kühlte sich mit diesem. Der Kommentar des Meisters war: *„Nicht schlecht“* Der Meister nahm den Fächer wiederum zu sich und gab ihn einem andern Schüler mit den Worten: *„Und nun bist du an der Reihe.“* Dieser klappte den Fächer zusammen und kratzte sich damit am Hals. Nachher faltete er den Fächer wieder auseinander und legte ein Stück Kuchen darauf, welches er seinem Meister zum Essen anbot. Der Meister war nun zufrieden. Weshalb? Es wurde nämlich auf die Frage, was der Fächer ist, keine Antwort gegeben, sondern lediglich durch den Gebrauch des Gegenstandes wollten die beiden Schüler zeigen, dass begrenzende Worte vermieden werden können. Der Kommentar zu dieser anekdotenhaften Überlieferung aus der Sicht von Zen ist:

---

[227] „The Transcendental World“; Zen Notes, Bd. I, Nr.5; First Zen Institute of America 1954; siehe in Alan Watts, op. cit., p 152

„denn wenn es keine Namen gibt, ist die Welt nicht mehr mit Grenzen und Schranken versehen und eingeteilt.“ [228]

Es geht hier um das Sosein der Wirklichkeit, also um den Charakter von allen Dingen und Begebenheiten. Dieses Sosein ist sowohl leer als auch weit und es verleidet dem Geist das Denken, es bringt das Geschwätz über Definition zum Verstummen, so dass nichts zu reden übrigbleibt.

Für Zen ist wichtig, dass es in dieser irdischen Wirklichkeit keine Zeichen oder Symbole gibt, die auf etwas ausserhalb vom hier und jetzt hinweisen würden wie etwa bei uns der Frühling zum Hinweis für die eschatologische Auferstehung wird. Für den Taoismus wie für Zen ist dieses irdische Leben im Hier und Jetzt volle Genüge. Bei der Zen Erfahrung weist nichts über diese hinaus. Wir haben es also mit einer Art von Zwecklosigkeit zu tun. Zen Erfahrung bedeutet, das Sosein der Wirklichkeit direkt sehen. Es handelt sich bei der Zen Meditation um ein kommentarloses Wahrnehmen. Das dabei sich einstellende Wahrnehmen ist das Empfinden der Unterschiedslosigkeit zwischen dem eignen Selbst und der Aussenwelt, zwischen dem Geist und seinem Inhalt, zwischen den verschiedenen Lauten und Sinneseindrücken der nächsten Umgebung. Dieser Zustand soll nicht gewollt werden, sondern er soll sich einfach einstellen.

Es passt zu dieser Zwecklosigkeit, die weiter oben erwähnt ist, dass es für Tod oder Leben keinen Grund gibt. Man muss beides einfach als etwas Gegebenes hinnehmen. Sterben darf nicht mit Hoffnungen verbunden werden wie das beim Christen der Fall ist.

Der Zen Meister will seinen Schüler derart verwirren, dass dieser auf nichts mehr eine Antwort weiss. Aber mit der Zeit soll sich eine Ruhe einstellen, die dem Schüler eine Überlegenheit über all das Verwirrende gibt. Das ist ein wichtiger Teil von „Satori“, von Erleuchtung. Erleuchtung ist ein Innewerden des Nichtwissens, was die Wirklichkeit ist. Das zweckfreie Leben verfehlt nichts nach der Ideologie von Zen. Zen will den Schüler dazu bringen, in die Dinge einzudringen, um mit ihnen eins zu werden, so dass das Gegenüber verloren geht.[229]

Wahrheit erlangen heisst, sich als Teil eines Ganzen verstehen, wobei die Leere der Urgrund aller Dinge ist. Zen will Wertschätzung aller Lebewesen und Kontrolle des eigenen Ichs. Zweckhaftes Denken, einen Sinn suchendes Denken führt zur Instrumentalisierung unseres Gegenübers, es führt letztlich zur Ausbeutung und zur Profitsucht. Um keinem Lebewesen sein Dasein und Sosein strittig zu machen, gibt es als Lösung: Zen mit seinem Weg von der Stille ins Schweigen, vom Schweigen in die Leere, von der Leere ins Nichts. Dabei soll eine tiefe grenzenlose Ruhe entstehen vergleichbar einem Schneefall, der sanft Lage auf Lage schichtet und alle Geräusche verschluckt.

Es ist evident, weshalb Zen Mystizismus so beliebt ist. Wo das Unterscheidungsvermögen abgetötet ist durch solche Meditationstechniken und die grenzenlose Offenheit eingeübt, da müssen die Manipulatoren für eine

---

[228] Alan Watts, op. cit., p+ 163

[229] Alan Watts, op. cit., p 250

Welteinheitsreligion, Welteinheitsgesellschaft, Welteinheitswirtschaft und Welteinheitspolitik kaum mit Widerständen gegen solche Vorhaben rechnen. Die durch Zen geprägten Menschen werden zu einer knetbaren Teigmasse, mit der Globalisierungsziele auf allen Ebenen in der nahen Zukunft leicht durchzuführen sind.

C. Beurteilung von Zen anhand der Botschaft des AT und NT

1. Zen in der Optik von Niklaus Brantschen

In kurz zusammenfassendem Sinn wollen wir uns Zen nochmals vor Augen führen und mit der Botschaft des AT und NT konfrontieren. Dabei ist mir wichtig, Aussagen des bekannten schweizerischen Jesuiten und Zen Meisters Niklaus Brantschen einzubeziehen, der in seinem letzten veröffentlichten Buch „Zwischen den Welten daheim – Brückenbauer zwischen Zen und Christentum",[230] sich für die Vereinbarkeit von Zen und christlichem Glauben stark macht. Der Leser kann sich dabei selber ein Urteil bilden, wie weit Zen sich mit der Stossrichtung biblischer Aussagen verträgt.
Brantschens Buch ist eine sehr gekonnte „Captatio Benevolentiae" für die Sache von Zen. Der Autor sagt viel Wesentliches, das man vom jüdisch-christlichen Standpunkt aus bejahen muss. Es handelt sich um Werte, die wir nicht in erster Linie Zen verdanken. Es mag sein, dass einige der von Brantschen erwähnten Werte, die durchaus auch zum AT und NT gehören, in Vergessenheit geraten sind, und wenn diese in ähnlicher Weise in einer andern Religion auftauchen, einem wegen der Faszination des Neuen und bisher Unbekannten (der Effekt des Exotischen) bewusster werden. Dass gerade solche Gemeinsamkeiten sich sehr gut für den interreligiösen Dialog eignen und man davon auch Gebrauch machen soll, liegt auf der Hand. Es tauchen aber auch jene Denk – und Verhaltensmuster im Zen auf, die vom Wesen, also vom Grundsätzlichen her verschieden sind und Fragen aufwerfen, was die Kompatibilität mit der biblischen Botschaft betrifft.
Die Beschäftigung mit Bonhoeffers „Widerstand und Ergebung" führt Brantschen einerseits zur Erkenntnis, dass Kirche eine Gemeinschaft sein muss für die andern, vor allem für die der Kirche Entfremdeten, andrerseits zur Frage: Bin ich noch brauchbar, ist die Kirche noch brauchbar.[231] Diese Orientierung an Bonhoeffer kann man durchaus als Auftakt zum spirituellen Weg von Brantschen verstehen. Dieser will sich zurüsten lassen, um den andern, den Fragenden, den Suchenden, den Hilflosen und Entrechteten, eine echte Hilfe zu sein. Er sieht den Menschen als Teil dieses Globus und deshalb ist seine Sorge eine globale, die alles Leben und Sein einbezieht.
Unter der Führung von Pater Lassalle (S.J), der u.a. den

---

[230] Niklaus Brantschen, Zwischen den Welten daheim – Brückenbauer zwischen Zen und Christentum, Patmos Verlag, Ulm 2017
[231] ibid., pp. 48-49

deutschsprachigen Bereich Europas mit der Spiritualität von Zen vertraut gemacht hat, liess sich Brantschen in diese buddhistische Lebenspraxis einführen.[232] Dabei ist die Stille entscheidend wichtig und die Meditationsschritte von Loslassen, Niederlassen, Eins werden und Neuwerden.
Brantschen unterzieht sich später einem vom japanischen Zen Meister Yamada Roshi geführten Training. Er erfährt in diesem Training einen tiefen Frieden. Eine Erkenntnis und ein Erleben von zentraler Bedeutung ist für ihn folgendes:

„Mehr und mehr bekomme ich eine Ahnung von Meditation, von der Wesenseinheit aller Dinge, davon, dass Leben und alles, was ist, einen gemeinsamen Nenner hat.“ [233]

Für Brantschen ist diese Erkenntnis wichtig, weil sie ihn dazu anhält, allen Dingen die nötige Beachtung und Aufmerksamkeit zu schenken, letztlich allem mit Sorgfalt und Wertschätzung zu begegnen. Diese Erkenntnis muss in einer Erfahrung gipfeln, die er im Zusammenhang mit einer buddhistischen Tempelglocke, die er in der Natur draussen hört, so beschreibt:

„Ja, so ist es: Ich bin eins mit dem Klang, eins mit der Glocke, eins mit der Grille, die im Tempelgarten zirpt, ich bin im Einklang mit allem, was ist, ich – bin.“ [234]

Vergessen wir nicht, Brantschen schwebt das Ziel vor, als Kirche und als Einzelperson für den Mitmenschen und den Globus mit all seinen Bedürfnissen brauchbar zu sein in jeder Situation, das heisst im Arbeitsalltag, im Hier und Jetzt.
Eine Station auf diesem Weg lernten wir bereits kennen. Es ist die Erkenntnis, dass alles Sein miteinander vernetzt ist und eine Einheit bildet.
Eine weitere Station von entscheidender Wichtigkeit ist die Erkenntnis des Wesens aller Dinge, vor allem das Erkennen des eigenen Wesens. Brantschen braucht als Illustration seine Erlebnisse mit dem weltbekannten japanischen Berg Fuji. Als grosses Vorbild für das dichterische Besingen dieses Berges erwähnt er den Zen-Poeten Hakuin (1685–1768) und von diesem sagt er:

„Der Meister besingt … in seinen Liedern auf den Fuji unsere ursprüngliche, wahre Natur, die Wesensnatur. Dieses wahre Wesen zu schauen, ist Ziel der Zen-Praxis. Indes bringen wir es immer wieder fertig, unser wahres Wesen zu verdunkeln und zu verschleiern.“

Brantschen bezeichnet das Schauen des eigenen wahren Wesens sogar als das Herzstück des Zen und des Buddhismus überhaupt. [235]

---

[232] ibid., pp. 54-55
[233] ibid., p 60
[234] ibid., p 61
[235] ibid., p 62+75

Auf dem Weg zu dieser Erkenntnis des Wesens aller Dinge gelangt man zu einer Station, die gleichsam die Voraussetzung dafür zu sein scheint. Vernehmen wir Brantschens. eigene Worte für seine seltsame Erfahrung beim Besteigen des Fuji:

„Der stundenlange Aufstieg in der Stille der Nacht; das regelmässige, zen-ähnliche, rhythmische Gehen; das gleichmässige Atmen – all das hat mich nicht nur auf den Gipfel des Fuji gebracht. Es führte mich zugleich an jenen ‚ortlosen Ort', an dem es kein Kommen und Gehen, kein Vorher und Nachher, keine Kurven und kein Geradeaus gibt. Wo es nichts gibt, wo alles leer ist. Dieses ‚leer' … muss als Wirklichkeit erfahren werden, die vollkommen substanzlos ist und gleichzeitig die Fähigkeit enthält, jedes Ding und jedes Wesen, jede Situation und jedes Ereignis als einmalig, einzigartig und beachtenswert zu erfahren." [236]

Es geht also um die Auflösung aller Gegensätze. Mit dieser für uns sich von der jüdisch-christlichen Kultur grundsätzlich abhebenden Erfahrung meint Brantschen folgendes gelernt zu haben und immer noch zu lernen: *„Ich lernte und lerne, das ‚Geheimnis Mensch' zu ergründen."* [237]
Wer aber ist imstande, das Geheimnis Mensch zu ergründen ausser Gott der Schöpfer? Die Schlussfolgerung ist naheliegend, dass dieses von Brantschen bezeugte Erlebnis der Auflösung aller Grenzen einen auf die Stufe Gottes erheben muss. Brantschen überlässt jedoch diese Schlussfolgerung seinem verehrten Meister Hugo Lassalle, von dem er folgendes zu berichten weiss:

„Hugo war mein Freund… So sagte er mir etwa (es war am 31.Juli 1986 im Zug von Kamakura nach Tokio), es gebe Dinge, die er noch niemandem gesagt habe. Es würde doch nur missverstanden. ‚Zum Beispiel', fragte ich vorsichtig. ‚Wir sind alle Gott', sagte er und schwieg erst einmal. ‚Aber genau das darf man nicht sagen, sonst wird man irgendwie eingeordnet.' Und so schweige auch ich zu diesem Punkt." [238]

Es scheint, als ob für das Ergründen des Geheimnisses Mensch und das volle Eindringen in den Wesenskern der Dinge die Überwindung des Unterschiedes von Schöpfer und Geschöpf postuliert werden müsse.
Auf dem Weg zur Wesensschau und Wesenserkenntnis ist eine besonders wichtige Station zu erwähnen, die eigentlich am Anfang der erwähnten Stationen stehen müsste. Auf Lassalle hinweisend geht es um jene Offenheit, Zen nicht von Anfang an als Lehre kennen zu lernen, die man aufgrund unseres westlich-abendländischen, d.h. jüdisch-christlichen Denkens vorerst beurteilen möchte. Zen und der Buddhismus erschliessen sich einem nur dann, indem man sich

---

[236] ibid., p 64
[237] ibid., p 65
[238] ibid., p 74

gleichsam in die andere Religion ohne jegliches Urteil hineinbegibt, um ihr auf dem Weg der Erfahrung zu begegnen.[239]
Das Erkennen des Wesens des Menschen und des ihn umgebenden Globus darf nicht Selbstzweck sein. Es geht um Ganzheitlichkeit im Sinn der Förderung von mentaler, emotionaler und spiritueller Intelligenz und damit einhergehend um die Wahrnehmung der drei Weisen des Seins, nämlich der Einheit, Verschiedenheit und Einzigartigkeit. Diese Ganzheitlichkeit findet ihre Vollendung auf den drei Ebenen des Handelns, auf der individuellen, institutionellen und globalen Ebene. [240]
Dass Kontemplation zur Aktion führen muss, indem der Weg auf den Marktplatz des Lebens einmündet, dieses Postulat zieht sich als roter Faden durch das ganze Buch von Brantschen.
Mit der Kontemplation verbindet sich die Präsenz im Sinn des vollen Gegenwärtig seins. Diese erhält einen hohen Stellenwert. Durch die Präsenz in allem Tun und Wirken kann man erst das bewerkstelligen, was erforderlich ist, um sich auf dem Marktplatz des Lebens zu bewähren, wobei die Bedeutung des Atems für Präsenzübungen eine grosse Rolle spielt.[241] Das Jetzt erhält sogar eine solch grosse Dominanz, dass Vergangenheit und Zukunft geradezu zu verschwinden scheinen. Mit der Konzentration auf den Atem gewinnt man eine Gegenwartserkenntnis sondergleichen mit der bereits erwähnten Einsicht in die Verbundenheit aller Dinge, was Brantschen auf folgenden Nenner bringt:

„Mein Atem heisst jetzt…Atem ist Leben. Er verbindet uns mit allem, was ist. Im Atem fallen Innen–und Aussenwelt zusammen –und werden eine Welt.“ [242]

Man sollte eigentlich etwas Grossartiges und Ausserordentliches erwarten dürfen aufgrund der Zielsetzung von Zen, nämlich das wahre Wesen aller Dinge und insbesondere des eigenen Selbst zu ergründen. Eine Aussage von Brantschen lässt in diesem Zusammenhang aufhorchen. Sehr geschickt stellt er dar, wer er aufgrund seiner vielschichtigen Tätigkeiten sein könnte. So lässt er sich selber in den verschiedensten Funktionen auf einer imaginären Bühne auftreten und abtreten und präsentiert sich mit Humor sowie Ironie. Was er auftreten lässt, ist das in der Zen Ideologie als „Shoga“ bezeichnete „Kleine Ich“, das auf Anerkennung erpicht ist und sich durch seine Verdienste sowie Erkenntnisse definiert. Als jedoch der Vorhang der imaginären Bühne fällt, sitzt Brantschen allein da und ist mit dem in der Zen Sprache als „Daigo“ bezeichneten „Grossen Ich“ konfrontiert. Wer ist nun dieses „Grosse Ich“? Brantschen gibt folgende Antwort:

---

[239] ibid., p 76
[240] ibid., p 83
[241] ibid., pp. 117 + 129 + 134
[242] ibid., pp. 114 + 117

„Es ist der wahre Mensch ohne Rang. Der ganz konkrete Mensch aus Fleisch und Blut. Sein Name lautet ‚Geheimnis'. Und so halte ich für heute in meinem Tagebuch fest: Ich bin ein ‚Ich-weiss-nicht-wer.'" [243]

Könnte es sich bei der obigen Aussage um eine Art von Identitätsmystizismus handeln?
Eine Offenheits- und Willkommenskultur ist bei Brantschen offensichtlich, was auf der einen Seite sehr sympathisch ist, auf der andern Seite drängt sich einem aber die ernsthafte Frage auf, wohin wir gelangen, wenn Abgrenzungen im biblischen Sinn zu einer „quantité négligeable" werden.
Wenige Beispiele möchten das zeigen. In einer Begegnung mit dem Zen Meister Yamada Roshi fragte Brantschen diesen nach seinem Verständnis der „drei Kostbarkeiten" (*Buddha* – das Absolute – *Dharma* – die Welt der Phänomene, *Sangha* – die Verbindung von beiden). Brantschen liess dabei die Bemerkung fallen, diese drei entsprächen der Dreifaltigkeit des Christentums. Der Zen Meister demonstrierte in der Gegenwart von Brantschen, wie er diese „drei Kostbarkeiten" verehrt, nämlich indem er sich niederwarf und mit der Stirn den Boden berührte. Brantschens Kommentar zu diesem Ritual: *„Ich verstand seine Botschaft an mich: Es gibt eine Wirklichkeit, die will nicht beredet, sondern verehrt werden."* [244]
Brantschen spricht eingehend vom Herzensgebet, von der mit vielen Repetitionen verbundenen Anrufung des Namens Jesu. Doch wie ist die folgende Aussage einzuordnen? : *„Das Herzensgebet ist – … einfach und wiederholbar…Einfach und wiederholbar wie das ‚Om'."* [245] Er erweckt den Eindruck, als ob das in fernöstlicher Spiritualität praktizierte und im Kosmos verhallende „Om" sich auf ähnlicher Ebene befände wie die Anrufung des Namens Jesu.
Brantschen teilt uns eine Erfahrung mit, die man gründlich hinterfragen muss: *„Wann immer ich auf dem nahen Berg in einem viertausend Jahre alten Steinkreis stehe, spüre ich die Kraft des Ortes."* [246] Man kann sich des Eindrucks nicht erwehren, dass es nach Brantschen eine allen Religionen gemeinsame identische Kraft gibt, welche die Offenbarung jenes einzig wahren Gottes im AT und NT überflüssig macht.
Was meint er mit der Aussage, mit der er jesuitischer Spiritualität viel Kredit zu geben vermeint: *„Jesuiten haben im Allgemeinen keine Angst vor fremden Religionen und Kulturen. Was ermutigt sie? Sie wissen: religiös zu sein heisst, interreligiös zu sein."* [247]
Wenn Brantschen als Ziel von Zen das Ergründen des Wesenskerns des Menschen und des Kosmos mit seinem Reichtum sieht, so verbindet sich damit

[243] ibid., p 98
[244] ibid., p 138
[245] ibid., p 121
[246] ibid., p 158
[247] ibid., p 110

die grosse Sorge um das Heil der Mutter Erde, die saniert werden muss. Er hat die Überzeugung, dass wir Menschen das tun können. Die Anweisungen der Bergpredigt gelten auch für den Staat, nicht nur für die christliche Gemeinde.[248] Diese Machbarkeit verbindet Brantschen mit sehr aussagekräftigen Bedingungssätzen wie:

„Wenn wir bereit sind, alles Leben auf diesem Planeten in seiner konkreten Vielfalt und Verschiedenheit als Einheit zu sehen, zu behüten und zu bewahren, wenn wir das ‚Immer mehr' ersetzen durch das ‚Genug'…, wenn wir in einer durch Technologie und Kommunikation immer kleiner werdenden Welt nicht auf Abschottung und Grenzziehung setzen, sondern auf Austausch und Kooperation…, wenn wir die Meinung, mit der Bergpredigt könne man ‚keinen Staat machen', widerlegen, indem wir mit Entschiedenheit dem Unrecht Recht, der Gewalt Gewaltfreiheit und dem Streit Versöhnung entgegensetzen…" [249]

Brantschen teilt hier voll und ganz die soteriologische Devise des Weltkirchenrates: Frieden, Gerechtigkeit und Bewahrung der Schöpfung im Sinn menschlicher Machbarkeit.
Er beschliesst sein Buch damit, dass er die Wichtigkeit hervorhebt, sich in den Dienst des Segnens einspannen zu lassen. Jeder soll ein Segen sein und selber andere segnen. Nach ihm kann jeder segnen, der glücklich ist.[250]
Brantschen muss man zugutehalten, dass er mit den seiner Meinung nach aus dem Zen erstehenden Früchten jedermann ermutigen, motivieren und jedem Wesen mit Respekt und würdigender Haltung begegnen möchte. Auch sind ihm die klassisch antiken sowie jüdisch-christlichen Tugenden wichtig.
Was Brantschen einem schuldig bleibt, ist eine plausible Erörterung für den mit dem jüdisch-christlichen Denken und Verstehen verwachsenen Menschen, dem durch eine konsequente Anwendung der Denkmuster von Zen die biblisch-abendländische Werteordnung zu einem Labyrinth verwandelt würden.
Brantschen verschweigt jene so wichtigen Seiten von Zen, die Watts ehrlich mit all ihren verwirrenden Facetten als dem jüdisch-christlichen Glauben widersprechend darstellt, wobei Watts sich deutlich mit der Zen-Ideologie solidarisiert und alles andere intendiert als Apologetik zugunsten des christlichen Glaubens.
Brantschen schuldet die Erklärung, wie diese Quadratur des Kreises oder dieser gordische Knoten zu lösen ist, eben das Zusammengehen von Zen und biblischem Evangelium. Brantschen möchte ja ein Brückenbauer sein. Doch kommt es einem vor, als ob die Brücke plötzlich einbräche, weil bei ihm nach meiner Wahrnehmung beide Pfeiler, der auf der Zen-Seite sowie der auf der christlichen Seite, auf einem wahrheitsrelativistischen Fundament beruhen statt auf der Grundlage von Hl. Schrift und jüdisch-christlicher Tradition.

---

248 ibid., pp. 153-154
249 ibid., p 154
250 ibid., p 162

Diese Auseinandersetzung mit Zen sollte aber vor allem den Segen in der Bindung an die Offenbarung im AT und NT aufzeigen oder anders gesagt: Im Gehorsam gegenüber jenem legitimen Main Stream der Ecclesia Sancta Catholica et Apostolica, der sich, was Lehre betrifft, im Zeitraum von ca. 2000 Jahren bewährt und die Christenheit im Grossen und Ganzen zusammengehalten hat.

2. Biblische Beurteilung von Zen

Das von A. W. Watts über Zen Gesagte ist Voraussetzung bei dieser biblischen Beurteilung. Auf Brantschen greife ich dort zurück, wo er sich für Lehren oder spirituelle Praktiken stark macht, die im Widerspruch zur Hl. Schrift stehen.
Für Zen ist das Fundament das Tao, ein unpersönliches Lebensgesetz von göttlicher Qualität, das gleichsam zu einem letzten erstrebenswerten Zustand führen soll, zu dem sogenannten „Satori". Der Mensch, bei dem sich dieser Zustand durch ein Warten darauf einstellt, soll jene Gegebenheiten verlieren, die für das jüdisch-christliche Denken konstitutiv sind: Subjekt und Objekt, Vergangenheit und Zukunft, Massstäbe zur Beurteilung von Gut und Böse, Wahr oder Falsch, Gerechtigkeit und Ungerechtigkeit, Schuld oder Unschuld, Hoffnung und Enttäuschung, Leid oder Glück. Es geht um ein Eins Werden mit allem und letztlich um die Auflösung des Ichbewusstseins in den Zustand einer von jeglicher individuellen Prägung befreiten Erhabenheit.
In den folgenden Punkten soll die Konfrontation von Zen mit der Hl. Schrift erfolgen.
Erstens: Zen kennt nicht den sich als Person offenbarenden Gott.
Es gibt keinen Schöpfer im Sinn einer Person, der durch Sein planendes Wort die Welt mit dem Menschen und der ihn umgebenden Natur ins Leben gerufen hat. Gleich am Anfang, im ersten Kapitel von Genesis tut sich der lebendige Gott als Schöpfer und Planer kund. Er tut es als Person, der durch Sein Wort schafft und der die nach Seinem Ebenbild gestalteten Personen anspricht, indem Er ihnen Seinen Auftrag kundtut. Vgl. Gen.1. Was Watts als grundsätzlichen Unterschied in seiner Zen Analyse hervorhebt, kommt bei Brantschen nicht zur Sprache. Der Schöpfer als Person tut sich kund als einer, der sich ganz besonders um das nach Seinem Ebenbild geschaffene Geschöpf, um den Menschen, kümmert und diesen wissen lässt, dass Er sogar Einzelheiten wahrnimmt wie dessen Sitzen, Stehen und Liegen, ja sogar in dessen Gedanken Einsicht hat (vgl. Ps. 139).

Zweitens: Zen kennt keinen Gott der Geschichte und des Bundes
Ist der biblische Gott selbstbewusst, erkennbar, ansprechbar und einer, der die Menschen seinen Plan wissen lässt, so ist das Tao dunkel, planlos und geheimnisvoll. Der biblische Gott dagegen ist „berechenbar" im Sinn Seiner

Zuverlässigkeit, d.h., dass Er sich an Seine Verheissungen hält. Tao ist völlig unberechenbar. Bantschen führt seinen Leser durch das Bekanntmachen mit Zen in einen geschichtslosen Raum, in dem angeblich die Erfahrung der Verflochtenheit und Einheit aller Dinge eine bedeutende Rolle spielt. Doch der biblische Gott hat es mit Geschichte zu tun, insbesondere mit Seiner Heilsgeschichte, die es zu bedenken gilt. In vielen Psalmen, die ja Gebete und Anweisung zum Betrachten sind, gilt es, über den in der Geschichte handelnden Gott nachzudenken (vgl. Ps.68; Ps.98; Ps.89).

Drittens: Für Zen gibt es keinen den Menschen und Kosmos schädigenden Sündenfall

Von einer gefallenen Natur des Menschen zu reden ist für die Zen-Spiritualität geradezu absurd. Der Mensch ist weder schlecht noch gut, aber er hat naturhaft ein gewaltiges Potential, das es auszuschöpfen gilt, um hohe spirituelle Stufen zu erreichen. Die Vergänglichkeit als Folge der Sünde zu sehen ganz im Sinn der Bibel, das ist Maya, also eine falsche Sicht. Vergänglichkeit hat überhaupt nichts mit Sünde zu tun. Zen anerkennt die Vergänglichkeit mit ihrem Fluss der sich degenerierenden Dinge sogar als etwas Positives. Es gehört zur Zen Mentalität, auf jegliche Erklärungen und Suche nach Ursachen der Vergänglichkeit zu verzichten. Doch der biblische Befund ist eindeutig. Bereits im AT zeigt sich die Wirksamkeit des in Gen.3 erwähnten Sündenfalls auf Schritt und Tritt in Form von Brutalität und Missachtung des von Gott mit seinem erwählten Volk geschlossenen Bundes. Dieses Gefälle zum Bösen im Menschen bringt Ps.14 unmissverständlich auf den Punkt. Gen.2, 17 zeigt bereits den engen Zusammenhang von Sünde und Tod auf, wobei Sünde als den von Gott trennenden Ungehorsam verstanden wird. Paulus spricht unmissverständlich davon in Röm.6, 23. Er sagt in aller Deutlichkeit dass im Menschen nichts Gutes wohnt. Deutlicher als in Röm.7, 14-20 kann es kaum gesagt werden. In Eph.2, 1 geht Paulus sogar so weit, dass er den Menschen als tot in Sünden und Übertretungen qualifiziert. Die Vergänglichkeit und das damit verbundene Altwerden mit dem Verlust der Ästhetik und den eintretenden Mühsalen artikuliert schon das AT in höchst realistischer Weise in Ecclesiastes 12, wo von den kommenden nicht schönen Jahren die Rede ist. Brantschen spricht nirgends von der Verdorbenheit des Menschen und dessen Notwendigkeit der Erlösung durch den Gottmenschen Jesus.

In Bezug auf die Sicht der Vergänglichkeit im Kontext von Zen sei nochmals auf die Aussage von R.H. Blyth auf S.116 verwiesen, wo die nihilistische Seite von Zen deutlich zum Ausdruck kommt. Brantschen geht auf diese dunklen Seiten von Zen nicht ein. Man erhält den Eindruck, dass er diese fernöstliche Spiritualität für den Westen salonfähig machen will.

Viertens: Anderes Heilsverständnis, andere Heilserwartung bei Zen

Heil besteht im Wirksamwerden des Tao mit dem sich durch Warten einstellenden Zustände von „Satori" und „Whu-hsin" (ausgelöschtes

Selbstbewusstsein). Mit dem ausgelöschten Selbstbewusstsein verbinden sich volle Freiheit durch Ausschalten eines kontrollierenden Verstandes, keine begrenzenden Massstäbe für eine Beurteilung elementarer Qualitäten zur Lebensbewältigung wie gut und bös, wahr und falsch, schmerzvoll und angenehm, hässlich und schön. Es geht um ein Erkennen, wo alle Unterschiede aufgehoben sein sollen, weil das Sosein der Wirklichkeit weder negativ noch positiv, weder lang noch kurz, weder subjektiv noch objektiv ist.

Brantschen stellt das Ziel oder die sich vollziehende Erlösung bei Zen vor allem als einen Zustand höchster Erkenntnis des Wesens aller Dinge dar, wobei die Erfahrung der Zusammengehörigkeit und Identifikation mit allen Dingen vorangeht. Dazu kommt die Rettung der Mutter Erde als von Menschen zu vollziehender innerweltlicher Akt, von Menschen, welche den nötigen inneren Friedenszustand scheinbar erreicht haben. Ich verweise auf die in Brantschens Buch auf den Seiten 153–154 erwähnten Punkte sowie die auf S.61 und anderswo bezeugten Einheitserfahrungen.

Nach biblischem Verständnis ist Rettung dagegen aufs engste mit dem gefallenen Menschen und dem gefallenen Kosmos verbunden. Die Sündenerkenntnis soll dazu überführen, dass wir einen Retter nötig haben. Wir stossen dann nicht auf einen von Natur aus vorhandenen inneren Reichtum, der uns auf dem Weg der Rettung voranbringen könnte. Rettung oder Heil geht über das Kreuz, wo Jesus die Schuld, die wir vor Gott haben, bezahlt hat mit dem Preis, den wir hätten bezahlen müssen, nämlich mit der Gottverlassenheit. Es sei an Jesu Schrei am Kreuz erinnert: *„Mein Gott, mein Gott, warum hast Du mich verlassen!“* Es geht um die Schuld oder Sünde, von Gott unabhängig sein zu wollen, sich Ihm nicht verdanken zu müssen. Das im Glauben angenommene Verdienst Jesu, uns losgekauft zu haben von der Macht der Finsternis und uns vor Gott gerecht gemacht zu haben, bringt Paulus in 1.Kor.1,30 auf einen knappen Nenner, wenn er sagt, dass uns Jesus zur Gerechtigkeit, Weisheit Heiligung und somit zur Rettung gemacht ist.

Rettung ist wesentlich das geordnete Gegenüber von Gott und Mensch. Der erlöste Mensch steht in einem Friedensverhältnis zum lebendigen Gott durch Jesus Christus, der unser Friede ist.

Die gefallene Welt mit den chaotisierenden bösen Eigenschaften des Menschen ist derart offensichtlich, dass man diese nicht wegdiskutieren kann. Auch die Natur ist Teil der gefallenen Schöpfung, was Paulus in Röm.8, 20–22 unmissverständlich zum Ausdruck bringt. In der gefallenen Schöpfung wirken die Naturgewalten oft in destruktiver Weise durch Erdbeben, Orkane, Überschwemmungen, Feuersbrunst durch Blitze, Wachstumsstörungen von Getreide, Gemüse und Früchten infolge von Dürre, was zu Hungersnöten und Tod führt. Wie ist es da möglich, sogenannt Heiles zu erleben durch eine spirituelle Erfahrung der Einheit aller Dinge? Auch im ethischen Bereich erfahren wir das Böse durch Mord, Raubüberfälle und Betrug und die so vieles zerstörende Gier nach dem „immer mehr“, die Brantschen übrigens mit vollem Recht beanstandet. Eine Einheitserfahrung mit allem müsste ja dann auch die Vereinigung mit dem Gottwidrigen beinhalten, was ja niemals ein erstrebenswertes Ziel sein kann. Vor allem auch Menschen, die durch Lehre und Verhalten das Evangelium mit Füssen treten, fügen sich nicht in eine verbindende Einheit mit Christen ein. In dieser gefallenen Welt gibt es vieles, das nicht kompatibel ist mit der momentan noch fragmentarisch und zeichenhaft vorhandenen „heilen Welt“ innerhalb der christlichen Gemeinde als Leib Christi. Paulus bringt das meisterhaft auf einen Nenner in seinen Aussagen in 2.Kor.6, 14–16, wo er geltend macht, dass Gerechtigkeit und Korruption, Christus und Satan (Belial), Licht und Finsternis, der Gläubige und Ungläubige, der Tempel Gottes und der Götzentempel nichts gemeinsam haben. Zum biblischen Heilsverständnis gehört wesentlich die Wiederherstellung der Ganzheitlichkeit des Menschen durch das Geschenk eines neuen unverweslichen Leibes, was auf Hoffnung hin dem sich im Glauben auf Jesus Christus stützenden Jünger zugesagt ist. Verwiesen sei auf 1.Kor. 15. Zu dieser Ganzheitlichkeit gehört ebenso der Kosmos mit seiner belebten und unbelebten Natur. Doch diese Erneuerung und somit Rettung des Kosmos geschieht durch einen Einbruch von Oben und nicht durch Menschen, obschon diese Zeichen der kommenden Vollendung setzen sollen. In dieser gefallenen Welt gibt es gestützt auf 2.Petrus 3, 10 keine definitive Bewahrung der Schöpfung. Die dem alten Äon angehörende Schöpfung wird bei der Wiederkunft Jesu zuerst vernichtet, bevor eine unzerstörbare Neuschöpfung erfolgt. Das Stichwort „Hoffnung“ bringt uns zu einem weiteren Hauptpunkt in der Lehre von Zen. Hoffnung hat es mit Zeitkategorie zu tun, mit der Zukunft.

<u>Fünftens:</u> Dominanz der Gegenwart auf Kosten von Vergangenheit und Zukunft
Beim aktivierten Tao mit Satori verschwinden Erinnerung und somit auch Vergangenheit und Zukunft, Raum und Zeit.

Alles konzentriert sich auf das „Hier und Jetzt“, welches einen zentralen Stellenwert erhält. Brantschen spricht in seinem Buch auf S.117 von der Präsenz und dem erfüllten Augenblick. Diese volle Konzentration auf den Augenblick, das sogenannte „Dhyana“, soll einen Zustand herbeiführen, wo das beurteilende oder qualifizierende Denken ausgeschaltet ist. Zen mit seiner Gegenwartsideologie berücksichtigt all jene Menschen nicht, die sich in Trauer und Krankheitsnot befinden sowie mit Misserfolg fertig werden müssen. Solche misslichen Situationen belasten die Gegenwart sehr. Als Christen, die wir der Heiligen Schrift als Autorität vertrauen, sind wir nicht einer aussichtslos scheinenden Gegenwart ausgeliefert. Auf der einen Seite ermutigen uns die Psalmen, dessen zu gedenken, was wir durch den lebendigen Gott an Gutem in der Vergangenheit empfangen haben. Ps.103,1–13 steht als pars pro toto für viele andere Psalmen. Der lebendige Gott vergibt dem Glaubenden die in der Vergangenheit begangene Schuld. Ps. 105,5 fordert dazu auf, der Wunder zu gedenken, die Gott vollbracht hat für Sein auserwähltes Volk. Ps.106 gibt einen knappen Überblick über die bewegte Geschichte Seines Volkes und wie Er, der lebendige Gott, immer wieder zugunsten Israels interveniert hat, um es vor dem Schlimmsten zu schützen. Ps.107 lädt den Leser dazu ein, an die in der Vergangenheit durchgestandenen Gefahren zu denken, aus denen Gott Sein Volk herausgeholt hat. Doch noch wichtiger ist die lebendige Hoffnung, von welcher der Apostel Paulus in Römer 5,1–5 spricht. Es ist diese Hoffnung, die den Glaubenden nicht zuschanden werden lässt. Die Hoffnung orientiert sich aber an Verheissungen, die von Heil und Vollendung in der Zukunft sprechen. Unzählige Stellen im AT und vor allem im NT sind diesbezüglich vorhanden. In Joh.14, 1–4 tröstet Jesus Seine Jünger mit dem aufmunternden Befehl, sich nicht zu fürchten; denn Er werde ihnen eine Bleibestätte zurichten in Seines Vaters Haus. 1. Petrus 1,3–6 spricht von der lebendigen Hoffnung aufgrund der Auferstehung Jesu von den Toten, der ein unverwelkliches Erbe im Himmel bereithält. Wir sehen, dass die Besinnung auf die Vergangenheit mit den Guttaten Gottes und die Hoffnung auf die Zukunft mit der Zusage ganzheitlicher Erlösung die Gegenwart positiv bestimmt. Der in Not sich befindende Gläubige erhält den nötigen Halt in seiner gegenwärtigen Situation nur durch das Einbeziehen von positiver Vergangenheit und vielversprechender Zukunft. Wenn nach der Darstellung von A. Watts für Zen keine Zeichen oder Symbole vorhanden sind, die über das Hier und Jetzt hinausweisen, wie kann es da volle Genüge im Hier und Jetzt geben im Hinblick der den Menschen mit Sicherheit einholenden Mühsale und Beschwerden und vor allem im Hinblick der Schuld, die vom lebendigen Gott trennt?

Sechstens: Zustand der Leere, wo es keine Wertungen und Urteile gibt
Brantschen spricht in seinem Buch auf S. 64 von der Leere, die er beim Aufstieg auf den Fuji als grossartige Erfahrung preist. Greifen wir auf jenes Beispiel einer Erfahrung der Leere zurück, das auf S. 118 in diesem Buch erwähnt ist. Der Zen Meister Sokei–An Sasaki beschreibt auf sehr eindrückliche Weise die Entrümpelung seines Kopfes. Alle Worte, mit denen er denkt, wirft er fort. Alle seine Worte verlieren ihre Bedeutung. Es gibt eine Entgrenzung, wo unsere Denkstrukturen der abendländischen Welt über den Haufen geworfen werden. Ein Urteilen und Werten ist somit nicht mehr möglich.
Soei– An Sasakis Beschreibung seiner ekstatischen Erfahrung sei nochmals zitiert:

„Eines Tages entrümpelte ich meinen Kopf von allen Vorstellungen. Ich gab jedes Wünschen auf. Ich warf alle Worte, mit denen ich dachte, fort und verharrte in Ruhe. Ich hatte ein etwas seltsames Gefühl – als sei ich irgendwo hineingeraten oder als rührte ich an eine mir unbekannte Macht...und husch! Ich trat ein. Ich verlor die Begrenzungen meines leiblichen Körpers. Ich

behielt natürlich meine Haut, aber ich fühlte mich im Mittelpunkt des Kosmos stehend. Ich sprach, meine Worte jedoch hatten ihre Bedeutung verloren. Ich sah Leute auf mich zukommen, aber sie alle waren ein und derselbe. Alle waren ich selbst! Diese Welt war mir völlig unbekannt. Ich hatte geglaubt, ich sei erschaffen worden, jetzt jedoch musste ich meine Meinung ändern: Ich war niemals erschaffen worden, ich war der Kosmos, ein Individuum mit Namen Mr. Sasaki gab es nicht."

Nach Hugo Lassalle und wahrscheinlich auch nach Brantschen kann man eine Spiritualität oder Religion nicht kennen, es sei denn, der sich Informierende tauche in die entsprechende Glaubenspraxis ein, was in Brantschens Buch auf S. 76 postuliert wird.
Aufgrund der Hl. Schrift sollen wir aber alles zuerst prüfen. Es ist nicht nötig und nicht ratsam, sich zuerst ohne Kenntnis in eine Spiritualität hineinzuwerfen wie sich ein Nichtschwimmer in den Fluss stürzt, um dann angeblich diese Spiritualität oder Religion wirklich im Sinn von Kompetenz zu kennen.
1. Thess.5, 21 redet ausdrücklich vom kritischen Prüfen. Auch Eph.4, 14+15 warnt davor, in unmündiger Weise sich beliebigen Lehren auszuliefern und sich von diesen verschaukeln zu lassen. Stattdessen ist die Wahrheit in Liebe festzuhalten im Wachsen auf Christus hin.
Der genannte Text im Epheserbrief setzt voraus, dass die Wahrheit erkennbar ist und ein mündiger Mensch Irrlehre von gesunder Lehre unterscheiden kann.
2. Tim.4, 3. spricht von der „gesunden Lehre" und in Titus 1, 9 ermahnt Paulus seinen Mitarbeiter Titus, darauf zu achten, was man von einem Bischof erwarten soll. Dazu gehört u.a., dass dieser am zuverlässigen biblischen Wort festhält und durch gesunde Lehre imstande ist, Widerspenstige zu ermahnen und zu überzeugen.
Für die gesunde Lehre braucht es aber Denkformen und Denkstrukturen, wie sie der lebendige Gott für Seine Offenbarung verwendet hat. Es ist nicht von ungefähr, dass die biblische Offenbarung ausgerechnet Begriffe gebraucht, die im jüdischen, aber auch im antiken griechisch-römischen Kulturraum entstanden sind. Die Begriffe, die im NT Verwendung finden, sind u.a. auch von stoischem Wertbewusstsein derart geformt und geschliffen worden. dass sie die von der Hl. Schrift proklamierte Wahrheit am adäquatesten auszudrücken vermögen. Gal.4, 4 macht das deutlich: *„Als die Zeit erfüllt war, sandte Gott Seinen Sohn…"*. Das AT sowie die griechisch-römische Philosophie haben die nötigen inhaltlichen Bausteine geliefert für die elementaren Konzeptionen von gut und böse, wahr und falsch, gerecht und ungerecht, rein und unrein, ehrlich und betrügerisch, heilig und profan, wissend und ungebildet, weise und töricht, friedlich und kriegerisch, respektvoll und verachtend, gehorsam und ungehorsam usw. Ebenso gehört in diesen Zusammenhang die Unterscheidung von Subjekt und Objekt, Schöpfer und Geschöpf, Vergangenheit, Gegenwart, Zukunft. Der dreieinige Gott wusste ganz genau, welches

Vokabular und welche Denkstrukturen am geeignetsten sind, um Seine Offenbarung am verständlichsten für die Menschen zum Ausdruck zu bringen. Nach der Darstellung von Watts soll Zen dazu ermutigen, sich von den abendländischen Denkstrukturen zu verabschieden. Die Konsequenz ist dann die Gleichgültigkeit gegenüber der in den abendländischen Denkformen übermittelten Offenbarung. Auf solche Psychotechniken gibt Jesaja 5, 20–21 eine treffende Antwort, wenn er seine Wehe Worte ausspricht gegenüber denen, die gut böse nennen und böse gut, hell dunkel und dunkel hell, bitter süss und süss bitter.

Siebtens: Verwirrung um der Verwirrung willen
Der Zen Meister will seinen Schüler derart verwirren, dass dieser auf nichts mehr eine Antwort weiss. Doch der trinitarische Gott, der sich den Aposteln offenbart hat, ist ein Gott der Ordnung. Aufgrund von 1.Kor.14, 33 ist klar, dass Gott nicht der Urheber von Verwirrung ist, sondern das Gegenteil. Das zeigt sich auch darin, dass der Apostel Paulus viele seiner ihm offenbarten Einsichten mit den Wendungen „ich bin gewiss, dass…, ich weiss, dass…, ich bin überzeugt, dass…oder wir wissen, dass…“ einführt. Siehe Röm.6, 6+9; 7, 18: 8, 28; 8, 38. In Röm.9, 1 sagt Paulus: *„Ich sage die Wahrheit in Christus, ich lüge nicht…“*. Viele andere Stellen vor allem in den paulinischen Briefen könnten noch angeführt werden, welche Gewissheit und Eindeutigkeit ausdrücken. Verwirrungstaktiken, wie sie Zen kennt, sind nicht Ausdruck der Liebe. Die Liebe Gottes schenkt Klarheit, Geborgenheit und Mut zum Bekenntnis.

Achtens:. Wahrheit ohne Zweck und Sinn
Wahrheit erlangen heisst, sich als Teil eines Ganzen verstehen, wobei die Leere der Urgrund aller Dinge ist. Zen will Wertschätzung aller Lebewesen und Kontrolle des eigenen Ichs. Zweckhaftes Denken, einen Sinn suchendes Denken führe zur Instrumentalisierung unseres Gegenübers, es führe letztlich zur Ausbeutung und zur Profitsucht nach Auffassung von Zen. Um keinem Lebewesen sein Dasein und Sosein strittig zu machen gibt es als Lösung: Zen mit seinem Weg von der Stille ins Schweigen, vom Schweigen in die Leere, von der Leere ins Nichts.
Wahrheit ist im biblischen Sinn in erster Linie die Person von Jesus Christus, sagt Er doch: *„Ich bin der Weg, die Wahrheit und das Leben….“* Durch die Bezeichnung „Weg“ und „Leben“ ist das Zweckhafte und Sinnhafte mitgemeint. Wahrheit orientiert sich an der im Gottessohn vorhandenen Fülle. In Ihm sind nach Kol.2, 3 alle Schätze der Weisheit und Erkenntnis verborgen. Wahrheit ist die ewiges Leben spendende Gemeinschaft mit Jesus, aber damit verbunden auch die fragmentarische Wahrnehmung der Schätze Seiner Weisheit. Es ist also alles andere als ein Weg ins Verstummen, in die Leere und schliesslich ins Nichts. Wahrheit ist das in Gottes Willen beschlossene Gute, Wahre und Schöne, an dem Er allen Menschen Anteil geben möchte. Der Beitrag der erlösten Menschen sind Individuen, die den Allmächtigen,

Allwissenden und Allgegenwärtigen in Dank und Anbetung preisen. Das setzt Sein in intensivster Fülle voraus mit der bewussten Präsenz von in Ewigkeit lebenden Personen.

Neuntens: Es gibt keinen Gott als Person und Schöpfer
Nach Zen – wir nehmen Hugo Lassalle beim Wort – sind wir alle Götter. Nach Gen.3 haben wir es hier mit der grössten Hybris zu tun, mit der verheerendsten Arroganz, die uns Vergänglichkeit und Tod beschert hat. Die Stelle von Gott einnehmen zu wollen ist der eigentliche Sündenfall. Die Unterscheidung von Schöpfer und Geschöpf aufheben zu wollen, trennt vom lebendigen wahren Gott.
Lassalle identifiziert sich konsequent mit Zen, wenn er meint, seine Aussage über das Gott sein des Menschen werde ohnehin missverstanden und deshalb schweige man besser darüber. Zen will die Idee kolportieren, dass es keine klaren Aussagen gibt, die eins zu eins zu übernehmen sind. Somit kann der Leser Lassalle nicht auf seiner Aussage behaften. Zen könnte in gut modernistischer Manier des Wahrheitsrelativismus geltend machen, dass Lassalles Aussage lediglich ein semantisches Problem darstelle und die sich auf die Bibel stützenden Theologen im Grunde dasselbe meinen wie Lassalle. Es gilt also nicht der philosophische Grundsatz, der biblisch-abendländischem Denken zugrunde liegt und für den Wittgenstein sich so stark gemacht hat:

Es kann nicht etwas zugleich wahr und unwahr sein.

Zen zeigt auf geradezu brillante Weise seine Verwirrungstaktik, die zum Ziel hat, dass dessen Aussagen nicht greifbar sind, sie sind glitschig und entgleiten einem wie beim Versuch, eine nasse Seife festzuhalten.

Zehntens: Alle Religionen und Weisen von Spiritualität sind Heilswege
Wir begegnen hier dem sog. inklusiven Ansatz der Beurteilung der Religionen im Unterschied zum exklusiven. Brantschen hebt ausdrücklich auf S. 110 seines Buches hervor, wie wichtig es ihm sei, interreligiös zu sein. Diese Haltung wirft manche Fragen auf. Zunächst muss man Brantschen durchaus für seinen Respekt gegenüber einer nicht christlichen Spiritualität würdigen. Er versteht es, einem Zen als einen Weg zum Frieden, zur Achtsamkeit und zur Wertschätzung jeder Kreatur schmackhaft zu machen. Doch vernimmt der Leser überhaupt nichts von jenen dunklen Seiten des Zen, wie sie Watts darstellt, vor allem die nihilistische Seite, wie sie nicht besser zum Ausdruck gebracht werden könnte als in den Worten des in diesem Buch auf S. 118 zitierten Zen Meisters Soei-An Sasaki.
Brantschen erweckt durchaus den Eindruck, dass alle Religionen mit ihrer mannigfachen Spiritualität legitime Heilswege sind. Wie ist diese Haltung zu vereinbaren mit den vielen Aussagen Jesu, mit denen Er Seine Person und Seine Lehre betreffend Absolutheitsanspruch erhebt? Alle Autoren des NT unterstützen

mit ihren Aussagen diesen Absolutheitsanspruch Jesu. Einige der wichtigsten Aussagen Jesu und der Apostel sollen hier zitiert sein.

A u s s a g e n J e s u:
Johanneische Ich-bin-Worte
Einige Beispiele:

„Ich bin der Weg, die Wahrheit und das Leben, niemand kommt zum Vater ausser durch mich“ (Joh.14, 6). *„Ich bin das Licht der Welt. Wer mir nachfolgt, wird nicht in der Finsternis wandeln, sondern er wird das Licht des Lebens haben“* (8, 12). *„Ich bin die Türe. Wenn jemand durch mich hineingeht, wird er gerettet werden, und er wird ein und ausgehen und Weide finden…Ich bin gekommen, damit sie Leben und reiche Fülle haben“* (10, 9-10). *„Ich bin das lebendige Brot, das aus dem Himmel herabgekommen ist, wenn jemand von diesem Brot isst, wird er in Ewigkeit leben“* (6, 51). *„Ich bin der Weinstock, ihr seid die Schosse. Wer in mir bleibt und ich in ihm, der trägt viel Frucht; denn ohne mich könnt ihr nichts tun“* (Joh.15, 5). *„Ich bin das A und das O, sagt Gott, der Herr, der ist und der war und der kommt, der Allmächtige“* (Offb.1, 8).

Worte aus den Synoptikern
„Mir ist gegeben alle Gewalt im Himmel und auf Erden. Darum gehet hin und machet zu Jüngern alle Völker…“ (Mt.28, 18-19a).

W o r t e d e r A p o s t e l
Petrus in Apg.4, 12: *„Und in keinem andern ist das Heil, auch ist kein anderer Name unter dem Himmel den Menschen gegeben, durch den wir selig werden sollen."*

Paulus in Kol.2, 9: *„Denn in Ihm wohnt die ganze Fülle der Gottheit leibhaftig.“*

Paulus in Phil.2, 8-11: *„Er erniedrigte sich selbst und ward gehorsam bis zum Tod, ja bis zum Tod am Kreuz. Darum hat Ihn auch Gott erhöht und hat Ihm den Namen gegeben, der über alle Namen ist, dass in dem Namen Jesu sich beugen sollen aller derer Knie, die im Himmel und auf Erden und unter der Erde sind, und alle Zungen bekennen sollen, dass Jesus Christus der Herr ist, zur Ehre Gottes, des Vaters.“*

Noch viele Stellen vor allem im NT, die den Absolutheitsanspruch Jesu Christi und Seiner Lehrer hervorheben, wären der Erwähnung wert.
Brantschen darf folgender Frage nicht ausweichen: wie kommt er dazu, eine Spiritualität derart zu lancieren, dass dabei der Missionsauftrag Jesu in Mt.28, 18-19a keiner Erwähnung würdig ist? Um die Auseinandersetzung mit diesem dringlichen Auftrag Jesu darf man sich nicht drücken. So wie Brantschen Zen darstellt, gibt es sicher manches zu würdigen wie das Ernstnehmen der Gegenwart, die Wertschätzung dessen, was uns umgibt und konfrontiert. Doch

haben wir in der neutestamentlichen Botschaft, vor allem in der Bergpredigt in Mt.6, 25–34 auch die Aufforderung, die Gegenwart ernst zu nehmen und nicht im Sorgengeist zu leben, sondern kindliches Gottvertrauen an den Tag zu legen. Ebenso finden wir die Wertschätzung und Wahrnehmung der Bedürfnisse des Mitmenschen sehr ausgeprägt, wenn wir an Stellen denken wie Philipper 2, 1–4, 1.Joh.3, 17–18 oder Jakobus 2, 1–9. Es geht um das Wahrnehmen der Bedürfnisse des Nächsten ohne Ansehen der Person. Dieses Präsentsein in Bezug auf die Bedürfnisse des andern ist eine der wesentlichen Forderungen vor allem im NT. Zen ist also diesbezüglich keine Ergänzung zum NT.

Gestützt auf die Aussagen von Brantschen in Bezug auf Zen erhält man den Eindruck, dass der interreligiöse Dialog nur gegenseitiges Verständnis zum Ziel habe und der missionarische Auftrag bedeutungslos, wenn nicht gar unerwünscht sei. Sollte nicht der interreligiöse Dialog beide Ziele anvisieren, einerseits gründliche Kenntnis der Religion oder der Spiritualität des nicht christlichen Gegenübers gepaart mit respektvollem Verständnis, andrerseits die liebevolle Erklärung der Frohbotschaft mit der Einladung zur Nachfolge Jesu? Sind nicht jene im Zen dem christlichen Glauben verwandten Elemente wertvolle Anknüpfungspunkte, die den einer andern Religion angehörenden Gesprächspartner auf Augenhöhe mit dem Christen begegnen lassen? Den Nichtchristen im interreligiösen Dialog mit dem Evangelium in diskreter und einladender Form zu konfrontieren, ist Auftrag und Verpflichtung. Interreligiöser Dialog ohne den von Jesus gebotenen missionarischen Auftrag ernst zu nehmen ist eine Unterschlagung des Reichtums der rettenden Menschenfreundlichkeit Gottes, die allen Menschen kund zu tun ist.

Wie kann Zen letztlich menschenfreundlich sein, wenn das Ziel die Annihilation des Individuums ist? Oder haben wir es hier auch nur mit einem sog. semantischen Problem zu tun, was beinhaltet, dass die diesbezüglichen Aussagen von Zen nicht das meinen, was sie lehren? Also Verwirrungstaktik. Ist das menschenfreundlich?

Es soll dem Leser überlassen sein, Zen dort einzuordnen, wo er hingehört: in die Mystik oder in den Mystizismus.

Jedenfalls sollte man sich nicht mit der Antwort begnügen, mit Brantschen habe man einen ausgewiesenen Experten für Zen und deshalb sei es für einen auf diesem Gebiet nicht spezialisierten Christen gar nicht möglich, eine kompetente Beurteilung in Bezug auf Zen vorzunehmen und es gäbe nichts anderes als dem Experten einfach zu vertrauen. Dem müsste vor allem vom reformatorischen Standpunkt aus widersprochen werden. Ein sich mit der Bibel beschäftigender und sich auf sie berufender Christ sollte imstande sein, Ideologien jeglicher Art anhand der Hl. Schrift zu prüfen und zu beurteilen, ohne zuerst in diese (Ideologien) „vorurteilslos“ einzutauchen im Sinn einer sogenannten vorgängigen Erfahrung. Man begibt sich auch nicht auf eine Exkursion in einem grossen Wald, wo es weder Wege noch irgendwelche Anhaltspunkte zur Orientierung gibt. Ein Kompass würde für ein solches Unternehmen eine Selbstverständlichkeit sein. Im grossen Wald oder in der unermesslichen Wüste von Ideologien kommt niemand zurecht ohne den Kompass der Hl. Schrift, die sich selber auslegt.

Übrigens ist mir bei der meines Erachtens euphorischen Darstellung des Zen von Brantschen aufgefallen, dass die Freude fehlt, eine ganz wesentliche Frucht im Zusammenhang der vom Hl. Geist inspirierten Botschaft des Evangeliums. Wenn nun nach dem Zeugnis der einen „Ecclesia Sancta Catholica et Apostolica" in der Hl. Schrift des AT und NT die Offenbarung der Wahrheit abgeschlossen ist und diese in Denkstrukturen gefasst ist, welche eine ordnende Verständigung der Gesellschaft mit universalen Auswirkungen und vor allem die Verkündigung des Evangeliums mit für alle Kulturen erklärbaren Inhalten ermöglicht, wie könnten da vom Evangelium überzeugte Christen sich einer Mentalität des Zen ausliefern, welche mit ihrem relativistischen Verständnis der Wahrheit die Eindeutigkeit der biblischen Botschaft vernebelt? Ich bin überzeugt, dass man von der immensen Literatur von Quellenmaterial in Bezug auf Zen die wichtigsten Prinzipien kennen muss im Sinn einer pars pro toto. Argumente aufgrund von umfangreichem Wissen hinsichtlich Zen nützen wenig, weil alle Kenntnis und Erkenntnis in Bezug auf diesen Mystizismus letztlich im Abgrund des „ad absurdum" landen muss. Hilfreich für eine kompetente Orientierung über die Wurzeln des Zen ist auch Hsueh – Li Cheng mit seinem Buch „Empty Logic", wo er ungeschminkt die Anatomie des Absurden im Zen aufgrund des Einflusses des Madhyamika Buddhismus darstellt. [251]
Ein in missionarischer Verantwortung stehender Christ wird im Dialog mit Vertretern der Zen Ideologie nicht darum herumkommen, auf das vom Apostel Paulus geforderte erneuerte Denken hinzuweisen, damit für die allen Menschen gemeinsame Vernunft die offenbarte Wahrheit als Instrument zur Unterscheidung der Geister wirksam werden kann. Von dieser Erneuerung spricht der Apostel in Römer 12,2: *„Und richtet euch nicht nach dieser Welt, sondern wandelt euch um durch die Erneuerung des Sinnes, damit ihr zu prüfen vermögt, was der Wille Gottes ist: das Gute und Wohlgefällige und Vollkommene."*
Wer Zen kritisch und ablehnend gegenübersteht, erntet den Vorwurf, dieser Meditationsmethode mit grossen Missverständnissen zu begegnen. Wie kann eine Lehre und Lebensweise aber so vielen „Missverständnissen" ausgesetzt sein und trotzdem Legitimität beanspruchen? Das Evangelium mit seiner Schlichtheit und Klarheit, das für jedermann, nicht nur für eine Elite, einsichtig ist, spricht unendlich mehr für seine Glaubwürdigkeit als Zen mit seinen zynischen Verwirrungstaktiken. Bilden diese doch das Labyrinth der Abwesenheit von Gott als Person, letztlich eine Wüste der Orientierungslosigkeit und Verlassenheit, wo es keinen Ansprechpartner gibt, sondern nur das sich selbst Überlassensein. Könnte das nicht die Hölle sein? –

Wenn diese Arbeit über „Mystik oder Mystizismus?" die biblische Haltung des exklusiven Ansatzes für den interreligiösen Dialog vertritt, so ist damit nicht gemeint, dass alle nicht von der Botschaft des Evangeliums erreichten

---

[251] Hsueh-Li Cheng, Empty Logic, Madhyamika Buddhism from chinese Sources, Delhi 1991; vom gleichen Autor siehe in abgekürzter Fassung zu diesem Thema: The roots of Zen Buddhism, Journal of Chinese Philosophy, Vol.8, 1982, pp. 451-478

Menschen keine Chancen zum Empfang des ewigen Heils mehr hätten. Gott als der vollkommen Gerechte kann nicht ein parteiischer Gott sein. Wir müssen es Ihm überlassen, wie Er das anstellen wird, auch diese vom Evangelium nicht Erreichten in ihrem nachtodlichen Leben mit der rettenden Botschaft von Jesus Christus zu konfrontieren, so dass diese sich noch für Ihn entscheiden können.

Zum Schluss lassen wir uns von Gerhard Tersteegen nochmals sagen, was eigentliche Mystik beinhalten sollte:

„Das wahre inwendige Leben ist keine besorgliche oder neue Sache. Es ist der uralte, wahre Gottesdienst, das christliche Leben in seiner Schönheit und eigentlichen Gestalt... Wenn ein jeder der Lehre und dem Leben Jesu durch dessen Geist folgte, so würden alle ohne Zweifel einig und innig und die Welt voller Mystiker werden, das ist solcher Leute, die nicht einen blossen Schein im Äussern, sondern einen verborgenen Menschen des Herzens erlangeten... "

Nachwort

Harald Seubert

Das vorliegende Buch ist, was den Umfang betrifft, eher schmal angelegt. Es ist aber in dem weiten Gedankenbogen, den es einschlägt, und der zugleich tiefen und weiten theologisch-ideengeschichtlichen Konzeption, die ihm zugrunde liegt, ein überaus eindrucksvoller Entwurf, dem man weiteste Verbreitung wünschen kann.

Prof. Dr. Samuel Leuenberger ist als reformierter Theologe und Pfarrer seit Jahrzehnten mit dem Studium von Weltanschauungen und spirituellen Gegenwartstendenzen beschäftigt, die er aus der Leuchtkraft des Evangeliums und des christlichen Dogmas versteht und zugleich widerlegt. Klarheit und in enger Verbindung damit ein tiefer menschlicher und theologischer Zugang innerhalb der Scheidung der Geister sind Spezifika von Leuenbergers Wirken und Denken. Er macht es sich auch mit dem Gegner nicht leicht. Er baut keinen Strohmann auf, sondern sucht hinter den Verzerrungen Bedürfnisse und Sinnsuchen menschlicher Seele auf, denen im wahren Glauben begegnet werden kann, wozu christliches Zeugnis in besonderer Weise verpflichtet ist. Das menschlich-geistliche Verständnis und die Orientierung an der umfassenden und zugleich trennungsscharfen christlichen Wahrheit sind bei Leuenberger keine Widersprüche.

Hinzu kommt, dass Leuenberger ein hervorragender Zeuge der Una sancta Ecclesia ist, so überzeugend er reformatorisch-reformiertes Erbe vertritt. Er kann deshalb auf einen großen Fundus nicht allein der biblischen Schriften, sondern zugleich der altkirchlichen Vätergeneration, des Mittelalters und der evangelischen Mystik zurückgreifen. Und nicht zuletzt: Leuenberger weiß, dass der christliche Glaube nicht nur mit dem Anspruch auf Wahrheit begegnet, sondern dass er zugleich ‚schön' ist, dass er eine hohe Leucht- und Strahlkraft hat und dass der Gott, der sich kenotisch in Jesus Christus in den Tod gegeben hat, auch der Kosmokrator ist, der erfasst, erahnt und in immer neuen Variationen dargestellt werden soll, auch wenn er über alle Gestalt hinaus ist. Einen solchen umfassenden Zugang konnte sich der Autor erwerben, da er an einem Benediktiner-Gymnasium intellektuell und spirituell geprägt wurde – und da er sich früh dem Studium der liturgischen Wahrheitsmanifestation besonders widmete. Seine bis heute lesenswerte Dissertation gilt dem ‚Book of Common Prayer' (1662). Die Schönheit göttlicher Offenbarungsmanifestation ist nach Leuenbergers Überzeugung eng damit verbunden, dass Gott zugleich die Liebe selbst ist, worin er sich mit großen katholischen Theologen trifft: Hans- Urs von Balthasar und Joseph Ratzinger, Benedikt XVI.

*

All diese Einsichten und Erfahrungen eines langen Theologenlebens, das aber noch immer zu frischen, geradezu jugendlichen Einsichten fähig ist, gehen in den kleinen Band ein, dem dieses Nachwort gilt. Leuenberger verfolgt das berechtigte Ziel, den antigöttlichen und antichristlichen Mystizismus in seiner Genealogie verständlich zu machen, wobei sich zugleich zeigt, dass er nur ein schlechtes, verzerrendes Abbild ist. Mit dem verfehlten Mystizismus sollte christlicher Glaube aber keineswegs den tiefen Schatz an inneren Bildern und Evokationen der mystischen ‚Scientia experimentalis Dei' preisgeben, den authentische Mystik eröffnet. Hier ist eine diakrisis pneumaton (Scheidung der Geister) – und zugleich eine Rettung christlicher Mystik geboten.

*

Am Beginn seines Buches zielt Leuenberger auf genaue Begrifflichkeit, die freilich, wie er weiß, nicht allein in formal richtigen Definitionen gefunden werden kann, sondern die den Ort der Begriffe und die hinter ihnen liegenden Phänomene auszuloten hat. Dies tut er umsichtig und tiefgehend. Dann geht er äußerst kenntnisreich den wichtigsten Wurzeln des modernen Mystizismus nach; er gräbt gleichsam das Schatzhaus auf, aus dem sich Theosophen und New Age-Theoretiker bedienten. Diese Quellen liegen in den vorchristlichen Mysterientraditionen, die Leuenberger ausgehend von den orphischen und pythagoreischen Quellen erschließt. Die harmonische, auf Ausgleich und die Ontologie der Zahlen verweisende pythagoreische Tradition gehört in diesen Zusammenhang, der sich auch in der platonischen Akademie und in Platons Dialogen spiegelte. Ein wesentliches Moment ist dabei die Scheidung von Leben und Tod – und die Zuweisung der Seele an das Leben, während der Leib (soma) Grabzeichen ist (sema).

Man kann davon ausgehen, dass die Eliten der griechischen Welt in den eleusinischen Mysterien kundig waren. Sie erfuhren auf den mit strengem Geheimhaltungsgebot belegten mystischen Weg, dass die homerischen Götter in ihrer anthropomorphen Struktur sterblich waren; ein kommender, künftiger Gott, verbunden mit der Verheißung neuen unvergänglich ewigen Lebens, kam im Mysterium in den inneren Blick; zugleich war es der Wechsel von Tag und Nacht, die Kosmologie der Jahreszeiten, die durch die Erdmutter Demeter und ihre in die Unterwelt entführte Tochter Persephoneia verkörpert wurden.

Mit großer Sensitivität zeigt Leuenberger, wie die Eleusinen nach Ägypten zurückverweisen, wo Platon – in seinem ‚Kriton' und seinem ‚Timaios' die Urheimat Athens vermutete. Ebenfalls von Ägypten nahm das ‚Denken des Einen' (W. Beierwaltes), der Neuplatonismus, mit Plotin und Proklos seinen Anfang. Die Gnosis verband sich eng mit der Platonischen Schule; eine die mittelmeerische Ökumene zur Zeit Christi beherrschende Weltauffassung, die zwischen der gefallenen Welt und Materie, und dem künftigen leib-losen Soter strikt unterschied und Stufen der Einweihung und Einung mit dem Einen vor die innere Seele stellte.

Leuenberger macht in dem höchst instruktiven Kapitel über den Mystizismus im 20. Jahrhundert deutlich, dass die modernen esoterischen Erlösungserwartungen kaum etwas Neues hervorbringen. Wie sollten sie auch? Vielmehr präsentieren sie die Gnosis in neuem Gewand, fassen dabei mit den angemaßten Maßstäben „falschen" und „richtigen Denkens" eine Transformation des Menschen selbst ins Auge. Es dürfte aufschlussreich sein, den Verbindungslinien zwischen Esoterik und dem neuen durch Google und Facebook hochgradig aufgerüsteten Post- und Transhumanismus, ausgehend von Leuenbergers Einsichten, näher nachzugehen. Als ‚falsches Denken' wird in jedem Fall das Erbe der jüdischen und christlichen Offenbarung wahrgenommen.

*

Dass das biblische Zeugnis vom Zentrum des christlichen Glaubens, davon, dass Gott in Jesus Christus Mensch wurde und in ihm die Welt erlöste, schon im Neuen Testament selbst als Mysterium erwiesen wurde, legt Leuenberger sodann umfassend und umsichtig im Zentralkapitel seiner Untersuchung dar. Auch für den menschlichen forschenden Umgang mit der Bibel sollte dieser Geheimnischarakter wesentlich sein. Es wäre, frei nach Augustinus, nicht Gottes Wort und Offenbarung, wenn wir es einfach umfassen und begreifen könnten. So ist es keineswegs ein Zufall, dass erst im Licht der Heiligen Schrift der kategoriale Unterschied zwischen einer legitimen Mystik einerseits, deren Anschauungen und Visionen am biblischen Textzeugnis orientiert bleiben, und einem spekulierenden und anmaßenden Mystizismus andrerseits deutlich hervorgehoben wird. Mystik ist, allgemein und formal definierbar als „Scientia experimentalis Dei': Die experimentelle Erfahrung von Gott. Gerade darin ist sie niemals von konkreter Religion, bzw. Offenbarung abzulösen. Sie hat erschließende Kraft nur, wenn sie sich an die Offenbarung und den konkreten Glauben bindet.

Niemals aber wird sie die Offenbarung ersetzen dürfen. In einem wundervollen Bogenschlag zeigt Leuenberger dies auf dem Weg mystischer Momente zwischen den griechischen Kirchenvätern, dem Hoch- und Spätmittelalter (bei Hildegard von Bingen und Johannes von Kreuz, wobei man gerne noch etwas mehr über Tauler, Seuse und Meister Eckhart erfahren würde). Die besondere Liebe und Neigung des Autors gilt der Frauenmystik und ihren tiefen Vereinigungsvisionen mit Gott und Christus, von Hildegard von Bingen über Gertrud die Gr. Von Helfta bis zur Seherin des fließenden Lichtes der Gottheit, Mechthild von Magdeburg.

Es ist wenig bekannt – wird aber hier angemessen ausgeleuchtet, dass es auch eine elaborierte Mystik im protestantischen Raum gibt, wofür Leuenberger primär auf Gerhard Tersteegen zurückgreift.

Leuenberger schließt mit einem Kapitel über ‚Zen', das umso verdienstvoller ist, als Meditationsformen des Zen-Buddhismus verschiedentlich in christliche Spiritualität einbezogen werden. Was liegt dem aber in Wahrheit zugrunde? Wie Leuenberger zeigt, ist es eine vom christlichen Glauben abgekoppelte buddhistische Mystik der Welt- und Selbstauslöschung, die er einer hilfreichen biblischen Kritik zuführt.

Ein luzides, auch sprachlich schönes Vademecum in ein zentrales Problemfeld christlichen Glaubens, dem gar nicht genug Leser zu wünschen sind.
Basel, München Karwoche 2018.
Prof. Dr. Harald Seubert.

Literaturverzeichnis

Alderink, Larry J., „Creation and Salvation in ancient Orphism", Hoorhead, Minnesota 1982

Amstutz, Jakob Zweifel und Mystik, Bern 1950

Apuleius, Metamorphosen, übers. v. R. Helm, Berlin 1978

Aristoteles, De Coelo 290B, ins Deutsche übers. v. P. Gohlke in

„Aristoteles Lehrschriften", Bd. IV „über den Himmel", Paderborn 1968

Athanasius, Bd. II, Leben des Hl. Antonius und Pachomius, übers. v. A. Stegmann, Bibliothek der Kirchenväter, Bd.31, München 1917

Augustin, Bekenntnisse Bd. VII: Bibliothek der Kirchenväter, Bd.18, München 1914

Barth, Karl Dogmatik, Zürich 1970

Bailey, Alice. Education in The New Age, New York 1981

Bailey, Alice, The Reappearance of Christ, New York 1984

Bailey, Alice, Discipleship in the New Age, London 1981

Blyth, R.H., Zen in English Literature and Oriental Classics, Tokyo 1948
„The Transcendental World"; Zen Notes, Bd. I, Nr.5; First Zen Institute of America 1954

Böhme, Wolfgang, Der Christ von Morgen – ein Mystiker, Würzburg 1989

Brantschen, Niklaus, Zwischen den Welten daheim – Brückenbauer zwischen Zen und Christentum, Patmos Verlag, Ulm 2017

Burkert, W, Orpheus u. die Vorsokratiker: Bemerkungen zum Derveni Papyrus und zur pythagoreischen Zahlenlehre; Zeitschrift „Antike und Abendland", 14, 1968

Burkert, W., „Weisheit u. Wissenschaft", Studien zu Pythagoras, Philolaos und Platon, Nürnberg 1962

Capra, F, Wendezeit, Bern 1985

Carolus Janus, Musici Scriptores Graeci, Nicomachi Enchiridion, Leipzig 1906

Clark W.H., Chemische Ekstase, Drogen und Religion, Salzburg 1971

Clemens v. Alexandrien, Stro,mata I, 131,3–5, übers. v. O. Stählin, Bibliothek der Kirchenväter Bd. XVII, München 1936

Corpus Hermeticum, Ausgabe u. französische Übers. v. A.D. Nock–Festugière, 4 Bde, 1945–1954

Cox Harvey, The Seduction of the Spirit, London 1974

Dionysius Areopagita, Himmlische Hierarchie, übers. v. J. Stiglmayr, Bibliothek der Kirchenväter, München 1911

Erb, Jörg, „Die Wolke der Zeugen", 4 Bände, Bd. I, Johannes Stauda Verlag, Kassel 1957

Euripides, Hippolytos 953, sämtliche Tragödien Bd. I, übers. v. J.J. Donner, Stuttgart 1984

Karl Färber, „Heilige sind anders", Freiburg im Br. 1958

Eusebius, Kirchengeschichte VI,3,1, Bd. II, Bibliothek der Kirchenväter, übers. v. Dr. Phil., Haeuser München 1932

Ferguson, Marilyn, Die sanfte Verschwörung, Basel 1982

Gertrud die Grosse, „Gesandter der göttlichen Liebe", Verlag Herder, Freiburg im Br., 1958

Gesangbuch der Evangelisch-reformierten Kirchen der Deutschsprachigen Schweiz, Basel und Zürich 1998

Gregor Thaumaturgus, Lobrede auf Origenes, übers. v. J. Stiglmayr, Bibliothek der Kirchenväter, München 1911

Griesbach, Manon Maren, Philosophie der Grünen, München 1982

Hamman, A., die Kirchenväter, Augustin, Herder, Freiburg im Br. 1967

Harder Richard, Plotin, Fischerbücherei, Frankfurt a. M. 1958

Hildegard von Bingen, Geheimnis der Liebe, übers. v. H. Schipperges, Walter Verlag, Olten/Freiburg im Br., 1957

Hippolytos, Refutatio V,8; übers. u. hrsg. v. O. Bardenhewer, Bibliothek d. Kirchenväter Bd.40, München 1922

Hoffmann, Alfred, Augustin, Einleitung zu den „Bekenntnissen", Bd. VII; Bibliothek der Kirchenväter, Bd.18, München 1914

Irenäus, Bd. I, hrsg. v. O. Bardenhewer, Bibliothek der Kirchenväter, Kempten und München 1912

Jamblichus, Vita Pythagorei, hrsg. u. übers. v. M. von Albrecht unter dem Titel: Pythagoras, Legende. Lehre, Lebensgestaltung, Zürich 1963

Johannes von Kreuz, „die Gotteslohe" (Exzerpt aus seinem Hauptwerk „Aufstieg zum Berg Karmel", Kp. über die dunkle Nacht, übers. v. Irene Behn, Einsiedeln 1958

Jonas, Hans, Gnosis u. spätantiker Geist, Teil I: Die mythologische Gnosis, Göttingen 1934

Kerenyi, Karl, Pythagoras und Orpheus, Zürich 1960

Kern, Otto, Orphicorum Phragmenta, Berlin 1922

Kern, O., Orpheus, Berlin 1920

Kittel, Gerhard, Theologisches Wörterbuch zum NT, Bd. VI, Stuttgart 1942, Artikel „Mystaerion“ von Bornkamm

Lamparter, Helmut, das Buch der Psalmen, Bd. I, Stuttgart 1958

Leisegang, Hans, die Gnosis, Leipzig 1924

Lhermitte, Jean, echte und falsche Mystiker, Luzern 1953

Nigg, Walter Grosse Heilige, Artemis Verlag, Zürich 1958

Nigg, Walter, „Heimliche Weisheit“, Artemis Verlag, Zürich 1959

Nilson, M.P., Geschichte der Griechischen Religion, München 1941

Louismet, Savinien, Mysticism true and false, London 1920

Mechthild von Magdeburg, „das fliessende Licht der Gottheit“, Benziger Verlag, Einsiedeln 1956

Ocellus Lucanus, „On the Nature of the Universe“, transl. by K.S. Guthrie in “The Pythagorean Sourcebook and Library”, Phanes Press, Grand Rapids 1987/88

„One Earth“, The Findhorn Foundation Magazin, March/April 1986, ed. by Jill Wolcott, Inverness, Article by Caro Wall: “Drawing out the gold”

Origenes, Bd. I, Bibliothek d. Kirchenväter Bd.48, übers. von Paul Koetschau, München 1926

Origenes, Bd. III, Gegen Celsus VI,13, übers. v. P. Koetschau, Bibliothek d. Kirchenväter, Bd.53, München 1927

Papyrus Derveni Col.19, 2-9, abgedruckt u. ins Englische übersetzt von L.J. Alderink

Plato, Gesetze, Buch III,701b, übers. v. R. Rufener, Zürich 1974

Plato, Gorgias 493a, übers. v. F. Schleiermacher, Rowohlts Klassiker, Griechische

Philosophie Band I, Hamburg 1959

Plato, Kratylos 400c, Griechische Philosophie Bd. III, übers. v. Fr. Schleiermacher, Rowohlts Klassiker, München 1990

Plato, Phaidon 106e, übers. v. Fr. Schleiermacher, Reclam, Stuttgart 1989

Platon, Der Staat X, übers. v. K. Vrenska, Reclam, Suttgart 1990

Platon, Phaidros 245e-250a, hrsg. v. W. Rüegg, Stuttgart 1968

Plato, Brief VII 341d; Griechische Philosophie Bd. I, Rowohlt, hrsg. von E. Grassi

RGG, Bd. I, Tübingen 1957, Artikel „Beginen“ von H. Grundmann

Schiller, Reinhard, Hildegards medizinische Praxis, Rezepte für gesundes Leben, Aschaffenburg 1990

Schlier, Heinrich, Der Brief an die Epheser, Düsseldorf 1971

Schmid, J.H, Die Auferstehung Jesu aus dem Grab, Bern 2000

Schneider Carl, Mysterien, Hamburg 1979

Schneider, Reinhold „die dunkle Nacht“, Herder, Freiburg 1947

Sierszyn, Armin, 2000 Jahre Kirchengeschichte Bd. I, Montanismus, Stuttgart 1995

Stolz, Anselm, Theologie der Mystik, Regensburg 1936

Joachim Störig, Weltgeschichte der Philosophie, Stuttgart 1990

Tersteegen, Gerhard, „Gott ist gegenwärtig“, Auswahl aus seinen Schriften, eingeleitet v. Ferdinand Weinhandl, Steinkopf Verlag, Stuttgart 1955

The Oxford Dictionary of the Christian Church, ed. by F.L. Cross, Oxford University Press, Oxford 1985, article “Monophysitism”

Tritsch, Walter, Einführung in die Mystik, Aschaffenburg 1990

Alan W. Watts, Zen-Buddhismus, Rowohlt, Hamburg 1961

W. Willi, Orphische Mysterien, Zürich 1945

O. Wimmer, Handbuch der Namen und Heiligen, Innsbruck/Wien 1959

Wlosok, A., Laktanz u. die philosophische Gnosis, AHAW 1960

Josef Zahn, Einführung in die christliche Mystik, Paderborn 1922

Printed by Books on Demand GmbH, Norderstedt / Germany